L'Individualisation
de la Peine

ÉTUDE DE CRIMINALITÉ SOCIALE

PAR

R. SALEILLES
Professeur à la Faculté de Droit de l'Université de Paris.

PRÉCÉDÉ D'UNE PRÉFACE DE G. TARDE

TROISIÈME ÉDITION
PUBLIÉE AVEC LA COLLABORATION
DE

M. GASTON MORIN
Professeur à la Faculté de Droit de Montpellier.

LIBRAIRIE FÉLIX ALCAN.

L'INDIVIDUALISATION
DE LA PEINE

L'INDIVIDUALISATION DE LA PEINE

ÉTUDE DE CRIMINALITÉ SOCIALE

PAR

R. SALEILLES

Professeur à la Faculté de Droit de l'Université de Paris.

———

PRÉCÉDÉ D'UNE PRÉFACE DE G. TARDE

———

TROISIÈME ÉDITION PUBLIÉE
AVEC LA COLLABORATION
DE

M. GASTON MORIN

Professeur à la Faculté de Droit de Montpellier.

———

PARIS
LIBRAIRIE FÉLIX ALCAN
108, BOULEVARD SAINT-GERMAIN, VIe
———
1927

A LA MÉMOIRE

DE

M. C. BUFNOIR

Professeur à la Faculté de droit de l'Université
de Paris,

ET

A CELLE DE

M. Gabriel TARDE

Professeur au Collège de France.

PRÉFACE

DE LA TROISIÈME ÉDITION

M. Saleilles, le fils du regretté Maître de la Faculté
de droit de Paris, a bien voulu me faire le grand honneur de me demander quelques lignes pour expliquer
le caractère et les raisons de cette troisième édition de
l'Individualisation de la peine.

J'accepte très volontiers, heureux de rendre hommage au jurisconsulte éminent que j'admirais déjà beaucoup, lorsque j'étais son élève, et que j'ai admiré bien
davantage, lorsque, par l'effet de sa bienveillance, et à
l'occasion de la deuxième édition de ce livre, j'ai eu le
rare privilège d'être associé à son travail et de pénétrer
dans l'intimité de sa pensée.

Cette nouvelle édition reproduit la récédente, sansp
aucun changement.

Les notes les plus abondantes, dont la rédaction,
d'ailleurs, aurait exigé le concours d'un spécialiste de
la criminologie, n'auraient pas suffi, sans une refonte
du texte, à mettre l'ouvrage en harmonie avec l'état
actuel du droit pénal et de la science pénitentiaire.

Aussi bien, ce qui fait la valeur d'un tel livre, c'est le
système de l'auteur dont on peut dire qu'il commande
tout le mouvement juridique contemporain.

Au Congrès tenu par l'Association internationale de
droit pénal, à Bruxelles, les 26-29 juillet 1926, M. Hugue-
ney, professeur de droit pénal à l'Université de Paris,
s'exprimait ainsi, au début d'un rapport sur *les progrès
de la législation pénale en France dans le premier quart
du XXᵉ siècle* : « A la devise ancienne et brutale, —

la défense sociale par l'intimidation — la législation
pénale française du xxe siècle a tendu à substituer la
méthode nouvelle plus nuancée : la défense sociale par
l'individualisation des moyens de répression, et, si possible, de prévention [1]. »

Les divers rapports présentés à ce Congrès de
Bruxelles révèlent que les législations pénales d'Europe, de plus en plus, se préoccupent, en face du fait
délictueux, non pas tant de l'infraction que de la personne de son auteur.

La doctrine de Saleilles a, aujourd'hui, franchi les
frontières du droit criminel : en beaucoup de pays,
elle s'est introduite dans le droit civil lui-même dont
les règles se présentent, souvent, sous la forme, non de
dispositions rigides mais de notions directrices souples
et larges donnant aux juges la faculté d'adapter aux cas
concrets, aux espèces, les solutions légales, c'est-à-dire
de les individualiser.

Les droits anglo-saxons contiennent, dans leurs cou-
tumes judiciaires, un grand nombre de directives très
élastiques que les juristes anglais et américains désignent sous le nom de standards [2].

Le Code civil suisse de 1912 s'éloigne systématique-
ment d'un légalisme étroit et inflexible.

Le Code civil soviétique de 1922 accentue la même
tendance et, dépassant toute mesure, consacre une véritable politique d'abdication au profit du pouvoir judiciaire [3].

Dans notre droit français, enfin, de nombreuses lois
particulières font application des grands concepts d'abus
du droit, de lésion, d'imprévision, d'enrichissement

---

1. *Revue internationale de droit pénal*, 1926, p. 154.

2. Voir Al-Sanhoury. Les restrictions contractuelles à la liberté
individuelle du travail dans la jurisprudence anglaise. *Bibliothèque de
l'Institut de droit comparé* de Lyon, tome X, Giard, Paris, 1925.

3. Voir les Codes de la Russie soviétique, textes précédés d'une très
importante préface de M. Edouard Lambert. *Bibliothèque de l'Institut
de droit comparé* de Lyon, tome IX, Giard, Paris, 1925.

sans cause, qui, tous. accordent aux juges le pouvoir et le moyen de protéger les faibles contre les abus de force économique.

Graves réformes qui marquent une modification de l'ordre social issu de la Révolution de 1789 et du Code civil. Le Code repose sur le principe, formulé par la Déclaration des droits de l'homme, de l'égalité de tous, des faibles et des forts, devant une loi objective et impersonnelle. Et nous nous orientons progressivement, avec l'individualisation du droit, vers un système d'inégalité juridique, de privilèges en faveur de « ceux qui sont mal armés pour vivre et pour jouer leur rôle d'hommes ici-bas [1] ».

La doctrine de Saleilles demeure donc très actuelle. Il est juste et opportun de rééditer le livre qui en est l'expression.

Montpellier, le 7 février 1927.

G MORIN.

---

[1]. Saleilles, le Code civil et la méthode historique, dans le liv e du *Centenaire du Code civil*, tome I, p. 110.

PRÉFACE

DE LA DEUXIÈME ÉDITION

J'ai été sollicité de donner une seconde édition de cet essai de « Politique criminelle », épuisé depuis longtemps. Il eût été difficile de résister à de si flatteuses avances. Et cependant, pour mettre l'œuvre initiale au courant de toutes les réformes législatives survenues depuis dix ans, de tous les mouvements d'idées dont la littérature juridique et sociologique, dont les congrès pénitentiaires et autres, nous traduisent l'expression, il eût fallu remanier mon texte de fond en comble et, tout au moins, ajouter en notes une documentation bibliographique considérable. Ayant abandonné depuis déjà dix ans l'enseignement du droit pénal, pour passer à celui du droit civil, et plus particulièrement du droit civil comparé, n'ayant pu suivre depuis, avec la même attention scrupuleuse, l'évolution des idées et des systèmes, ni dépouiller par le menu toute la littérature qui s'amoncelait en cette matière, obligé surtout par mon état de santé à des ménagements impérieux pour éviter désormais tout excès de travail, il m'avait paru, tout d'abord, bien difficile de donner suite à ce nouveau projet.

Je me suis décidé cependant à une sorte de compromis.

Il m'a semblé, somme toute, que ce livre, si insuffisant qu'il fût, représentait assez bien, dans son jet initial, une phase qui marqua sa date dans l'histoire des idées, au moins dans le domaine du droit pénal. Il apparut au moment où les juristes, un peu découragés des efforts infructueux tentés sur le terrain du droit pur, et plus effrayés

encore des dangers dont les menaçaient des novateurs
dédaigneux de toute conception juridique et prêts à remplacer le droit par la seule sociologie, essayaient de s'en-
gager dans une sorte de *via media*, qui, tout compte fait,
paraît avoir eu jusqu'alors une assez brillante fortune.

Les réformes législatives les plus récentes ont été la
manifestation très nette de cet esprit nouveau. Les congrès pénitentiaires lui ont donné raison. Et il n'y a pas
jusqu'aux congrès médicaux, comme celui de Genève de
1907, et aux ouvrages de maîtres éminents, tels que ceux
du Dr Grasset de l'Université de Montpellier, qui n'aient
tenté une sorte de rapprochement analogue entre le droit
et la sociologie, le droit et l'anthropologie [1].

En même temps, le discrédit scientifique de l'école
italienne, entendue dans ses postulats les plus extrêmes,
allait croissant.

De plus en plus, l'idée de droit, l'idée de l'ordre juridique, de la sécurité juridique, gagne du terrain. Même
à l'aile droite du socialisme, on voit la conception du
droit primer l'empirisme des faits et des revendications
instinctives ou brutales.

Il y a partout comme une double tendance, du droit à
tenir compte des faits sociaux, et des faits à s'adapter au
moule du droit.

Nulle part, pareille tendance ne devait se manifester
avec autant d'autorité que dans le droit pénal.

Les idées premières, dont ce livre, issu d'un cours de
vulgarisation que je donnai au Collège libre des sciences
sociales, marquait l'étape initiale, ont donc, depuis ces
dernières années, fourni une belle carrière. Pour les
mettre définitivement au point, et marquer exactement
ce qu'elles sont aujourd'hui en indiquant les transformations qu'elles ont reçues, c'eût été tout un nouveau livre
qu'il m'eût fallu refaire.

---

(1) Cf. également certains passages caractéristiques du beau livre
du Dr Dubois, professeur à l'Université de Berne. *Les Psychonévroses et
leur traitement moral*, (Paris Masson), principalement la quatrième
leçon.

Ce n'est pas ce qu'on me demandait. Il fallait conserver à ces leçons d'il y a dix ans leur frappe initiale, en les regardant un peu comme un document de l'époque, comme l'expression d'un moment de la pensée juridique. C'est là ce qui leur donne la seule valeur qu'elles puissent avoir. Par elles-mêmes, elles n'en ont plus guère ; comme document historique, elles peuvent avoir encore leur utilité.

J'ai donc gardé mon texte à peu près intact.

Non seulement, il ne représente plus, sur bien des points, l'expression même de la science contemporaine; sur quelques-uns, il ne traduit même plus d'une façon absolue ma propre pensée; ou tout au moins il ne l'exprime plus, comme je l'exprimerais moi-même, si j'étais appelé à me prononcer. C'est ainsi, par exemple, que, sur l'application éventuelle du système des sentences indéterminées, j'aurais peut-être bien d'autres réserves à présenter que celles que j'exquissai en 1898.

Ainsi s'explique que j'aie gardé à cet essai le caractère et la forme qu'il eut à sa première apparition. Il exprime ce qu'on pouvait légitimement penser, ce que moi-même je pensais en 1898, et pas autre chose. Le changement de date en tête de l'édition n'a pas la prétention de marquer, et dans le mouvement des idées et dans la conviction même de l'auteur, une sorte d'immobilisation à laquelle l'objet même de ces études ne saurait se plier.

Et cependant, si le fond restait le même, il était bien difficile de ne pas tenir compte du changement de date, ne fût-ce que pour avertir que les institutions s'étaient modifiées, que les lois avaient pu changer, que la littérature sur bien des points s'était considérablement accrue. Aussi m'a-t-il semblé qu'il suffirait, pour cette mise au point, de quelques notes sommaires au cours du texte, et principalement à la fin des chapitres. Il ne s'agissait pas de donner, pour l'époque actuelle, une bibliographie intégrale du sujet, mais d'indiquer quelques ouvrages principaux où l'on pût trouver ces indications au complet.

Moi-même, pour les raisons que j'ai indiquées, je pouvais difficilement me livrer à ce travail de recherches et de dépouillement. J'acceptai donc le concours, qui m'était gracieusement offert, d'un de nos meilleurs Chargés de conférences à la Faculté de droit de Paris, M. Gaston Morin, qui, par la nature même de ses études, est resté en contact avec le mouvement bibliographique du droit pénal.

En l'associant à mon propre travail, je tenais, en outre, à suivre l'exemple donné depuis quelques années, à la Faculté de Paris, par quelques-uns de mes collègues les plus éminents, MM. Le Poittevin et Garçon en particulier et M. Thaller, pour ne citer que ceux-là, qui, par l'institution de conférences pratiques et de travaux collectifs de caractère hautement scientifique, ont suscité entre les maîtres et leurs auditeurs une sorte de collaboration très fructueuse, dans laquelle la direction, tout en gardant sa marque très reconnaissable, laisse aux initiatives individuelles leur libre et fécond développement.

Il est bon que l'on connaisse au dehors ces premiers essais de travaux collectifs faits dans nos Facultés de droit et qu'on en voie se produire les résultats. Il y a là, dans notre haut enseignement juridique, un changement de méthode et d'orientation appelé à un grand avenir.

Pour ma part, et dans la circonstance, je dois reconnaître que tout le profit de la collaboration a été pour moi. Aussi n'ai-je voulu établir de rapprochement avec les tentatives déjà si fécondes des collègues dont j'ai parlé, que pour applaudir à leurs efforts et montrer que, même de loin, il m'était précieux de chercher à les imiter, sans prétendre assimiler les résultats, du moins pour ce qui est de ma participation personnelle.

Quant à celle qui m'était offerte, et dont j'ai recueilli le bénéfice, je tenais à en exprimer ici à M. Gaston Morin toute ma vive et profonde reconnaissance.

Les circonstances qui ont désormais orienté dans une voie quelque peu différente mon enseignement et mes travaux, expliquent suffisamment, comme on vient de le voir, que je n'aie pu réaliser le projet que j'avais eu, lors de la première édition de cet ouvrage, et auquel j'avais fait allusion, de publier sous le nom de *Problèmes de Politique criminelle*, toute une nouvelle série d'études juridiques et sociologiques sur quelques-uns des points les plus importants de la science du droit pénal.

J'aurais voulu reprendre, en particulier, et pousser plus à fond, mes premiers développements sur la question de la *Tentative et du délit impossible*; d'autant que les solutions adoptées à ce sujet par des maîtres tels que M. Garraud, dans les dernières éditions de son Manuel, et par M. Garçon, dans son Code pénal annoté, et, si je puis dire, les adhésions de principe ainsi données aux idées que j'avais émises, m'y encourageaient fortement, sans parler des belles études sur le même sujet, publiées en Allemagne, par M. Ernest Delaquis.

Mais j'étais attiré surtout par le problème si considérable de la *Complicité et du délit collectif*, et celui enfin, aujourd'hui de plus en plus actuel, de la *Responsabilité atténuée*. C'est même sur ces derniers points qu'avait porté le cours approfondi de droit pénal que je faisais pour les candidats au doctorat juridique au moment où l'on m'offrit la chaire de droit civil, dont la vacance venait de s'ouvrir si prématurément, et de laquelle je passai bientôt à l'enseignement du droit civil comparé.

Je dus me rendre compte assez vite qu'il me serait difficile de poursuivre parallèlement ces deux courants d'études et que mes promesses trouveraient mal aisément à se réaliser. Je ne suis que trop certain aujourd'hui que le nouveau livre de droit criminel que j'avais eu en vue ne paraîtra pas. Aussi ai-je supprimé, dans cette seconde édition, les renvois un peu prématurés que je faisais par avance aux questions dont il devait traiter.

Mais, du moins, ai-je tenu, si la préparation de cette nouvelle édition doit être comme ma dernière manifestation scientifique sur le terrain du droit pénal, à rendre hommage à l'un des hommes auxquels nous sommes le plus redevables des progrès qui se réalisent dans ce

département si considérable des sciences juridiques, et
dont, en particulier, je dois plus que personne, garder le
souvenir, puisqu'il voulut bien encourager mes premiers
essais et présenter au public ce livre que je réédite
aujourd'hui. Je veux parler de M. Gabriel Tarde, l'éminent sociologue, le savant aux vues originales et profondes, aux brillantes envolées et aux découvertes lumi-
neuses, qui, sur bien des points, nous a ouvert la voie,
mais qui, sur tous, quels qu'ils soient, aura marqué sa
trace d'une empreinte ineffaçable. Il a disparu à l'heure
où son concours, pour l'œuvre de conciliation que nous
tentions entre les postulats du droit et ceux de la sociologie, nous aurait été le plus nécessaire. Sa perte, à ce point
de vue, comme à tant d'autres, aura été irréparable. On
s'en aperçoit de plus en plus, et son souvenir grandit de
jour en jour.

Dans cette sorte de compromis entre les principes du
raisonnement abstrait et les données des faits et de l'expérience, il a réalisé, dans la branche du droit pénal, une
œuvre qui, par certains côtés, peut se comparer à celle
que, dans le domaine du droit civil, avait également
entrevue l'homme supérieur dont j'inscrivais le nom en
tête de cet ouvrage, lors de sa publication, M. C. Bufnoir.

On ne s'étonnera pas qu'aujourd'hui je lui associe
celui de M. Gabriel Tarde.

A tous deux va ma reconnaissance personnelle. Mais à
tous deux aussi ira la gratitude croissante de tous les juristes qui, dans l'avenir, voudront, sur le terrain du droit
privé, donner satisfaction aux exigences de l'ordre social,
représentées par la fermeté des principes juridiques, et à
celles de la justice individuelle, de plus en plus empreinte
de psychologie et d'individualisation [1].

Paris, le 24 avril 1908.

R. SALEILLES

----

[1] A côté des livres de psychiatrie que je citais au début de cette Préface, je voudrais indiquer un nouveau livre du Dr Dubois, *L'Éducation
de soi-même* (Paris, 1908). — Voir le Chapitre intitulé *L'Acte*, p. 38 première édition; cf. également l'important *Traité de Pathologie mentale*,
publié sous la direction du Dr GILBERT BALLET (Paris, 1903), pp. 1465 et suiv.

PRÉFACE

L'ouvrage qu'on va lire est le premier volume d'une
bibliothèque de sociologie qui, publiée sous les auspices
du Collège libre des Sciences sociales, ne peut manquer
d'avoir, comme cette jeune école, un rapide et brillant
succès. Le caractère de cette institution, fondée il y a
trois ans et qui s'est trouvée répondre aussitôt à un
véritable besoin public, est d'être un congrès permanent non pas des religions, mais des philosophies
sociales, ce qui est encore bien plus hardi. Car entre le
christianisme, le bouddhisme et l'islamisme, il est moins
mal aisé de découvrir des consonances qu'entre les
doctrines variées, qui, depuis Le Play et Comte jusqu'à
Karl Marx, dogmatisent l'une après l'autre dans la même
chaire de la rue de Tournon. Les extrèmes ont ainsi
appris à se coudoyer, en attendant de se concilier sur
le terrain des applications pratiques. A celles-ci, plus
encore qu'aux idées, s'est ouverte hospitalièrement la
porte de cet enseignement qui ne néglige aucune question à l'ordre du jour en fait d'assistance publique,
d'économie politique, d'esthétique même et de morale.
Les problèmes de criminalité et de pénalité ne pouvaient
donc lui rester étrangers, et le professeur choisi pour
les discuter et les résoudre a été cette année l'auteur du
présent livre. Les lecteurs de M. Saleilles s'accorderont
à dire — comme l'ont déjà fait ses auditeurs — que ce
choix a été des plus heureux.

M. Saleilles, en effet, présente deux qualités rarement

unies : la subtilité dialectique du juriste et la finesse
analytique du psychologue, autant dire du criminaliste.
Le fin logicien qui est en lui a trouvé à s'exercer non
seulement à la Faculté de Droit de Paris où des circonstances douloureuses l'ont appelé à faire un cours très
suivi de Droit civil [1], mais dans ce volume même où il a
poussé à bout l'effort de sa logique pour accorder ce
qu'il croit pouvoir sauver de la responsabilité morale,
fondée sur le libre arbitre, avec son système pénitentiaire déduit de principes différents. Tout ce qui peut
être dit, ou peu s'en faut, contre l'idée du libre arbitre
donné pour fondement à la condamnation pénale, il l'a
dit et fortement dit. D'abord, impossibilité pratique de
constater l'état de liberté ; puis, ce serait donc le criminel primaire qui devrait être considéré comme le plus
coupable, tandis que le récidiviste, comme poussé plus
irrésistiblement à mesure qu'il est plus endurci, échap-
perait au châtiment ! On voit, en somme, que, si notre
auteur ne s'est pas expressément rangé de l'avis des
moralistes nouveaux qui, malgré leurs convictions religieuses, commencent à rompre l'antique association
d'idées établie entre liberté et responsabilité, — je
pourrais citer M. Cuche, M. Moriaud et d'autres — il est
bien près d'aboutir à leurs conclusions et de regarder le
libre arbitre, à leur exemple, comme n'ayant rien à
voir avec la responsabilité morale et pénale. A vrai dire,
ce qu'il retient du libre arbitre, pour complaire, pense-
t-il, à la conscience populaire, n'est-ce pas le nom plus
que la chose ? Tout en disant qu'aux yeux du peuple la
responsabilité implique la liberté, il ajoute que la
liberté, telle que le peuple la conçoit, c'est tout simplement la normalité physiologique. « Ce qui fait la mesure
de son indignation, ce n'est pas le degré de liberté que
l'acte implique, c'est le degré d'intérêt ou de répulsion

---

(1) M. Saleilles a dû, il y a peu de temps, prendre la suite du cours
de Droit civil professé avec tant de savoir et de profondeur par son
beau-père M. Bufnoir, enlevé par une mort foudroyante. Il a été tout de
suite à la hauteur d'une tâche si ardue.

que l'agent lui inspire », d'après la nature de son caractère révélé par ses actes et ses paroles. Autant vaut dire
que la conscience populaire, en prononçant son verdict,
se préoccupe de savoir, non si l'acte incriminé a été
libre, — c'est-à-dire a été une *possibilité ambiguë*, un
fait qui pouvait être autre qu'il n'a été au moment même
où il a été —, mais s'il a été conforme au caractère permanent et fondamental de l'accusé. — M. Saleilles a
raison de dire que « l'idée de liberté s'identifie avec celle
de cause première ». Or, je ne connais pas de jury ni de
tribunal quelconque qui ait jamais songé à se demander,
avant de condamner un homme, s'il avait été cause
première ou seulement cause seconde de son acte. Cause
réelle, cela suffit. Il est une causalité intérieure, un
déterminisme psychique, comme dirait M. Fouillée, qui
fait que notre acte est vraiment *nôtre*, qu'il nous appartient, à nous exclusivement, et non aux prétendus facteurs physiques, physiologiques, sociaux, dont notre
personne ne serait que le point d'intersection. Elle en
est aussi la combinaison et l'emploi subjectif, ce qu'on
néglige de remarquer.

Pas plus que M. Saleilles, je ne nie la liberté, en un
certain sens métaphysique; mais je l'écarte du problème
de la responsabilité; et il croit devoir l'y maintenir, en
apparence au moins. De là, la difficulté d'accorder ses
deux conclusions : d'une part, conserver la responsabilité morale, soi-disant appuyée sur le libre arbitre,
comme fondement de la condamnation; d'autre part,
fonder la pénalité sur un principe tout différent, l'*Individualisation de la peine*[1]. Ainsi, la liberté aura été un
principe « sans application »; ce n'est jamais d'elle que
dépendra le taux et le choix de la peine. On décidera
que l'accusé est coupable parce que, implicitement, on
l'aura jugé libre — et encore se gardera-t-on bien de
prononcer le mot de liberté, à l'exemple du Code de

[1] « La responsabilité, fondement de la peine, et l'individualisation,
critérium de son application : telle est la formule du Droit pénal moderne. » (p. 167).

1810, que notre auteur loue en cela ! — Mais c'est à son
caractère persistant qu'on aura égard pour le traitement
pénal. Cependant, s'il en est ainsi, cela signifie que,
lorsque l'acte n'aura point paru émaner du caractère
propre de l'agent, qu'il aura paru être une anomalie
passagère, il n'y aura pas lieu à punir, puisqu'il n'y a
pas à réformer un caractère à raison de faits qui ne le
touchent point. Par suite, il serait plus rationnel de
faire dépendre à la fois la culpabilité et la pénalité de la
nature du caractère personnel. Et, alors, la responsabilité et l'individualisation, loin de paraître se contredire
ou s' « affronter » stérilement, découleraient de la même
source. Au fond, si ce n'est pas là ce que fait notre
auteur, c'est bien là qu'il tend visiblement sous l'impulsion de sa logique habituelle. Entr'autres acceptions
qu'il donne à l'idée de liberté, celle qui lui est la plus
chère, on le sent, consiste à l'entendre dans le sens
d'une *action sur la personne elle-même*, pour refondre
son caractère. En ce sens, qui est acceptable pour les
déterministes mêmes, il dit fort bien que la peine
a en vue la liberté future, « germe de l'avenir moral
du condamné », et doit viser celle-ci beaucoup plus
que sa liberté passée, « celle qui l'aurait entraîné vers
le crime ».

Il ne s'agit plus de proportionner la peine au mal
matériel commis ; il ne s'agit plus même seulement de la
proportionner au degré de criminalité déployé au moment
de l'acte ; il s'agit avant tout de l'approprier à la nature
de la perversité de l'agent, à sa virtualité criminelle,
qu'il faut empêcher de se réaliser de nouveau en actes.
Cette notion, que M. Saleilles a empruntée, comme
l'Union internationale de Droit pénal, à l'école italienne, il sait bien qu'elle est d'origine très ancienne, et
il nous montre les officialités ecclésiastiques devançant
sur ce point nos criminalistes psychologues, scrutant
les cœurs, considérant aussi le châtiment comme une
médication plutôt que comme une dette et une expiation. J'avouerai même que je suis moins surpris de ren-

contrer cette conception chez des théologiens que chez
des positivistes. Chose étrange, quand les criminalistes
contemporains, naturalistes ou socialistes, recherchent
les causes du délit, ils ne découvrent que des *facteurs*
impersonnels, le climat, la saison, la race, les anomalies
crâniennes ou autres, les suggestions du milieu social ;
en somme, ils naturalisent ou socialisent le délit, ils
l'impersonnalisent. Et puis, quand il est question des
applications pénales de leurs théories, on est tout étonné
de les voir pousser à outrance l'individualisation de la
peine, comme si l'individu, qui n'était rien, était subi-
tement devenu tout. Il faut choisir pourtant : si l'on
tient pour certain que la peine doit être individualisée,
on doit convenir que le crime et la criminalité sont
chose éminemment individuelle, en dépit des influences
et des circonstances extérieures dont l'individu s'est
servi, encore plus qu'il ne s'y est asservi. Ou bien, si
l'on persiste à croire que l'individualité ne *s'approprie*
nullement ce qui la nourrit du dehors, — ce sans quoi
elle ne serait pas, d'ailleurs, — si l'on persiste à croire
et à dire que les vraies causes du crime sont ces facteurs impersonnels, disséminés dans la nature entière,
dans toute l'histoire et dans toute la société, dont il a
été question plus haut, c'est à corriger et amender ces
facteurs qu'il faut viser uniquement, non à corriger et
amender l'individu, simple exécuteur de leurs ordres
souverains.

Par suite, la tendance générale maintenant à individualiser la peine montre clairement que, de plus en
plus, on regarde le crime comme un effet de causes individuelles et l'individu comme responsable de son exécution. La responsabilité et l'individualisation de la peine
n'ont donc rien d'hétérogène, et M. Saleilles n'a pas à
justifier leur rapprochement. Ces deux idées sont con-
nexes, l'une implique l'autre, et, en les associant dans
sa théorie, il a évité la contradiction où d'autres écoles
plus radicales mais moins logiques sont tombées.

Le malheur est qu'individualiser la peine, c'est l'*ind-*

yaliser pour des fautes égales, et il est bon de faire
entrer en ligne de compte le sentiment d'injustice apparente que cette inégalité ne peut manquer de faire
éprouver aux condamnés ou à un grand nombre d'entr'eux et même à la masse ignorante du public. Le droit
pénal est défini à merveille par notre auteur : « la
sociologie criminelle adaptée à l'idée de justice. » Or,
l'idée de justice ne se présente-t-elle pas tout d'abord à
l'esprit sous la forme d'une égalité de traitement ? Dans
la mesure du possible, il convient que le législateur, en
édictant les peines, en fixant les limites du maximum et
du minimum où il circonscrit l'arbitraire du juge, ait
égard à cette notion élémentaire et populaire de l'équité.
Aussi suis-je bien d'accord avec M. Saleilles pour reconnaître que l'individualisation de la peine ne saurait être opérée légalement. Elle doit être avant tout
judiciaire. Administrative aussi, soit ; mais sous la surveillance du juge, ce qui sera facilité par le rattachement des services pénitentiaires au Ministère de la Justice, réforme des plus urgentes — et sans cesse ajour-
née. Avec raison, notre auteur voit dans l'application
chaque jour plus répandue, sinon mieux comprise, de la
loi Bérenger, un excellent commencement d'individualisation pénale par l'autorité judiciaire. Et cette innova-
tion, des plus conformes aux principes préconisés par le
présent volume, a été aussi des plus heureuses : à elle
nous devons, comme le montre le rapport officiel sur la
statistique criminelle de 1895, l'arrêt et même le recul
du flot montant de la récidive, qui semblait devoir être
irrésistible. Quant à la loi sur la relégation, inspirée par
un tout autre esprit, elle est loin de s'être montrée jusqu'ici efficace au même degré... « Plus fait douceur que
violence. »

G. TARDE.

Avril 1898.

INTRODUCTION

Ceci n'est pas une préface nouvelle venant s'ajouter à la première, mais la très simple explication de ce que j'ai voulu faire.

Ce livre est la reproduction très peu modifiée d'un cours que j'eus l'honneur de professer cet hiver au Collège libre des sciences sociales sur l'individualisation de la peine.

M'adressant à un public très peu homogène, à des étrangers en grande partie, qui voulurent bien me rester fidèles jusqu'à la fin, je devais forcément enlever à ces leçons tout ce qui en eût fait un enseignement technique, pour leur donner, au contraire, un caractère de haute vulgarisation. Je ne pouvais pas, dans un milieu en partie étranger aux idées juridiques, parler en juriste ; je m'en suis tenu au domaine des idées générales. Par là s'expliqueront certaines lacunes, ou certaines défectuosités du livre. Je n'ai pas été sans m'en rendre compte ; mais j'ai tenu à lui garder la physionomie de l'enseignement dont il devait être la reproduction. Si le côté scientifique y a perdu, peut-être y a-t-il chance pour qu'il s'en dégage cependant quelque chose de plus senti, de plus individuel, de plus vivant.

A un autre point de vue, je dois ajouter une brève explication. Le sujet, pour être épuisé, devrait comprendre toutes les parties du droit pénal ; car c'est à propos de chaque matière que se présentent les applications du principe d'individualisation. Il m'était impossible, avec un nombre limité de dix leçons, de prétendre ainsi tout aborder ; je me suis contenté de poser les principes et d'exposer le système. Il en a été ainsi de l'enseignement ; le livre n'en contient pas davantage : c'est un exposé de principes.

Je compte d'ailleurs lui donner une suite ; et dans un second ouvrage, en cours de préparation, et qui porterait le titre de *Problèmes de Politique criminelle*, j'envisagerai quelques applications du principe d'individualisation, en ce qui touche, par exemple, la responsabilité partielle, la minorité, la complicité et la récidive.

J'avais eu l'intention de dédier ce livre à la Société générale des prisons : c'est par elle et chez elle que s'est faite surtout ma très courte éducation de criminaliste ; et je lui devais ce devoir de reconnaissance. J'avais déjà, au moins officieusement, sollicité d'elle qu'elle voulût bien accepter cet hommage : j'allais lui en faire officiellement la demande, lorsque, au moment même où je venais d'écrire les dernières lignes de cet ouvrage. je fus frappé dans mes affections de famille, en même temps que dans ma vénération de disciple, par un de ces coups dont l'impression ne s'efface plus.

C'est ainsi que j'ai voulu que le nom de M. Bufnoir figurât en tête de cet ouvrage. A coup sûr, M. Bufnoir n'était pas un spécialiste du droit criminel ; mais un esprit de l'envergure du sien ne restait étranger à aucune des branches de l'enseignement juridique. Il était de ces généralisateurs qui sont toujours les spécialistes de ce dont ils s'occupent à un moment donné, je dirais presque de ce dont ils parlent actuellement ; et c'est bien souvent, pour ce qui est de M. Bufnoir, qu'il lui arrivait de s'intéresser aux questions de criminologie. Mais il y a plus : c'est que par la maîtrise de son enseignement il a surtout fondé une méthode, une méthode d'interprétation, à coup sûr très prudente et très sage, mais très assouplie, très nuancée, susceptible de se plier le plus possible aux besoins de la pratique et aux nécessités sociales.

Une méthode de ce genre est un instrument d'application absolument général. Elle ne se cantonne pas dans la sphère du droit civil ; elle rayonne et trouve son développement plus complet si je puis dire, plus élargi encore, partout où les besoins sociaux se font plus visiblement sentir sous l'abstraction des formules juridiques ; et c'est le cas du droit criminel. Comme toutes les parties du domaine du droit, plus peut-être que toute autre, le droit pénal doit beaucoup à tous ceux, à quelque branche qu'ils appartiennent, qui ont eu en vue la conception d'une méthode d'interprétation nouvelle.

Et d'ailleurs, qu'il me suffise de revenir à des raisons d'ordre plus personnel : ce livre, ne l'ai-je pas en quelque sorte vécu avec lui, par cette préparation au jour le jour de mon enseignement de cet hiver, dont il avait les confidences, dont il connaissait les perplexités et les hésitations, peut-être aussi les hardiesses, qu'il n'osait pas encourager trop ostensiblement, mais dont il ne lui déplaisait pas de voir tenter l'expérience ?

Le livre était achevé ; et le maître, le guide de tous les instants, l'homme absolument supérieur par tous les côtés de sa nature, dans l'intimité duquel il m'avait été donné de pénétrer, n'était plus là. Son nom s'est trouvé comme de lui-même inscrit en tête de la première page ; en me remettant au travail après le coup terrible qui venait de survenir, je n'aurais pu en inscrire d'autre. Il y avait là pour moi plus qu'un devoir de cœur, et une reconnaissance d'élève : le sentiment qui s'y ajoutait est de ceux auxquels il suffit de faire allusion. Tous les gens de cœur me comprendront.

Et maintenant il me reste, pour finir, à dire toute ma profonde reconnaissance pour le haut patronage sous lequel cet essai va paraître. La très modeste tentative que je livre au public n'était pas de celles qui pûssent mériter de se couvrir du nom de M. Tarde. Je tiens donc à ne pas donner le change à cet égard ; et c'est l'ouverture de la série même de la bibliothèque du Collège des sciences sociales à laquelle l'éminent sociologue a bien voulu donner l'estampille. Telle est du moins la seule explication que ma sincérité puisse admettre. Mais déjà, par le fait seul qu'il n'ait pas jugé trop indigne de lui l'œuvre qui se trouve inaugurer la série, je lui dois la plus vive et la plus respectueuse reconnaissance ; et qu'il me permette d'associer aux remerciements que je lui adresse mes auditeurs de cet hiver, qui ont été, comme c'est presque toujours le cas, mes véritables collaborateurs.

C'est le cas de tout enseignement oral non asservi à des programmes et qui ne soit pas dominé par la stérile préoccupation d'un diplôme : il se crée par la compénétration des esprits, et par l'influence réciproque des sympathies. Le maître ne le fait pas d'avance ; ce sont ses auditeurs qui lo lui inspirent.

Ainsi s'est créé ce livre.

Paris, 11 mars 1898.   R. SALEILLES.

CHAPITRE PREMIER

POSITION DU PROBLÈME

Il se produit aujourd'hui un mouvement général ayant pour objet de détacher le droit des formules purement abstraites qui, pour le vulgaire tout au moins, paraissaient le soustraire au contact de la vie. Il n'est pas douteux que le droit civil, tôt ou tard, subira une transformation de ce genre. En attendant, c'est par le droit pénal que l'évolution commence ; et on peut dire qu'elle est hardiment commencée.

On s'explique facilement d'ailleurs que ce terrain d'expérience se soit trouvé le premier choisi.

De toutes les lois, en effet, qui président à l'organisation des sociétés, la plus ancienne et la plus inéluctable est, à coup sûr, la loi de défense sociale, en vertu de laquelle tout organisme, tout agrégat d'êtres vivants, repousse d'instinct les éléments qui refusent de se soumettre aux conditions de son existence propre, qui l'attaquent de front ou qui entravent son développement vital.

Or, le droit pénal n'est guère autre chose. Il est la traduction dans le domaine des lois positives des nécessités de défense sociale ; ou plutôt il est comme l'instrument même de la défense sociale accommodée aux exigences de l'idée de justice.

Car la sociologie, on ne saurait trop le redire, n'est pas seulement une coordination de faits d'observation ; par cela seul qu'elle est une science sociale, la science sociale par excellence, elle se trouve avoir l'homme à la fois pour objet et pour sujet actif. Elle l'étudie sans doute dans les conditions de groupement organisé où il vit ; mais les lois qu'elle découvre, c'est également à l'homme qu'elles s'adressent, en tant qu'il doit les mettre en œuvre. Et c'est ainsi que, pour la sociologie, l'homme se trouve être à la fois comme l'objet et comme le sujet même de la science : celle-ci doit donc l'accepter, non seulement avec ses propriétés sociales, mais dans tout l'ensemble de son être psychologique. Que la sociologie ait pour sources directes l'histoire et la psychologie, tout le monde le reconnaît ; mais pendant trop longtemps on n'a demandé à la psychologie que la solution d'interférences par lesquelles l'homme prenait contact avec l'homme ; ce qui en faisait une sorte de psychologie intercérébrale, de tous points insuffisante. Pour expliquer les réactions sociales, c'est l'homme tout entier, avec sa psychologie individuelle, et comme intracérébrale, qu'il faut étudier et examiner : c'est au plus profond de son être que l'on découvrira l'étincelle cachée qui sera le moteur, infinitésimal à l'apparence, colossal par les résultats, de tout ce qui vient de lui, et par lui se communique aux autres ; et, par là, de toute cette vie nouvelle qui est faite de la part de vie individuelle que chacun met de lui-même dans ses relations avec les autres, et qui constitue tout l'organisme social [1].

Si donc c'est de cette psychologie individuelle que tout doit sortir comme du germe initial, il est facile de constater que, de tous les instincts de l'homme intérieur, le plus vivace peut être, et le plus profond, celui qui correspond le mieux à son essence psychologique, c'est l'idée de justice.

C'est assurément le sentiment le plus vivace, puisqu'il se retrouve même chez ceux qui croient avoir jeté par dessus bord toute idée de justice, chez les criminels. Dès qu'ils forment entre eux des bandes ou de petits groupements plus ou moins passagers, ils s'appliquent réciproquement des lois fondées sur l'idée de justice. Non seulement toute bande organisée, même parmi les réfractaires de la société, s'adapte à l'idée de loi et à l'idée d'autorité, lesquelles sont les formes

---

(1) Voir, sur tous ces points, les belles conférences de M. Tarde faites en octobre 1897 au Collège libre des sciences sociales. Je leur ai emprunté beaucoup d'idées et quelques expressions. Elles ont paru en volume chez F. Alcan sous ce titre : *Les Lois sociales*. (La dernière édition est de 1907.)

essentielles de tout ce qui vit d'une vie organique : mais on trouve chez ceux qui en font partie des sentiments de répartition égalitaire, de maintien de la foi jurée, et de sanction légitime pour les trahisons individuelles, qui constituent pour eux toute la manifestation de l'idée de justice et qui, dans leurs rapports entre eux, dans leur langage, et jusque dans ce qui leur reste de convictions, ne reposent encore que sur ce fondement unique d'un sens inné du juste et de ce qui est dû à chacun dans ses relations avec les autres.

Si donc la criminologie doit tenir compte, d'abord de ce qu'il y a de social dans l'être humain, il faut aussi qu'elle tienne compte de ce qu'il y a en lui d'individuel ; et elle n'a pas le droit de négliger ce facteur important de l'homme psychologique, l'idée de justice.

Aussi le droit pénal peut-il se définir d'une façon assez exacte, et suffisamment précise, la sociologie criminelle adaptée à l'idée de justice.

Il est une école relativement récente, l'école italienne, qui veut réduire le droit pénal à l'idée uniquement de défense sociale, et qui ne voit en lui qu'une mise en valeur de la sociologie criminelle. Il importait, avant d'aller plus loin, de prendre vis-à-vis d'elle très nettement position et de montrer, à côté de tant de vérités qu'elle a comme remises en valeur, ce qui en constitue l'insuffisance et la principale lacune.

Politique de défense sociale, le droit pénal est tout cela ; c'est son objectif direct. Mais politique de défense sociale, adaptée aux nécessités innées de l'idée de justice : voilà ce qu'il faut ajouter à la formule de l'école italienne.

Sociologie criminelle, c'est évident ; et le droit pénal est tout cela. Mais sociologie criminelle qui descend des hauteurs d'une science purement abstraite pour s'adapter aux sentiments de la foule, aux conceptions qui sont comme la sève circulante du corps social, c'est-à-dire à l'idée de justice, à l'idée de la distinction du bien et du mal, et à l'idée qui en ressort forcément de la responsabilité de l'être humain.

Et ce qui est vrai du droit pénal ne l'est pas moins de la conception du crime.

Phénomène pathologique, ont dit les uns ; actuellement on

dit, de préférence, phénomène sociologique ou produit social[1] : on ne peut le nier. Mais phénomène social qui constitue une atteinte à l'idée que la conscience populaire se fait du devoir social ; donc, un résultat du mécanisme social, c'est évident, mais aussi une atteinte individuelle à l'idée de justice.

Telle est la position particulière du droit pénal dans l'ensemble des sciences sociologiques.

S'il en est ainsi, il semblerait donc difficile qu'il pût exister un système général d'études sociales, sans que l'analyse de la fonction défensive y trouvât sa place.

C'est tout le droit pénal qui devrait être étudié ainsi sous cet angle nouveau ; mais, pour ne prendre ici qu'un point particulier, il s'agira donc de rassembler dans une vaste synthèse, et sous forme d'exposé de principes, ce qui constitue aujourd'hui tout le nœud en quelque sorte du problème criminel, ce que l'on appelle l'individualisation de la peine.

Mais il importe tout d'abord, dans un premier aperçu sommaire, de bien montrer comment la question s'est posée et ce qui en forme les termes essentiels.

Toutes nos conceptions rationnelles nous avaient amenés à cette idée que le crime est une atteinte à l'ordre juridique établi. La peine est la sanction de cette violation du droit ; elle se présente comme une réparation, comme une sorte de compensation, par la souffrance individuelle, du mal qui a été commis : c'est ce que les Allemands appellent la *Vergeltungstrafe*.

Si l'on se place à ce point de vue, ce qui frappe uniquement dans le crime, c'est le résultat matériel qu'il a réalisé ; c'est le trouble social qu'il a causé, le mal individuel ou collectif qui en est résulté, et dont la société a pris conscience et senti la répercussion.

Dans la langue du droit, il y a, pour exprimer toutes ces choses, des locutions scientifiquement consacrées. Lorsqu'il s'agit de désigner cette face extérieure du fait criminel, on appelle cela la *matérialité du crime* ; et, même, depuis que nous nous sommes imprégnés de la terminologie en usage

(1) Voir sur ce point le beau livre de MAKAREWICZ, *Das Wesen des Verbrechens* (Vienne, 1896).

dans le monde international de la science, nous disons que c'est le *côté objectif* du crime.

Il va de soi qu'une école qui ne voit que ce résultat de fait, cette matérialité du crime, c'est-à-dire le mal produit, doit laisser tout à fait de côté la personne de l'agent du crime : en quoi influe-t-elle sur le résultat? Quel que soit l'agent, le résultat est le même. La peine n'est pas la dette de l'individu criminel ; elle est la dette du mal qu'il a produit ; et ce mal est le même quel qu'en soit l'auteur, quelles que soient sa nature et ses dispositions intérieures.

La loi devra donc fixer la peine d'après le mal commis ; et il faut entendre cela du mal *objectif*. Elle distribuera les mois ou les années de prison, les travaux forcés, ou même la peine de mort, d'après la gravité matérielle du crime. La personne du criminel ne compte pas. Pour la justice criminelle, le délinquant n'est qu'une individualité abstraite, anonyme, comme il va devenir un numéro dans les chantiers du bagne ou dans les maisons de réclusion.

Dans cette conception, le droit pénal est une construction toute abstraite, qui ne connaît que le crime et qui ignore les criminels.

Le crime, comme on l'a si souvent répété, devient une entité juridique, analogue à ce que serait une conception géométrique ou une formule algébrique. C'est sur cette abstraction que le droit s'est échafaudé, et là-dessus qu'il raisonne. Dans la technique de la science on manie les formules, comme en algèbre on ajoute, soustrait ou multiplie, les quantités. Qu'un élément de réalisation objective par exemple vienne à manquer, et c'est la tentative ; ce que l'on pourrait désigner par A — B, A représentant le crime total, dans sa consommation intégrale, et B l'élément qui se trouve faire défaut. Et les législations qui se piquent de logique, et qui se font honneur de leur habileté algébrique, comme le code pénal italien par exemple, diminueront d'autant la peine [1].

Si *a* représente la totalité de la peine, en concordance avec

(1) Voir Code pénal italien de 1889 (art. 61 et 62). Cf. Projet de revision du Code pénal français, art. 83 (publié dans la *Revue pénitentiaire* de 1893).

l'élément A qui est la totalité du crime, et β la fraction de la peine en proportion avec ce qui manque de la réalisation du fait, la peine de la tentative sera représentée par α — β, exactement comme l'objectivité du fait est constituée par la formule A — B. Et ce qui est vrai de la tentative, le sera, toutes proportions gardées, de la complicité où, au lieu de soustraire, on assimilera des quantités égales, A = B = C, avec peines identiques correspondantes. Le crime de chaque complice devient une quantité identique, mettons un crime solidaire, car avant d'arriver à l'algèbre on a passé par le droit civil ; et sans s'occuper de ce que sont les complices, de leurs intentions différentes et de leurs volontés distinctes, on égalise les faits pour les solidariser dans un même crime et tout soumettre au niveau d'une peine unique : unité de peine, comme il y a unité de crime [1]. Et si l'on reproche à cette théorie ce qu'il y a en elle de factice et d'artificiel, arrive une loi qui se croit plus juste et qui, au lieu de l'égalisation, revient à la soustraction, et qui diminue à forfait la peine du complice parce que le fait du complice n'est que l'accessoire d'un crime principal [2]. C'est toujours de l'algèbre.

Et l'on pourrait multiplier les exemples. Mais comment ne s'apercevait-on pas que, sous ces équations et ces maniements de formules, c'étaient des réalités vivantes et des êtres humains qui étaient en jeu, des êtres, dont l'avenir moral et social était ainsi le résultat d'un problème à résoudre ? Et, à supposer que les sacrifices individuels fussent de peu d'importance auprès de l'ordre social, comment ne voyait-on pas que c'était la société surtout qui en souffrait, puisque la peine frappait à l'aveugle, au hasard d'une solution mathématique, au risque de rendre à la liberté l'incorrigible et le perverti, et d'atteindre surtout le demi-coupable, le coupable fourvoyé, que l'injustice du résultat, plus encore que la promiscuité de la prison, allait achever de pervertir et d'enrôler dans le monde du crime ?

Quoi qu'il en soit, toute cette conception purement juri-

(1) Code pénal français, art. 59, et Projet de revision, art. 82.
(2) Par exemple, Code pénal italien, art. 64.

dique, et toute objective, est restée, avec beaucoup de brèches dans la place, il faut le reconnaître, la conception classique, ou du moins ce que l'on nomme encore la conception classique.

Il faut bien dire aussi que cette conception classique, dans son intégrité, n'est plus guère qu'un souvenir du passé. Nous arrivons à un tournant où toutes les écoles sont bien près de se fondre. Mais il n'en faut pas moins retenir cette idée que ce qui distingue l'école classique, en dehors de ses conceptions particulières en matière de responsabilité, c'est sa prédominance à considérer le fait criminel dans sa matérialité et par son côté objectif.

Pour elle, il n'y a que des crimes, il n'y a pas de criminels. C'est un peu comme si la médecine disait : Il n'y a que des maladies, il n'y a pas de malades. Les deux formules se valent.

A l'encontre de cette conception qui, au fond, était une conception de juristes, on en a peu à peu opposé une autre qui s'est développée, qui a grandi, et qui, à son tour, est bien près de devenir classique. En voici la formule.

La peine, dit-on aujourd'hui, doit se mesurer moins à la gravité matérielle du crime, au mal réalisé, qu'à la nature du criminel. Il est contraire à toute justice que, sous prétexte de justice, on inflige une souffrance inutile.

Or, la seule utilité que l'on puisse demander à la peine, c'est de faire du criminel un honnête homme si la chose est possible, ou sinon de le mettre hors d'état de nuire.

A l'idée que la peine était un mal pour le mal, on substitue l'idée que la peine est un moyen pour le bien, un instrument, soit de relèvement individuel, soit de préservation sociale. La peine a un but social, qui est dans l'avenir ; jusqu'alors on ne voyait en elle qu'une conséquence et comme une suite nécessaire d'un fait passé : elle était calquée et mesurée sur le fait accompli, sans référence à ce qu'elle pouvait produire dans l'avenir. Aussi ne produisait-elle que des récidivistes !

On ne voyait donc que le fait réalisé ; on veut voir aujourd'hui le résultat à obtenir. Le but de la peine n'est pas, au sens strict du mot, de frapper pour un fait passé, comme s'il s'agissait de donner satisfaction à un sentiment de vengeance individuelle ou collective, mais de promouvoir un résultat à venir.

Et les Allemands ont désigné cette peine nouvelle, par opposition à la *Vergeltungsstrafe*, la peine compensatoire et rétributoire des classiques, du nom de *Zweckstrafe*[1], qu'il ne faudrait pas traduire par peine utilitaire. Ce serait ignorer tout le grand mouvement inspiré par Ihering et l'importance donnée par lui à l'idée de but, puisque c'est elle qu'il considère comme destinée désormais à vivifier toute l'ossature du droit. Le but, c'est l'âme de toute fonction organique, et le droit n'est pas autre chose. La fonction de la peine doit donc être dirigée vers son but social, adaptée à son but, comme l'instrument au résultat qu'il veut atteindre. Voilà pourquoi c'est l'avenir qu'elle a en vue et non le passé, le fait à réaliser et le résultat à obtenir, beaucoup plus que le crime commis.

Et, par suite, peine qui, pour chacun en particulier, doit être appropriée à son but, de façon à produire le maximum de rendement possible. On ne peut, ni la fixer d'avance d'une façon stricte et rigide, ni la régler légalement d'une façon invariable, puisque le but de la peine est un but individuel qui doit être atteint par l'emploi d'une politique spéciale appropriée aux circonstances, beaucoup plus que par l'application d'une loi purement abstraite, ignorante des espèces et des cas qui lui seraient soumis.

C'est tout ce qu'indique la *Zweckstrafe*, peine caractérisée par son but, en opposition avec la *Vergeltungsstrafe*, peine immobilisée par sa fonction de rétribution purement mécanique et mathématique, sans réparation dans le passé et sans résultat pour l'avenir.

Si donc on envisage ainsi la peine dans son but, en considérant l'avenir, et en vue de la réalisation de son but, il faut, cela va de soi, que cette peine soit adaptée à la nature de celui

(1) Voir pour la bibliographie le Manuel de Listz : Von Listz, *Lehrbuch des deutschen Strafrechts* (édit. 1905), § 15.

qu'elle va frapper. Si le criminel n'est pas un perverti à fond, il faut que la peine ne contribue pas à le pervertir davantage ; il faut qu'au besoin elle le relève et l'aide à se réhabiliter ; et, si le criminel est un incorrigible, il faut que la peine soit contre lui, et au profit de la société, une mesure de défense et de préservation radicales.

Cette adaptation de la peine à l'individu, c'est ce que l'on appelle aujourd'hui l'individualisation de la peine.

Et l'on serait bien tenté de dire alors qu'il n'y a pas de crimes proprement dits, qu'il n'y a que des criminels. N'est-ce pas déjà la médecine qui aurait formulé cet axiome : Il n'y a pas de maladies, il n'y a que des malades ?

Et, ce qu'il faut remarquer, c'est que ce mouvement de réformes, qui est aujourd'hui un mouvement de caractère absolument scientifique, a commencé par un mouvement de réaction purement humaine, une inspiration de justice populaire, de justice d'opinion. C'est le jury qui, tout le premier, a fait de l'individualisation ; et il en fait encore tous les jours, sans le savoir. Il en fait, bien entendu, à tort et à travers ; et c'est pourquoi la science cherche aujourd'hui à réglementer ce qui n'est encore qu'une suite de procédés empiriques.

On peut n'être pas très favorable au jury ; il faut tout au moins lui rendre cette justice, qu'il a été, sans s'en douter, le promoteur du mouvement ; et cela dès la première application de notre Code pénal français.

La loi en effet ne voyait que le crime ; et, brutalement, mathématiquement, elle appliquait une peine toute abstraite, sans s'occuper du criminel. Le jury avait en face de lui un homme, un homme dont il tenait en mains la vie et l'honneur. Comment fût-il resté indifférent, en face de cet homme, à ce qui se passait dans sa conscience, à ce qu'étaient ses antécédents et toute sa vie antérieure ? Il finissait par être tellement absorbé par la vision de l'individu que, contrairement à la loi, il oubliait le crime ; et nous voyons encore tous les jours qu'il l'oublie.

On a même fini par classer les crimes suivant qu'ils avaient ou non les sympathies du jury ; il y en a toute une catégorie pour lesquels le jury oublie toujours le fait commis, pour ne

voir que le sentiment, l'instinct passionné, irrésistible peut-
être, d'où le crime est issu. On a fini par les appeler des
crimes passionnels.

La loi leur applique comme aux autres la même peine
légale : elle les ignore. Le jury passe par-dessus la loi, et il
acquitte. En faisant cela, il fait de l'individualisation, puisqu'il ne tient compte que de l'individu. C'est souvent de
l'individualisation mal appliquée, et quelquefois très injuste.
Peu importe, c'est la révélation d'un instinct de conscience,
en même temps que d'un principe : il s'agit de faire prédominer la conception de l'individu sur celle du fait.

Cela s'est produit, dès les premiers débuts du jury, sous
l'Empire, sous la Restauration.

Dès 1824, une première loi de réforme du Code pénal était
obligée de permettre l'admissibilité des circonstances atténuantes pour certains crimes ; pas pour tous, mais pour ceux
qui provoquaient le plus d'acquittements, et souvent d'acquittements scandaleux.

Les circonstances atténuantes sont un procédé d'individualisation de la peine. C'est sous la pression du jury qu'elles
venaient de faire leur apparition dans nos lois, tout au moins
en matière de crimes.

En 1824, pour ce qui est de la cour d'assises, c'était la cour
elle-même, c'est-à-dire les magistrats, qui était chargée de
se prononcer sur les circonstances atténuantes. Mais le jury
se défiait des magistrats, et il continuait à acquitter. En 1832,
on lui remit le droit de se prononcer sur les circonstances
atténuantes, et il semble bien que, malgré cela, pour certains
crimes, ceux qu'il trouve sympathiques, il acquitte tout de
même.

C'est donc encore de l'individualisation, mais de l'individualisation très mal faite, et purement empirique, quelquefois un peu passionnelle, comme les crimes auxquels elle
s'applique.

La science, et la justice aussi, veulent donc autre chose.
Et voilà comment, et pourquoi, au point de vue scientifique,
s'est posé le problème de l'individualisation de la peine. Ce
n'est pas la science qui, la première, en a eu l'intuition ;

ce sont les faits. plus forts que les lois, et l'opinion, toujours impressionnée par les faits, qui en ont fait surgir la formule ; et cette formule est désormais celle-ci : Sur quelles bases doit se faire l'individualisation de la peine ?

Cette question cependant en implique une seconde, qui lui est étroitement liée : Par qui doit se faire l'individualisation de la peine ?

Est-ce la loi par avance, et par voie de présomption, sans connaître les individus à qui elle s'appliquera, mais en jugeant des individus par les faits, et en les classant par catégories légales, qui se chargera de mesurer approximativement la peine et de l'adapter ainsi à la criminalité individuelle ? — Système d'individualisation légale.

Est-ce au contraire le juge, en présence, non plus d'un être abstrait et anonyme, mais de l'être réel qui a commis le crime, sachant ce qu'il est et ce qu'il vaut, qui fera cette adaptation de la peine à son degré de moralité subsistante, à ce qu'il peut inspirer encore d'espérance de relèvement et de réhabilitation morale ? — Système d'individualisation judiciaire.

Enfin, faudra-t-il aller plus loin ? et, si l'on trouve que le juge soit mal outillé pour apprécier l'homme à sa valeur, puisqu'il ne connaît de lui qu'un fait, le crime réalisé, — avec toutes les conséquences, il est vrai, qui l'entourent, mais sans qu'il puisse deviner ce que pourra être l'effet de la peine sur son tempérament, — faudra-t-il laisser à l'administration pénitentiaire, qui voit à l'œuvre les clients qu'on lui confie, le soin de mesurer la peine aux progrès qu'elle constate, et le soin par conséquent de la faire cesser lorsqu'elle juge l'amendement procuré et la réhabilitation individuelle définitive ? — Système de l'individualisation administrative.

Ce sont là de très gros problèmes. Mais il en est un, plus grave encore que toutes ces questions d'application, et qui touche à une sorte d'inquiétude de la conscience elle-même. Il ne faudrait pas oublier que l'école classique avait pour fondement une très grande vérité, ou, pour mieux dire, deux vérités qu'il importe de mettre en relief.

La première, c'est que le mal réalisé, en soi, et indépendamment de celui qui l'a commis, porte un trouble dans le milieu qui en a reçu le contre-coup, et que ce trouble, en dehors de toute idée d'expiation, au sens religieux ou métaphysique du mot, nécessite une satisfaction réclamée par la conscience publique. Sinon, si la considération de l'individu supprime la réparation, n'y aurait-il pas là pour les autres un encouragement à recommencer, et pour la société elle-même un trouble moral, et comme un malaise qui se perpétue ?

Voilà la première objection, et le premier doute qui surgisse.

Il y en a un second. C'est que, dans une certaine façon de concevoir l'idée de justice, il est difficile de se déprendre d'un certain idéal d'égalité mathématique, et que, si pour le même fait, deux individus sont l'objet de peines différentes, ou différemment mesurées, il semble bien que l'égalité soit violée et qu'au lieu de justice on ait l'arbitraire.

Comment donc concilier avec ces nécessités supérieures, qui, elles aussi, sont des nécessités sociales, le besoin, devenu indispensable, de tenir compte de l'individu lui-même et la nécessité, par conséquent, de proportionner la peine, moins au fait matériel qu'il se trouve avoir commis et au mal extérieur qu'il a produit, qu'au mal intérieur qui est en lui, à cette sorte de criminalité latente et virtuelle qui fait de lui un être dangereux pour les autres, enfin à son degré de moralité, ou, si l'on peut ainsi dire, de normalité, et aux chances de relèvement qu'il peut offrir ?

Tel est sous toutes ses faces ce très gros problème de l'individualisation de la peine.

Mais, avant même d'en aborder l'étude, il convient de mettre en garde contre certaines impressions qui résultent presque toujours de la façon même dont nous classons les systèmes, dont nous séparons les écoles, et des étiquettes que nous leur donnons. Dans chaque école nous voyons surtout l'idée dominante, et presque toujours nous la poussons à l'extrême. Entre elles toutes nous créons des abîmes. C'est le résultat de l'abstraction théorique ; et ce sont choses à la fois très injustes et très dangereuses.

Heureusement, sur le terrain des faits, les écoles se rapprochent. Les solutions pratiques de l'une sont acceptées par l'autre : en réalité, les principes théoriques restent saufs, les moyens pratiques deviennent communs et se généralisent; et c'est là l'essentiel.

Il importait tout d'abord de bien faire cette réserve et de bien indiquer toutes ces nuances; il ne faut pas qu'un mot, ou qu'une question d'étiquette ou de drapeau, empêchent de s'entendre des gens qui poursuivent le même but.

Il ne faut pas par exemple que des gens qui croient à la responsabilité et à la liberté, et grâce à Dieu il y en a encore, se considèrent, en vertu même de leurs principes, comme éternellement attachés au même rivage, comme solennellement immobilisés dans les mêmes routines, et qu'ils se refusent à accepter les moyens de défense sociale qu'une école opposée pourrait leur offrir.

Il y a aujourd'hui, précisément, une tendance pour les camps les plus opposés à se rapprocher et à s'entendre sur le terrain des solutions pratiques; et c'est un grand bien et un résultat qu'il faut favoriser et appuyer de partout. C'est parce que ces conciliations sont possibles, parce qu'il y a sur ce terrain quelque chose à faire, des barrières à renverser et beaucoup de malentendus à dissiper, que le devoir s'impose pour tous ceux qui se croient en mesure d'aider à ces rapprochements, si insuffisants qu'ils se sentent par ailleurs, de se mettre à l'œuvre sans trop regarder en arrière, et de dire ce qu'ils croient avoir à dire, sans se méprendre sur l'autorité qui leur manque, mais sans vouloir d'autre part faire de leur insuffisance personnelle l'excuse de leur silence. Nous sommes à une époque de transition où les idées se troublent, où les notions traditionnelles ne suffisent plus à personne et où cependant il est impossible d'attendre, pour essayer d'autre chose, qu'une idée nouvelle ait été solidement démontrée et universellement reconnue. On risquerait d'attendre trop longtemps; et, en attendant, les faits réclament leur solution et il faut la leur donner. Si les formules d'autrefois ne s'y adaptent plus, il faut donc que chacun se prête aux tâtonnements nécessaires. De tous ces efforts combinés sortira la formule nouvelle; mais encore faut-il que chacun s'y mette, et ce n'est pas le moment, lorsque le vieil édifice s'effrite tous les jours, de faire de la fausse modestie, en restant à couvert sous un toit qui menace ruine : mieux vaut essayer de se construire un refuge au moins provisoire; et si chacun, sans renier sa foi individuelle, acceptait de solidariser ses efforts, nous aurions assez vite cette construction de l'avenir, qui pût nous abriter tous.

Dès maintenant, d'ailleurs, il serait facile de citer des exemples et des symptômes à l'appui de cette heureuse indépendance des doctrines : nous allons d'inconséquences en inconséquences, mais tout le monde sait que la vie n'est possible qu'à ce prix; et l'histoire n'est que l'éclatante démonstration, en matière de conduite humaine et surtout en fait de lois sociales, de l'éternelle faillite de l'absolu et des prétendus principes qui s'en imprègnent.

Prenons d'abord la grosse question de la responsabilité : pendant longtemps c'était celle qui nous divisait le plus.

Il semblait que tout bon déterministe, pour être logique avec lui-même, dût nier l'idée de responsabilité; et il semblerait aujourd'hui qu'il dût, à moins d'inconséquence de nature à tout ébranler de son propre point de départ, accepter tous les postulats de l'école positiviste italienne. Que d'heureuses inconséquences nous voyons cependant tout autour de nous; et comme l'on commence enfin à sentir le vide de ces démonstrations tout en syllogismes purs, qui, tant qu'elles restent un jeu de l'esprit, n'ont jamais fait échec à une idée nouvelle, pas plus qu'elles n'ont réussi à sauver les anciennes! On ne vit pas de logique, on vit de nécessités pratiques; mais l'on vit surtout de convictions et de foi personnelle. Voyons donc quelques-unes de ces prétendues inconséquences.

C'est ainsi par exemple qu'il y a des savants de premier ordre et des sociologues éminents, comme M. Tarde, pour aller de prime saut aux sommets, qui acceptent dans toute sa rigueur la loi de causalité dans son application aux faits de l'ordre psychologique, et qui cependant sont les défenseurs très convaincus, sur le terrain sociologique tout au moins, de la survivance et du maintien de l'idée de responsabilité[1].

Il y en a, comme était Merkel en Allemagne, qui sont des déterministes passionnés, et qui ont soutenu, en ce qui touche la nature de la peine, tous les caractères traditionnels que lui attribue l'école classique, l'idée de sanction et, par suite, celle de réparation, au sens de la justice absolue, du mal qui a été causé[2].

Et enfin, tout récemment encore, dans la Revue de Liszt, Makarewicz[3] exposait, dans une démonstration magistrale, que l'opposition qu'on avait essayé d'établir entre l'École classique et l'École positive, sur le terrain tout au moins du droit pénal, se réduisait presque à des questions de mots, et que sur tous les points, sur le terrain pratique, elles allaient en quelque sorte à la rencontre l'une de l'autre et se trouvaient bien près d'être d'accord[4].

Ne sont-ce pas des classiques, des spiritualistes pour tout dire, des fidèles de la liberté et de la responsabilité qui, après avoir fait admettre les circonstances atténuantes, se sont mis à la tête du grand mouvement de réforme pénitentiaire fondé tout entier sur l'espérance de relèvement moral du criminel, et qui, en fin de compte, ont fait voter en France cette loi du sursis, contre laquelle l'Allemagne a protesté pendant longtemps, tout au moins l'Allemagne officielle, et qui, de toutes les mesures que pourrait inspirer l'école italienne, est à coup sûr l'une des plus caractéristiques ?

(1) Voir M. Tarde, dans sa *Philosophie pénale*, ch. III.

(2) Voir Merkel, *Lehrbuch des deutschen Strafrechts.* § 28; et Merkel, *Vergeltungsidee und Zweckgedanke im Strafrecht* (Strasbourg, 1892). Cf., dans le même sens. Mittelstadt, *Schuld und Strafe*, étude publiée dans la revue allemande, *Der Gerichtssaal* (Stuttgart), t. XLVI, p. 237, p. 367 et t. XLVII, p. 1; enfin, contre Merkel et Mittelstädt, l'étude importante de Liszt publiée dans sa revue (V. Liszt, *Die Deterministischen Gegner der Zweckstrafe*, dans *Zeitschrift für die gesammte Strafrechtswissenschaft*, t. XIII, p. 325).

(3) Makarewicz, *Klassizismus und Positivismus in der Strafrechtswissenschaft*, dans *Zeitsch. f. d. ges. Str. W.* (1897), t. XVII, p. 550.

(4) Cf., dans un courant d'idées analogue, l'étude de M. P. Cuche, *De la possibilité pour l'école classique d'organiser la répression pénale en dehors du libre arbitre.* (Annales de l'université de Grenoble, t. IX, 1897, p. 509 suiv.)

Il faut en dire autant, et en sens inverse, de notre loi de 1885 sur la relégation des récidivistes, tout au moins de ceux considérés comme irréductibles, mesure d'élimination pour les incorrigibles, loi de défense sociale au premier chef.

Ces deux lois, qui sont des lois françaises, on ne saurait trop le redire, sont comme la traduction même dans le domaine du droit positif de la formule qui sert de mot d'ordre à l'école nouvelle, et qui est celle-ci : d'une part venir en aide aux délinquants primaires pour les aider à se reclasser, et, d'autre part, mettre à l'écart et éliminer les professionnels du crime, les délinquants par nature et par état psychologique ; indulgence sans limites pour les égarés d'un moment, sévérité impitoyable pour les pervertis à fond. — Notre loi de sursis réalise l'indulgence sans limites pour les égarés d'un moment et notre loi sur la relégation réalise la sévérité impitoyable contre les pervertis à fond.

C'est la formule même de l'école italienne ; mais la formule de l'école italienne appliquée par des classiques.

De ce premier coup d'œil d'ensemble paraît bien ressortir une conclusion qui est plutôt rassurante ; c'est que, si nous trouvons en Allemagne des déterministes et des positivistes rigoureux qui se font les défenseurs de toutes les idées classiques en matière pénale, on admettra bien qu'il y ait aussi en France des idéalistes, mettons des spiritualistes, sinon au sens philosophique du moins au sens religieux du mot, c'est-à-dire des croyants, qui ne se fassent aucun scrupule d'aller aujourd'hui très loin dans la voie des réformes proposées.

Admettons, si l'on veut, que ce soit une profession de foi : elle nous servira du moins à renverser les barrières philosophiques, pour nous retrouver unis sur le double terrain de la justice et de la nécessité sociales.

Il conviendrait maintenant d'expliquer, au moins d'une façon sommaire, en quoi consiste ce que l'on a appelé l'École classique ; c'est l'école traditionnelle, celle qui a inspiré notre Code pénal français.

Mais, avant d'y arriver, il importe d'en montrer les origines et de faire ainsi, pour arriver jusqu'à elle, une très brève histoire des doctrines.

Comment donc, et par quelle évolution d'idées, est-on arrivé à cette conception purement juridique de la peine et de son application, conception dont la conséquence a été de faire envisager le fait criminel comme une entité abstraite, comme une sorte de quotité algébrique, indépendante de la personne même du délinquant, de telle sorte que l'on raisonnait sur la peine à appliquer, en discutant sur des circonstances de fait purement matérielles, sans avoir à se préoccuper de ce qu'était l'être vivant dont le sort était en jeu?

Conception qui aura été le triomphe de l'esprit rationaliste du début de ce siècle, mais qui, sans doute, fera l'étonnement du siècle qui va s'ouvrir; surtout si l'on constate que ce sont les rationalistes qui l'abandonnent et les spiritualistes au contraire qui veulent la maintenir, comme le palladium même de leur foi philosophique.

Comment en est-on arrivé là? par quelle progression historique a-t-on abouti à cette construction artificielle et toute fictive du droit pénal? C'est ce qu'il importe, avant tout, de bien établir [1].

[1] La tendance du droit pénal vers l'individualisation de la peine n'a fait que s'accentuer depuis 1898. Elle s'est manifestée dans la doctrine. Voir notamment l'ouvrage de Pains, *Science pénale et droit positif* (1889) ; et le livre de M. Cucas *Traité de science et législation pénitentiaires* (1905). Signalons également un livre anglais d'un haut intérêt pratique, et qui est entièrement inspiré par l'idée d'individualisation : *Criminals and Crime*, par sir Robert Anderson (Londres, 1907). De même, dans les Congrès de l'Union internationale du droit pénal : voir les discussions du Congrès de Saint-Pétersbourg de 1902 et surtout le discours de M. Garraud sur les *Tendances contemporaines de la science du droit penal* (*Bulletin de l'Un. intern. de droit pénal.* (11e volume). Dans la législation enfin : voir le nouveau Code pénal norvégien en vigueur depuis le 1er janvier 1904 (Paris, Rousseau, 1903); avec une importante préface de M. Garcon. Il convient de faire remarquer à ce propos que le projet de Code pénal suisse a été l'objet d'une revision datant de 1903 (*Avant-projet de Code pénal suisse*, juin 1903, Berne, Stœmpfli). Il y en a même eu une autre depuis; mais le nouveau texte n'a pas encore été livré au public.

Un mouvement analogue de réaction contre les formules abstraites et le pur esprit syllogistique s'est très nettement dessiné en droit civil. Nous faisons allusion aux nouvelles méthodes d'interprétation du droit, qui depuis l'ouvrage capital de M. Gény, *Méthode d'interprétation et Sources en droit privé positif* (1899), exercent une influence toujours croissante. Voir le *Livre du centenaire du Code civil* (tome 1er), pour les nombreux articles qui s'inspirent de cet esprit nouveau. Sur l'ensemble du mouvement, consulter Paul Van der Eycken, *Méthode positive de l'interprétation juridique* (Alcan, 1907).

On pourra lire également avec intérêt plusieurs articles parus l'an dernier et cette année même dans la *Revue de métaphysique et de Morale*, notamment deux articles de M. Mallieux : *La méthode des jurisconsultes* (juillet 1907) ; et *Le rôle de l'expérience dans les raisonnements des jurisconsul'es* (novembre 1907) : enfin un article de M. Maymal : *Du rôle de la logique dans la formation scientifique du droit* (mars 1908).

Signalons également la nouvelle *Revue de psychologie sociale* qui paraît depuis juin 1907 et qui, comme son titre l'indique, apporte à l'examen des problèmes du droit civil ou du droit pénal l'esprit nouveau que nous venons de caractériser et de signaler.

A propos de l'opposition qui a été faite, à plusieurs reprises, dans ce premier chapitre, entre la *Vergeltungstrafe* et la *Zweckstrafe*, on lira avec fruit la petite brochure de Reinhard Frank, *Vergeltungsstrafe und Schutzstrafe — Die Lehre Lombrosos — zwei Vorträge* (Tübingen, Mohr, 1908).

CHAPITRE II

L'HISTOIRE DE LA PEINE ET L'INDIVIDUALISATION DE LA PEINE[1]

L'histoire de la peine et des doctrines pénales n'a jamais été faite que d'une façon fragmentaire et sous forme d'histoire externe ; c'est que rien n'est plus délicat que l'histoire des idées. Il y a celles qui se sont précisées dans des systèmes bien charpentés ; ce sont généralement les seules dont on tienne compte. Mais les systèmes ne sont que la surface de l'histoire, la fin ou le commencement d'une époque ; la synthèse qui la résume ou l'initiation, comme pour le *Contrat social* de Rousseau, qui la commence. En dehors de cela, les systèmes n'ont de valeur que comme conceptions individuelles, et ce sont les conceptions populaires qui font l'histoire sociale. Or, celles-ci se manifestent par des faits plus que par des doctrines. Elles sont vagues, flottantes et confuses ; et cependant, si inconcientes qu'elles soient, elles restent agissantes. Ce sont des forces en formation, mais en même temps des forces en marche : c'est au moment où leur influence est le plus pénétrante qu'elles sont le moins saisissables. Lorsqu'on commence à en concevoir la formule, c'est souvent une transformation qui vient de s'achever. C'est là ce qui rend si difficile toute histoire des doctrines ou des idées en général.

Ces constatations étaient indispensables, à la fois pour excuser ce qu'il y aura forcément d'incomplet dans l'exposé qui va suivre, et surtout pour mettre en garde contre la portée qu'il convient de lui donner : il ne s'agit pas d'un exposé d'ensemble, mais d'une façon absolument sommaire

(1) On pourra lire un très intéressant article de M. Durkeim, *Deux lois de l'évolution pénale* (dans l'*Année sociologique*, t. IV, 1895-1900, p. 65 et suiv.). Voir, en ce qui touche l'histoire de la procédure pénale, l'ouvrage devenu classique de M. Esmein, *Histoire de la procédure criminelle en France*.

de mettre en relief quelques idées considérées comme nécessaires à l'intelligence du mouvement moderne.

Et, comme initiation à ce tableau d'histoire, il importe de fixer en quelques traits les origines mêmes du droit pénal, au moins pour ce qui est de notre civilisation, et les caractères qui le distinguent dès son début.

Il y a sous ce rapport des idées qui sont courantes et qui fournissent des formules toute faites. Peut-être les formules ne sont-elles pas sans prêter à quelques erreurs. Elles présentent trop les choses en raccourci.

Tout le monde sait, ou croit savoir, que le droit pénal a commencé par la vengeance privée.

A l'origine des sociétés, ce qui représente ou ce qui représenterait chez nous la puissance publique, n'apparait pas pour tirer vengeance des crimes contre les individus. Ce sont choses qui ne touchent pas à la sécurité collective du petit groupe social; à chacun de se défendre et de tirer vengeance des attaques dont il est l'objet. Cette vengeance des particuliers se réalise alors par un pur fait de guerre. Celui qui a subi une offense prend les armes et déclare la guerre à son agresseur. Le duel est la forme primitive du droit pénal; aussi l'idée de sanction et de réprobation était-elle aussi complètement étrangère à cette pénalité initiale qu'elle l'est encore chez nous en matière de duel, quelle que soit l'indignité du provocateur ou la criminalité, sinon légale, au moins sociale, du fait qui fut la cause du combat.

Puis vint une époque où l'idée de paix sociale commença peu à peu à se faire jour, où par conséquent les guerres privées furent considérées comme un obstacle à la paix publique. Et alors la collectivité s'entremit pour les faire cesser et par suite pour obtenir des deux adversaires qu'ils consentissent à mettre bas les armes et à transiger pour un prix à payer : c'était un traité de paix qu'on leur imposait. La guerre privée, en se raréfiant, allait monter d'un degré ; au lieu d'être le droit de tous les hommes libres, elle va rester l'apanage de quelques privilégiés, les hauts barons du monde féodal. Mais nous n'en sommes pas encore à la féodalité.

Tout d'abord, ce furent de petits traités amiables. Mais, comme les adversaires n'arrivaient pas à s'entendre, la collectivité, lorsqu'elle se sentit assez forte, fixa elle-même le prix que, suivant l'offense, l'offenseur devait payer à l'offensé. Ces prix, et il faut entendre par là des valeurs et des quantités abstraites pouvant se traduire par les objets d'échange en usage à chacun des stades économiques de l'histoire primitive, étaient fixés d'après la valeur sociale de la victime ; et plus tard, sous l'influence de mœurs nouvelles et au contact de l'Empire romain, ils le furent d'après ce que l'on pourrait appeler sa valeur publique, en entendant cela des fonctions remplies et surtout des attaches avec le chef de la tribu, le *rex* primitif [1]. Ils représentaient ce que valait l'homme qui avait été tué ou blessé : on les appelait donc le prix de l'homme, *Wergeld*.

Voilà, dit-on, le tout premier début du droit pénal. C'est un droit pénal tout objectif, puisque ce qui remplace la peine, le wergeld, est une somme fixe à payer, indépendamment de toute considération individuelle. S'il y a, tout à ces débuts, comme un premier essai d'individualisation, c'est une individualisation faite au point de vue de la victime et nullement au regard du délinquant. Ce dont on tient compte, c'est de la personne de l'offensé. Suivant la place qu'il occupe, le rang dont il est, ou, plus tard, la fonction qu'il remplit, le prix à payer varie. On ne tient pas compte de la personne de l'offenseur. C'est que le mal subi peut bien varier d'après la position sociale de la victime, le dommage ne change pas avec la personnalité de l'auteur du fait. C'est donc un droit pénal tout objectif.

Mais, c'est aussi un droit pénal de caractère purement privé. La peine est la vengeance privée offerte à la victime. La puissance publique n'intervient pas, elle s'en désintéresse.

Il y a là, au profit de l'offensé, comme une transformation de la loi du talion. La peine, avec son caractère public,

---

[1] Voir sur ce point le dualisme si vivement mis en lumière par Sohm dans son livre magistral, *Die Fränkische Reich und Gerichtsverfassung*.

n'apparaît pas encore. C'est un règlement entre particuliers.

Telles sont les formules courantes.

Peut-être, cette conception de la vengeance privée, si exacte soit-elle par ses raccourcis, est-elle insuffisante à faire entrevoir toute la complexité des points de vue qu'elle renferme ; et, entre autres choses, elle est impuissante à bien révéler à la fois le caractère sociologique et le caractère juridique de la peine, dès sa première apparition dans l'histoire.

On ne voit en elle qu'un dérivé d'un fait de guerre entre particuliers. On laisse dans l'ombre son caractère social. Il n'y a pas de peine publique, dit-on. On se trompe.

La peine, dès ses origines, a un caractère social, et sous un double rapport[1].

On oublie, tout d'abord, que, en même temps que ces wergeld, peines privées si l'on veut, il y avait, parallèlement, de véritables expiations publiques pour les faits qui portaient atteinte à la sécurité de la tribu, faits de trahison par exemple.

Les renseignements les plus complets que nous ayons du système du wergeld se rapportent aux Germains ; ces renseignements datent des vi[e] et viie siècles. Et cependant Tacite, qui nous a décrit les mœurs des Germains du second siècle, nous parle tout autant de peines publiques, prononcées par l'assemblée de la tribu, pour faits de trahison ou de lâcheté militaires[2].

Voilà le premier fait ; mais voici le second : c'est que le wergeld, que l'on nous représente comme une peine purement privée, était au contraire une peine sociale, au sens très large du mot.

Il ne faudrait pas oublier, en effet, qu'à ces époques primitives, l'idée d'état n'existait pas. La tribu elle-même ne constituait un lien politique que pour les expéditions guerrières. Mais, ce qui correspondait surtout à l'idée d'organisme social, et par suite de société politique, c'était beaucoup moins la tribu que le clan familial[3].

---

(1) Sur le caractère social de la peine, dès l'origine, on lira avec intérêt les idées émises par M. Durkheim, dans son livre sur la *Division du travail social*, p. 86 et suiv.

(2) Tacite, *De Morib. German.*, XII.

(3) Cf. Brunner, *Deutsche Rechtsgeschichte*, I, § 13 ; Lippert, *Die Geschichte der Familie*, III, § 1 ; Post, *Die Geschlechtsgenossenschaft der*

Or, le clan avait, par rapport à ses membres, une justice pénale, comme ce sera le cas plus tard dans le cercle de la vassalité[1]. Et, pour ce qui est du wergeld, c'était comme une rançon d'un clan à un autre ; non pas la peine d'un individu au profit d'un autre individu, mais la rançon d'un traité, d'une transaction de guerre entre deux clans.

Donc, dès le début, la peine nous apparaît avec sa fonction sociale beaucoup plus qu'individuelle. Elle est un fait de réaction sociale contre les éléments qui sont réfractaires aux conditions de la vie collective : c'est la peine dans l'intérieur du groupe, la peine interne. Mais elle est aussi un fait de défense contre les ennemis de l'extérieur, la peine externe, si l'on peut ainsi dire. Et le jour où les clans furent réunis en tribus, cette peine externe, tout en gardant son caractère de fait de guerre, se trouva s'adapter plus intégralement à l'idée de peine, par le fait même que la collectivité était censée la reconnaître et la sanctionner sous forme de wergeld.

Partout où il y a un petit groupe organisé, que ce soit la famille, le clan ou la tribu, nous trouvons ces deux formes de la peine, la peine protection du côté de l'extérieur et la peine expiation du côté de l'intérieur ; et le jour où les groupes arrivèrent à se fédéraliser sans se confondre, ces deux côtés de la peine se trouvèrent également réunis, tout en gardant leurs fonctions distinctes.

Protection, expulsion, expiation, telle est la triple fonction sociologique de la peine : il n'y a pas de société sans cela. Il n'y a pas de vie individuelle possible sans moyen de pro-

---

Urzeit, ch. I et VI ; ID. *Die Grundlagen des Rechts und die Grundzüge seiner Entwickelungsgeschichte*, § 46 et 47 ; ID. *Bausteine für eine allgemeine Rechtswissenschaft*, t. I, ch. IV ; Bernhöft, *Staat und Recht der römischen Königszeit*, § 37 et suiv.

Voir également *passim*, Kovalevsky, *Tableau des origines et de l'évolution de la famille et de la propriété*, et Fustel de Coulanges, *La Cité antique*.

(1) Sur cette question et les difficultés qu'elle comporte, voir l'étude de M. Beaudouin, *La Recommandation et la Justice seigneuriale* (dans *Annales de l'Enseignement supérieur de Grenoble*, t. I, 1889, p. 35 et suiv.

tection ; il n'y a pas de vie collective possible sans faculté d'expulsion.

Mais la peine, dès le début, nous apparaît non seulement avec un caractère sociologique, mais comme un phénomène juridique de caractère rituel.

A entendre certaines écoles, ce devrait être un pur fait de réaction sociale.

Il faut bien reconnaître cependant que la peine primitive, tout au moins celle qui nous apparaît comme une peine externe, celle cependant qui se rapproche le plus de l'idée d'un pur fait de guerre, a un caractère transactionnel, et par conséquent contractuel, fortement accentué. Si jamais sanction pénale s'est rapprochée de l'idée d'une dette civile, c'est à coup sûr la peine des petits coutumiers germaniques, telle que nous la trouvons dans la Loi salique par exemple.

Il est visible qu'elle ne laisse entrevoir aucune idée de répulsion contre le coupable ; l'idée de culpabilité, comme on le verra plus loin, n'existe même pas, tout au moins à la prendre comme l'expression d'un sentiment touchant à l'idée de moralité. Ce que nous appelons le crime ne révèle à peu près rien d'odieux ou de vil, en tant surtout que nous restons dans le domaine des faits de violence. Tout cela se passe dans une société de batailleurs où la violence est habituelle. Quant à celui qui se laisse vaincre ou qui se laisse prendre, qu'il paie le prix convenu. C'est une dette individuelle. C'est une question de droit privé. Ce n'est pas cependant cette forme juridique du contrat, puisqu'elle touche uniquement, semble-t-il, au droit individuel, qu'il importe ici de mettre en lumière ; on n'a vu qu'elle. Il y a autre chose.

Même dans le domaine du wergeld et de la peine externe, l'idée de droit public pénétra assez vite et d'autres formes juridiques, d'un caractère assez différent, se laissèrent entrevoir. Par exemple, l'idée d'indignation et de répulsion publique, ce qui est le premier indice, en tant que contre-coup nécessaire, du sentiment de culpabilité, est déjà très visible en matière de vol, ou tout au moins de vol occulte, pratiqué par surprise et lâchement[1], et dès qu'il s'agit de faits qui ne rentrent plus dans les mœurs un peu brutales, mais tout au moins d'une probité déjà suffisamment accentuée, de ces races primitives. L'idée de sanction publique se révèle surtout dans le système qui prévalut d'un partage de la composition pécuniaire entre la victime d'une part et la communauté d'autre part. Ce qui revenait à cette dernière, le *fredus*, était comme l'équivalent du trouble porté à la paix et à l'intérêt commun[2]. Mais toutes ces idées s'affirmèrent bien autrement encore un peu plus tard, au contact du droit public romain, dans tous les cas de faits de violence de nature à troubler la paix publique et déférés, sans autre forme de procès, au tribunal du comte, tenant la place de l'ancien gouverneur de province. Ce fut là un des faits les mieux mis en lumière par M. Fustel de Coulanges, que ce parallélisme, dans la Gaule mérovingienne, de deux justices concomitantes[3] : l'une légale, c'est-à-dire traditionnelle et coutumière, s'exerçant sous forme populaire devant de petits tribunaux de jurés et aboutissant à des wergeld, conformément aux lois ; et l'autre inconnue de la loi, mais la seule, ou à peu près, décrite par les contemporains, toute extra-légale et administrative, s'exerçant surtout par voie d'autorité, appliquée par les comtes et autres fonctionnaires royaux et aboutissant, le plus souvent, à de bonnes pendaisons. Nous sommes loin du wergeld et bien près de la peine publique, telle que les Romains la pratiquaient. Il est vrai que ce n'est déjà plus la peine primitive, c'est un nouveau stade qui commence, et de nouvelles influences qui se font jour.

Mais comment ces influences se seraient-elles donc fait si

---

(1) Cf. Van Schwinderem, *Esquisse du droit pénal actuel*, t. II, p. 219 et les références (note 3).

(2) Sur le *Fredus*, et l'organisation judiciaire à l'époque franque, voir Sohm, *Loc. cit.*, § 6, et Brunner, *Loc. cit.*, I, § 21. — Cf. Esmein. *Cours élémentaire d'histoire du droit français* (1907). — Glasson, *Histoire du droit et des institutions de la France*, t. III, ch. vii et viii, et Viollet, *Histoire des institutions politiques*, I, p. 307.

(3) Fustel de Coulanges, *La Monarchie franque*, ch. xiii et xiv, et le livre de Beaudouin, *La participation des hommes libres au jugement dans le droit franc*, et voir Esmein, Glasson et Viollet aux ouvrages cités.

facilement accepter, si elles n'eussent correspondu à des pratiques déjà connues et à des idées elles-mêmes traditionnelles ? A qui fera-t-on croire que l'idée d'expiation publique ait été d'importation romaine ?

La vérité est que nous la retrouvons dans la peine interne, qu'il s'agisse du clan ou de la tribu ; et tout ce qu'il y a de nouveau, c'est la généralisation de ce caractère, à la fois social et juridique, de la peine à des faits primitivement considérés comme ne touchant qu'à l'ordre individuel. Tout d'abord elle pénètre la peine privée par le prélèvement d'une part proportionnelle due à l'État, le *fredus* ; puis c'est la peine privée tout entière qu'elle finit par absorber en la faisant passer, par une simple déformation à peine apparente, au rang de peine interne, non plus à la façon d'un pacte entre deux clans rivaux, mais d'une amende pénale imposée par la tribu comme moyen de police intérieure. Pour le même fait, parce qu'il est comme par le passé une offense privée et qu'il est devenu en outre un trouble public, se rencontrera la concomitance des deux peines jadis distinctes et désormais près de se confondre, la peine publique avec son caractère interne et la peine privée, expression jadis de relations purement externes de clan à clan, et qui ne sera bientôt plus qu'une sorte de réparation civile adjointe à la réparation publique. C'est la peine interne qui gagne du terrain et avec elle l'idée d'expiation publique ; mais celle-ci est ancienne comme le monde[1].

Sans doute la peine primitive, au moins dans l'intérieur du groupe, clan ou tribu peu importe, est bien provoquée par un sentiment de réaction sociale inévitable. Mais la collectivité qui l'applique lui donne une forme juridique. Cet individu qu'on va frapper, on ne le frappe pas brutalement comme un ennemi qu'on tuerait à la guerre. C'est un traître que l'on condamne, et c'est bien différent[2].

(1) Sur tous ces points, voir Tarde, *Les transformations du droit*, ch. 1er.

(2) D'ailleurs tout porte à croire qu'à l'époque primitive dans l'intérieur du groupe, si l'on se place dans la phase caractérisée par Gumplowicz sous le nom de syngénétisme, les crimes entre membres du

L'application de la peine devient un fait d'ordre religieux ; on l'entoure de formalités solennelles consacrées par la loi ou par les rites traditionnels, solennités pour le prononcé de la peine, solennités pour son exécution. C'est l'assemblée de la tribu qui se réunit pour prononcer la peine ; et, celle-ci prononcée, elle s'exécute suivant des rites réglés, comme un sacrifice expiatoire. Il s'agit d'un sacrifice que l'on offre aux dieux de la tribu. Le coupable n'est plus un ennemi que l'on tue, c'est une victime que l'on immole et que les dieux réclament. Tuer pour tuer, la tribu ne s'en reconnaîtrait pas le droit ; satisfaire à la vengeance des dieux, c'est l'excuse de l'immolation qui s'accomplit. Et c'est là comme un phénomène de psychologie sociale qu'il faut en quelque sorte noter une fois pour toutes, nous le retrouverons partout : les sociétés n'agissent qu'en vertu de lois naturelles inéluctables. Mais, ces nécessités sociales, elles sont incapables de s'en rendre compte, et elles ne fondent leurs résolutions, par cela seul qu'il s'agit d'actes ayant une apparence volontaire, que sur des sentiments d'idéalisation, religieuse au début, rationnelle par la suite. Tuer l'ennemi intérieur ou l'expulser, c'est une loi inéluctable pour tout organisme social ; mais la société qui tue ne croit pas, et ne veut pas, exécuter une loi qui lui soit propre, elle veut accomplir un acte de justice, soit sociale, soit divine. C'est que, si l'individu a surtout conscience de ses besoins instinctifs, les collectivités n'ont guère conscience que de leurs besoins rationnels. L'un sent et les autres raisonnent. C'est le groupement des besoins individuels qui impose aux collectivités leurs résolutions ; elles sont fatales. Mais, pour les prendre, il faut une justification rationnelle. C'est que les hommes une fois réunis font masse de leurs instincts, mais ils ne se communiquent que des raisons ; et, par là se manifeste à la fois la grandeur et le danger de tout fragment d'humanité. C'est l'instinct qui agit, mais c'est l'idée de justice

même groupe sociologique devaient être fort rares ; et en tant qu'il ne s'agissait que de crimes privés, ils provoquaient un sentiment d'étonnement et de pitié plutôt que de réaction collective ; aussi le jour où cette réaction se produisit, elle dut prendre forcément une forme, religieuse d'abord, juridique ensuite.

qui le couvre ; c'est l'intérêt qui conduit tout, et l'on n'y parle que d'honneur ! Terrible chose que l'esprit de corps, mais magnifique hommage rendu à ce qui fait le fond même de la conscience humaine !

Ainsi s'explique le double aspect de la peine primitive. Elle n'est au fond que la mise en œuvre d'un besoin purement brutal, mais elle n'est sentie que comme la manifestation d'un besoin purement idéal. Sans doute, le coupable est considéré au point de vue du fait commis, on voit en lui le mal réalisé, la trahison consommée ; mais pour le punir il faut remonter plus haut et se couvrir de la divinité outragée. On ne le livre pas à la vengeance publique, mais à celle des dieux. Ce sont eux qui réclament une expiation, on la leur donne.

Mélange de rites religieux et de formes juridiques, la peine primitive n'est pas un simple moyen de défense ; c'est une sanction du mal réalisé, une équivalence entre le mal commis et le mal infligé.

Dès sa première apparition, la peine nous présente déjà l'antithèse éternelle qui n'a pas cessé de subsister en elle, l'idée de sanction et l'idée de but : la sanction pour le mal commis, le but d'intimidation contre le mal à venir. C'est l'antithèse actuelle entre l'école classique et l'école moderne, celle qui a été scientifiquement établie de nos jours. Sociologiquement, elle remonte aux débuts de l'histoire. Seulement, au lieu d'une opposition, c'est une compénétration d'idées qui se révèle[1].

Il n'est pas douteux que ce droit pénal primitif n'ait été purement objectif. On ne tient compte que du fait réalisé. La personnalité de l'agent est indifférente, on l'ignore. C'est qu'avant tout, c'est le dommage subi qui est pris en considération.

Mais cette objectivité de la fonction répressive a un tout

____

(1) Sur le système du wergeld et de la vengeance privée, voir, en dehors des auteurs déjà cités. KOHLER, *Schakespeare vor dem Forum der Jurisprudenz*, p. 119 suiv. ; GÜNTHER, *Die Idee der Wiedervergeltung*, I, p. 162 suiv. ; LÖFFLER, *Die Schuldformen der Strafrechts*, § 1 et 2 ; THONISSEN, *l'organisation judiciaire, le droit pénal et la procédure pénale de la Loi salique*; et SCHRÖDER, *Lehrbuch der deutschen Rechtsgeschichte*, § 36.

autre sens que ce que nous entendons par là aujourd'hui. Ce n'est pas l'individualisation qui fait défaut, c'est la culpabilité elle-même, prise du point de vue moral. Non seulement, on ne tient pas compte de ce que nous appellerions aujourd'hui les circonstances atténuantes, mais on n'exige même pas que la volonté soit coupable, c'est-à-dire qu'il y ait une faute au sens moral du mot.

On ne s'attache qu'au résultat. Un dommage individuel ou social a été réalisé, il faut une réparation, il faut une sanction, que l'agent moralement soit ou non coupable, peu importe. Il y a un mal matériel, il faut une victime.

Si le dommage est individuel, l'offensé n'a pas à considérer si son adversaire a voulu ou non le mal réalisé. La loi lui offre un prix de composition, un wergeld, il le réclame. Si le dommage est public, c'est la collectivité; ce sont les dieux, qui veulent une expiation. Le mal est fait, il faut une victime expiatoire; on n'entre pas dans le détail des volontés, on n'analyse pas l'intention. Etre l'auteur matériel d'un fait signifie être coupable, et moralement coupable, du fait.

En ce qui touche le système du wergeld, tout ceci est à peu près admis par tout le monde. Le système du wergeld est, sans qu'il puisse y avoir d'hésitation à cet égard, un système exclusif de toute idée de responsabilité.

Pour ce qui est des peines publiques, peut-être pourrait-on croire, à l'impression de certains textes, que l'on tint compte davantage de l'intention du coupable.

En tout cas, il semble bien qu'il y ait une tendance aujourd'hui à croire qu'à ces époques primitives on eût attaché plus d'importance qu'on ne l'avait cru jusqu'alors à l'idée de faute et de responsabilité.

Ce n'est pas ici le lieu d'entrer dans le détail de la controverse[1]. Il y a cependant des textes qui tiennent compte de l'intention avec une insistance qui dénote la nouveauté; et qui introduisent l'idée de volonté dans des termes qui marquent bien que c'était un progrès récent. On cite surtout un

(1) Voir sur la question BRUNNER, *Loc. cit.*, II, § 125. — LÖFFLER, *Loc. cit.*, I, p. 118.

capitulaire de Charlemagne prévoyant le cas d'un crime involontaire : il ne dit pas que la peine sera supprimée, mais qu'elle sera atténuée[1]. Il faut donc bien que le principe antérieur ait été celui de la peine intégrale dans tous les cas, même au cas de crime involontaire. Et, d'ailleurs, comment pourrait-on plus énergiquement montrer que l'idée de pénalité était indépendante de l'idée de culpabilité morale, puisque, même en l'absence de volonté, on punit encore ? Qu'importe ici l'atténuation de peine ? Le crime non intentionnel, non voulu, reste puni. Le défaut de volonté n'est pas une cause de non-culpabilité. Même dans le droit canonique, si attaché cependant à l'idée de volonté, et par suite à l'idée de faute, il reste des traces de la distinction de Charlemagne : peine atténuée si le fait n'a pas été volontaire[2]. Assurément, la distinction a pris une signification nouvelle. Elle fait allusion aux délits d'imprudence qu'on oppose aux délits d'intention, et les délits d'imprudence ne sont pas exclusifs de l'idée de responsabilité, car l'imprudence est une faute de la volonté. Mais dans son texte primitif, on sent très bien quelle était la portée du principe. Le progrès qu'il réalise, c'est l'introduction du principe d'atténuation ; on veut réagir contre l'absence de distinction, contre l'application de la peine intégrale à tous les cas qui se présentent, que l'agent ait ou non voulu le fait. Cela montre qu'antérieurement l'intention était un facteur négligeable ; l'idée de faute subjective n'entrait pas en ligne de compte. Ce n'était pas un élément du fait criminel. Ce dernier n'était qualifié que par ses résultats matériels, et non par ses causes psychologiques.

Le droit pénal primitif, ce n'est pas douteux, était un droit pénal exclusif de l'idée de faute. L'idée de responsabilité au sens moderne du mot lui restait étrangère.

Cela correspondait à un état de mœurs absolument conforme à celui des peuplades primitives, état de mœurs qui se retrouve chez nous après les invasions germaniques, aux vi⁰ et vii⁰ siècles. C'est que, ce que nous appelons le crime, le

(1) *Capitulare missorum* (819), c. 15 (édit. *Boretius*, I, p. 290).
(2) Voir LÖFFLER, *Loc. cit.*, p. 138.

découvre, c'est également à l'homme qu'elles s'adressent, en tant qu'il doit les mettre en œuvre. Et c'est ainsi que, pour la sociologie, l'homme se trouve être à la fois comme l'objet et comme le sujet même de la science : celle-ci doit donc l'accepter, non seulement avec ses propriétés sociales, mais dans tout l'ensemble de son être psychologique. Que la sociologie ait pour sources directes l'histoire et la psychologie, tout le monde le reconnaît ; mais pendant trop longtemps on n'a demandé à la psychologie que la solution d'interférences par lesquelles l'homme prenait contact avec l'homme ; ce qui en faisait une sorte de psychologie intercérébrale, de tous points insuffisante. Pour expliquer les réactions sociales, c'est l'homme tout entier, avec sa psychologie individuelle, et comme intracérébrale, qu'il faut étudier et examiner : c'est au plus profond de son être que l'on découvrira l'étincelle cachée qui sera le moteur, infinitésimal à l'apparence, colossal par les résultats, de tout ce qui vient de lui, et par lui se communique aux autres ; et, par là, de toute cette vie nouvelle qui est faite de la part de vie individuelle que chacun met de lui-même dans ses relations avec les autres, et qui constitue tout l'organisme social [1].

Si donc c'est de cette psychologie individuelle que tout doit sortir comme du germe initial, il est facile de constater que, de tous les instincts de l'homme intérieur, le plus vivace peut être, et le plus profond, celui qui correspond le mieux à son essence psychologique, c'est l'idée de justice.

C'est assurément le sentiment le plus vivace, puisqu'il se retrouve même chez ceux qui croient avoir jeté par dessus bord toute idée de justice, chez les criminels. Dès qu'ils forment entre eux des bandes ou de petits groupements plus ou moins passagers, ils s'appliquent réciproquement des lois fondées sur l'idée de justice. Non seulement toute bande organisée, même parmi les réfractaires de la société, s'adapte à l'idée de loi et à l'idée d'autorité, lesquelles sont les formes

___

(1) Voir, sur tous ces points, les belles conférences de M. Tarde faites en octobre 1897 au Collège libre des sciences sociales. Je leur ai emprunté beaucoup d'idées et quelques expressions. Elles ont paru en volume chez F. Alcan sous ce titre : *Les Lois sociales.* (La dernière édition est de 1907.)

point de départ, c'est de la brutalité des faits qu'elle était née ; à sa réapparition, c'est d'une idéalisation purement rationnelle, faute de s'en tenir aux faits, qu'elle est sortie à nouveau. Il importait par conséquent d'en bien marquer l'origine, et comme le lieu historique. C'est aux époques barbares et dans les temps les plus troublés qu'elle s'est épanouie et on pourrait alors la résumer dans cette formule : la peine est un risque, le risque de la liberté.

C'était la conception du droit primitif ; ce sera celle du droit pénal, dès qu'il fera prédominer le côté objectif du fait.

Et maintenant faisons un pas de plus ; plaçons-nous en face d'une civilisation nouvelle, au regard d'un droit pénal fondé sur l'idée de responsabilité.

Comment s'introduisit cette idée de responsabilité [1] ? Est-ce par le christianisme et le droit canonique ? Est-ce par le droit romain ?

Il semble qu'il faille distinguer entre la conception populaire et la conception scientifique.

L'idée de la faute voulue et imputable à l'individu est le fondement même de ce qui, dans le christianisme, forme le point de départ et la base de toute la doctrine qui en est issue, c'est-à-dire la notion de péché. Par suite, la notion de responsabilité morale allait non seulement se répandre dans le monde, les philosophes grecs et romains l'avaient connue bien avant le christianisme, mais s'imprégner dans les âmes et spiritualiser en quelque sorte l'idée de délit.

Et cependant cette notion de responsabilité n'est encore qu'une conception populaire. Elle se répand à la façon d'une idée dont tout le monde a conscience et dont tout le monde vit ; mais on ne l'analyse pas, on ne la tire pas au clair. On n'en fait pas encore une notion scientifique.

En tout cas, que l'on se garde bien de confondre cette notion de responsabilité, un peu vague, mais absolument certaine et vivante dans les âmes, avec ce que la philosophie

(1) Sur cette question voir surtout GÜNTHER, *Loc. cit.*, I, p. 263 suiv. — LÖFFLER, *Loc. cit.*, p. 136 suiv., et HINSCHIUS, *Kirchenrecht*, t. IV, p. 691 suiv., t. V, § 342, p. 916 suiv. ; Cf. ENGELMANN, *Die Schuldlehre der Postglossatoren* (1895).

spiritualiste a désigné plus tard sous le nom de libre arbitre. On sait en effet combien, dès le début du christianisme, cette question du libre arbitre avait soulevé de difficultés. Ce n'est pas sur le terrain pénal qu'elle se posait, mais sur le terrain théologique et religieux, dans son conflit avec le dogme chrétien de la grâce, avec l'idée d'élection divine et de prédestination. Là-dessus tout était contradictoire. L'Évangile lui-même contient des passages qui ne s'expriment pas autrement que nous ne ferions aujourd'hui en sociologie. Il y a surtout ce verset, si souvent cité, portant qu'un mauvais arbre ne produira jamais que de mauvais fruits, et que le bon au contraire en donnera toujours de bons [1].

Les faits humains sont donc déterminés par l'ensemble du caractère et de la nature intérieure. On n'entrevoit pas, pour chacun des actes qui se présentent, l'intervention d'une puissance neutre et indifférente qui vienne choisir librement entre deux partis à prendre. L'acte que produira l'homme, c'est celui qui dérive de son caractère, celui qu'engendrera en quelque sorte son tempérament. Il y a des états d'âme qui peuvent être issus d'un état de liberté; peut-on dire vraiment qu'il y ait des actes de liberté ?

Toutes nos statistiques et toutes nos lois sociologiques n'ont pas d'autre base que cette phrase de l'Évangile.

Saint Paul est bien plus affirmatif encore [2]; et tout le monde sait quelles furent, en présence de ce conflit entre la liberté et la grâce, les tendances de saint Augustin [3]. Que

(1) Saint Matth., vii, 16; xii, 33; saint Luc, vi, 43. — Cf. Merkel, *Vergeltungsidee und Zweckgedanke im Strafrecht*, p. 56.

(2) Voir l'*Épître aux Romains* et entre autres, vii, 19 et suiv., tout le ch. viii ; et ix, 14 et suiv. — Cf. A. Sabatier, *L'apôtre Paul* (2e éd.), p. 178-183. Comme contrôle de certaines assertions, voir sur la doctrine de saint Paul les deux études suivantes : Wernle, *Der Christ und die Sünde bei Paulus* (Fribourg, Morh, 1897), et Bartmann, *S. Paulus und S. Jacobus über die Rechtfertigung* (Fribourg, Herder, 1896).

(3) On trouvera un résumé au moins sommaire des doctrines de saint Augustin sur ce point dans le petit volume de M. Hatzfeld, *Saint Augustin* (Paris, 1897), ch. i, p. 95 suiv.

Tout le monde sait du reste que c'est par une interprétation, assez inexacte, et strictement littérale, de certains de ces passages de saint Paul et de saint Augustin que Luther, Calvin, et plus tard Jansénius vaut l'homme et que peut l'homme à lui seul ? Peut-il quelque chose sans la grâce, est-il capable de mérite personnel ? Ce sont tous ces problèmes et toutes ces contradictions dont parle saint Paul et que la théologie eut plus tard à résoudre. Elle ne s'en tira que par un mystère de plus, en acceptant l'antithèse à la fois et de la liberté morale et de l'incapacité de l'homme de valoir et de pouvoir quelque chose par lui-même ; antithèse à peu près inéluctable. Et nous verrons que, ce mystère, il n'y a guère moyen, même sans faire de théologie, de le repousser entièrement. En tout cas, ce qui est certain c'est qu'en dépit du mystère et des difficultés, de l'impossibilité presque, de conciliation, il ne venait à l'idée de personne que cet effacement de la personnalité humaine dût aboutir à l'exclusion de l'idée de responsabilité. Personne ne doutait que l'homme fût responsable ; et assurément, si quelqu'un en doutait, ce n'était ni saint Paul ni saint Augustin, et encore moins pouvait-on dire que ce fût l'Évangile.

Voici donc, avec le droit canonique, l'idée de responsabilité qui va s'affirmer dans le domaine du droit pénal ; et, avec elle, tout le point de vue subjectif qui va faire comme son apparition. Tandis que le droit antérieur ne voyait que le dommage social ou individuel, le fait matériel dans sa brutalité, le droit canonique verra surtout l'âme qui a commis le mal et, pour employer son langage, l'âme qui a péché, et qu'il faut guérir, purifier, relever par l'expiation et par la peine [1].

L'idée de sanction subsiste, mais elle s'épure. Elle se transforme, elle devient ce que l'on a appelé une expiation, idée bien ancienne et mot bien vieux, puisque l'origine en est dans les sacrifices offerts à la vengeance divine. Mais cette expiation nouvelle a d'autres caractères. Il ne s'agit plus d'offrir une souffrance inutile à une divinité impassible ou implacable, qui doive y trouver une sorte de plaisir cruel. Il s'agit d'un mal qui agisse sur l'âme, qui soit le signe d'un repentir effectif et qui, en même temps, en provoque la réalité.

avaient construit leurs théories plus ou moins similaires sur la prédestination.

[1] Cf. PELLIZARI, *Il delitto e la scienza moderna* (1896), p. 441.

La peine se transforme ; et, avant même de se transformer, elle remonte à son point de départ que l'on place en
Dieu. De toutes les théories sur le fondement du droit de
punir, aucune ne se montra plus respectueuse de la dignité de
l'homme et de sa liberté, si ce n'est, à l'extrême opposé, car
c'est ici surtout qu'il est vrai de dire que les extrêmes se touchent,
la doctrine positiviste. Le droit de punir n'appartient
qu'à Dieu ; nul n'a de mainmise sur l'homme, nul n'a de
pouvoir sur sa liberté ni sur sa vie, pas même la société, si ce
n'est par délégation divine ; et de même l'école positiviste
proclamera que la société ne punit pas, mais qu'elle se
défend [1]. C'est toujours l'affirmation de la même idée : ni un
homme en particulier, ni une collectivité humaine, n'a de
prise sur ce qui est la conscience humaine et n'a droit de s'en
faire juge. Car punir, c'est plus encore qu'exercer un pouvoir
et une mainmise d'homme à homme, c'est vouloir pénétrer
les consciences, juger de ce qui est le fond même de la personnalité et, en vertu de ce jugement porté sur la conscience,
disposer de la vie et de la liberté. En ce sens l'homme n'a de
juge que Dieu. Le droit canonique l'a proclamé, et l'école
positiviste, bien entendu, ne l'a pas dit ; mais il ressort de sa
doctrine elle-même que, de tous les systèmes métaphysiques
sur le fondement du droit de punir, ce dernier seul serait
compatible avec ses propres conséquences. C'est le seul qui,
pris du point de vue de la vérité positive, puisse se déclarer
scientifique. Le seul au contraire qui choque la dignité
humaine et soit incompatible avec la liberté individuelle, c'est
celui de la doctrine libérale. Il n'y a ni principes, ni vérités
rationnelles, ni libéralisme ou rationalisme, qui puissent
investir la société du droit de punir et en légitimer l'exercice.
La métaphysique s'y trouve impuissante. La sociologie, qui,
elle, s'en tient aux faits, a résolu la première moitié du problème : la peine est une nécessité de fait, une loi naturelle,

[1] Voir le rapprochement de ces deux idées dans ces deux vers d
M. Haraucourt :

> « Je vous dis que Dieu seul a le droit de punir.
> Nous ne punissons pas : nous sauvons l'avenir. »

(*Revue de Paris*, 15 janvier 1898, p. 311.)

une action réflexe de l'organisme. Pour aller au delà, il faut
compléter la doctrine positiviste par la doctrine canonique ;
et la chose, si étonnante qu'elle puisse paraître, n'est nullement impossible, puisqu'à tout prendre, et si l'on veut aller
au fond des choses, elle n'est incompatible ni avec le domaine
des faits, qui est exclusivement celui de la science, ni avec
celui des croyances, qui est exclusivement celui de la religion.
Le droit canonique n'a pas eu à faire ces distinctions, ni à
résoudre ces contradictions, puisqu'on en avait à peine l'intuition. Il s'est contenté de cette affirmation nouvelle : la
peine n'appartient à la société que par délégation divine.

Mais en même temps que la peine se trouvait remonter
aussi haut que possible au point de vue de son fondement
initial, elle allait se transformer du tout au tout. La subjectivité de l'agent va devenir le point de vue dominant. Toute
l'idée d'un droit pénal subjectif, ce qui est l'idée moderne,
était déjà tout entière dans le droit canonique, non pas en
germe seulement, mais dans son application même.

Elle avait pénétré dans les officialités, qui étaient les justices
d'Église. Elle pénétra aussi dans les justices civiles ; mais
peut-être eut-elle là un assez fâcheux résultat[1]. On a pu
penser en effet, et cela paraît assez vraisemblable, que
cette idée de responsabilité aurait été l'un des prétextes, non
pas le seul assurément, car tout cela est très complexe, et il
y en eut d'autres, très connus, et absolument prédominants,
qui couvrirent l'introduction de la torture. Pour punir, il
fallait des preuves, non seulement du fait, mais de la faute.
Il fallait donc provoquer des aveux ; et, comme en général
les coupables n'avouent guère librement ou tout au moins
qu'ils se disculpent, c'est par la torture qu'on cherchait à
établir leur culpabilité, tant morale que matérielle.

Avec le droit romain, ce point de vue subjèctif s'affirme
encore et les scolastiques appliquèrent à ces questions de responsabilité leurs méthodes de distinctions et de déductions
logiques. Ce n'est pas que les criminalistes, que ce soient des
canonistes ou des civilistes, aient discuté beaucoup sur le libre

(1) Cf. WAHLBERG, *Das Princip der Individualisirung*, p. 3-4.

arbitre en matière pénale[1]. La question du libre arbitre ne s'est guère posée qu'en matière théologique, dans ses rapports avec la grâce : que vaut la volonté de l'homme par rapport à la grâce divine ?

Sur le terrain du droit pénal, on considère que tout fait de volonté est un fait de responsabilité[2]. On ne se demande pas si ce fait de volition a été déterminé ou non, s'il est ou non

(1) Cf. Engelmann, *Die Schuldlehre der Postglossatoren*, p. 12 suiv.

(2) Pour avoir l'opinion du moyen âge sur la question du libre arbitre, il faut lire le chapitre important qui se trouve lui être consacré dans la *Somme* de Saint Thomas. *Pᵃ quæst.* 83 (œuvres complètes, édit. Parm. 1852, I, p. 325) ; add. *Comment. in secund libr. Sentent. Lombardi.* — 2. D. 24 *quæst.* 1. On y verra discutée et réfutée à la façon scolastique, bien entendu, l'opinion de certains docteurs, de saint Bernard par exemple, qui voyaient dans la liberté plutôt un état de l'âme qu'une force en acte.

C'était la question célèbre de savoir si le libre arbitre devait être considéré comme un *habitus* ou une *potentia*. Saint Thomas se décide pour cette dernière conception, mais il identifie la liberté avec la volonté (voir dans la *Somme* au passage cité), et même avec la raison (voir aux *Sentences*. passage cité).

Quant aux rapports du libre arbitre et de la grâce, question toute différente, on sait quelle fut sur ce point la tendance de l'école thomiste et la position très nettement opposée que prirent vis-à-vis d'elle les molinistes. Cette question, bien que très distincte de celle relative à l'existence et aux caractères du libre arbitre, considéré comme une faculté naturelle à l'homme en dehors du domaine spirituel et de l'action de la vie spirituelle en lui, est de nature cependant à éclairer d'une façon très précise et par voie indirecte, la notion que la théologie pourrait se faire de la liberté, et la possibilité pour elle d'accepter en réalité tout le mécanisme psychologique que découvre l'observation scientifique, sans rien abandonner, dans le domaine des croyances, de ses postulats essentiels. Car en somme la théologie est bien obligée d'admettre un déterminisme divin. Tout au moins est-ce l'opinion de la plupart des théologiens, et en particulier des thomistes. Peut-être y aurait-il quelques réserves à faire en ce qui touche les molinistes. Mais encore la différence porte moins sur le fond même de la question que sur l'explication à en fournir. Et alors la difficulté de concilier le maintien de l'idée de liberté et de responsabilité avec ce déterminisme surnaturel n'est pas plus grande que celle qu'il y aurait à la concilier avec un déterminisme naturel et psychologique. Si la liberté est compatible avec l'un, pourquoi ne le serait-elle pas avec l'autre ? Et peut-être n'est-elle compatible avec l'un qu'en la considérant comme la correspondance du moi, l'épanouissement du moi, dans ses rapports avec la vie surnaturelle, envisagée comme le moyen de soustraire la personnalité spirituelle à la servitude de l'interdépendance physiologique. C'est un état de libre vie spirituelle. De même pourrait-on concevoir, en dehors de toute question d'interférence surnaturelle, un état de libre activité

conditionné par une série de phénomènes psychologiques ne
laissant plus de place à l'intervention d'un acte de souverai-
neté intérieure qui leur fût étranger. On pose l'équation suivante : volonté égale liberté, et par suite volonté s'identifie
avec responsabilité.

Ce que l'on discute, c'est beaucoup plus l'application de la
formule que son fondement et sa justification. C'est ainsi que
saint Thomas traite fort en détail la question de savoir sur quoi
doit avoir porté la volonté pour que le fait soit punissable[1].
Un individu, par exemple, prévoit et veut un acte qui, en soi,
est un délit, comme de payer quelqu'un pour faire battre son
adversaire ; mais ce mandataire dépasse les ordres qu'il a
reçus, et dans l'ardeur de la lutte, le voulant ou non, il a
tué sa victime. La volonté de l'instigateur sera t-elle respon-

spirituelle, par lequel ce qu'il y a de personnalité en nous reprendrait
toute sa valeur et rassemblerait dans une pleine indépendance de vie
intérieure tout ce qu'il y a d'initiative vitale en elle. Ce n'est pas à
dire que la théologie scolastique ait jamais nettement envisagé ces
questions sous cette forme. Tout ce qu'il importait de mettre en relief,
c'est qu'elles ne seraient pas en contradiction forcée avec elle. Je sais
bien que les théologiens arrivent à concilier le fait du déterminisme
divin et celui de la liberté humaine par la transcendance du premier,
c'est-à-dire par l'aveu du mystère qu'il implique, ce qui équivaut à
se dispenser de toute explication ; tandis que la même ressource paraît
leur échapper lorsqu'il s'agit de concilier cette même liberté avec le
déterminisme psychologique. Là où il s'agit de réalités psychologiques,
le mystère est absent et il faut, dit-on, que ce soit l'un ou l'autre. Or,
c'est ce que je n'admets pas du tout. L'état de liberté, en face du
déterminisme universel, est un fait métaphysique aussi mystérieux
pour nous que, celui de la prédestination et de la prescience divine ;
et le mystère que nous admettons dans l'ordre surnaturel n'est pas
plus difficile à admettre dans l'ordre métaphysique.
On pourra voir du reste les passages si importants de saint Bernard auxquels il a été fait allusion, et sa conception particulière de la
liberté considérée comme un état de l'esprit susceptible d'inspirer ainsi
les actes qui en émanent ; de telle sorte que chacun de ces actes est
bien encore un acte de liberté, mais à la condition de remonter à la
source initiale, qui est l'état de liberté psychologique. C'est ainsi qu'il
définit la liberté : *Est enim habitus animi, liber sui.* Voir saint Bernard,
De gratia et libero arbitrio tractatus, cap. i et ii (Patrolog. Migne,
t. CLXXXII, 1002). Du reste, on ne saurait mieux faire pour prendre
un aperçu des doctrines de saint Thomas et de saint Bernard sur le
libre arbitre que de se reporter au beau livre de M. Fonsegrive, *Essai
sur le libre arbitre* (2e éd. Alcan, 1896).

(1) Sur tous ces points et pour les citations, voir Löffler, *Loc. cit.,*
p. 158 suiv.

sable de ce meurtre, qu'elle n'a cependant ni prévu, ni voulu ?
Et la question serait la même au cas d'ivresse pour celui qui
se laisse aller à boire, ce qui est une faute, et qui, dès qu'il a
perdu la tête, commet un crime dont auparavant il n'avait
jamais eu l'idée. Ce sont des questions que nous posons encore
aujourd'hui : elles sont déjà discutées dans saint Thomas ; et
entre autres la question, aujourd'hui si connue, du dol indirect,
ou dol éventuel, s'y trouve absolument prevue[1]. Cela montre
tout au moins comment se posait le problème de la responsabilité. Il ne s'agissait pas de savoir si la volonté qui a voulu
l'acte aurait été capable, non pas en soi mais dans sa manifestation spéciale, de ne pas le vouloir et de résister à
l'instinct ou au motif qui l'inspirait. Il s'agit de savoir uniquement si elle avait bien prévu et voulu toutes les conséquences du fait qu'elle avait en vue : on traite de son objet
et très peu de sa cause première.

Mais voici maintenant une autre conséquence de ce point
de vue subjectif; c'est que, si volonté équivaut à responsabilité, la responsabilité elle-même sera en proportion de son
objet, donc en raison directe de la gravité objective du fait.
Ce n'est pas l'essence et le caractère de la volonté prise en soi
que l'on analyse, indépendamment du fait; ce serait une
psychologie toute d'observation, que la science métaphysique
d'alors ne connaît guère. Toute volonté, en tant qu'elle s'applique à un fait déterminé, est de même nature et de même
qualité; ce qui change, c'est l'objet auquel elle s'applique.
Plus cet objet implique de criminalité objective, plus il y a de
culpabilité à l'avoir voulu, de telle sorte que la criminalité
subjective de l'agent s'adapte exactement à la criminalité
objective du fait. L'une est la mesure de l'autre; et comme
on ne peut connaître et mesurer que ce qui est extérieur et
matériel, on se contentera d'apprécier la criminalité du fait.
Cela rentre dans le domaine des prévisions légales et dans le
rôle de la loi, puisque c'est elle seule qui ait qualité pour
apprécier la valeur sociale d'un fait. Quoi qu'il en soit, on en
arrive facilement à cette formule que, plus le fait matérielle-

[1] Sur la question du dol éventuel, voir la thèse de M. RAOUL DUVAL
Paris, 1900.

ment est grave, plus la responsabilité s'aggrave. Dès lors, chaque circonstance du fait est censée avoir été voulue ; l'agent est donc responsable de chacune de ces circonstances matérielles qui aggravent son crime. Il s'ensuit que la responsabilité. pour chaque crime spécial, varie pour chaque délinquant, non pas à raison des diversités de natures et de tempéraments psychologiques, mais à raison des variétés d'exécution de chaque crime en particulier. Elle varie, parce que, même d'un point de vue tout extérieur, il n'y a pas deux crimes qui se ressemblent.

Voilà, par suite, l'idée d'individualisation qui va s'introduire dans la pratique judiciaire. A coup sûr, c'est une individualisation bien différente de celle que nous demandons aujourd'hui. Ce que nous proposons, c'est une individualisation de la peine faite d'après le tempérament de l'agent et ses chances de retour au bien, faite surtout d'après son degré de professionalité criminelle. De cela il n'est pas encore question, tout au moins dans les livres. Ce sont des questions de fait auxquelles les docteurs ne s'abaissent pas : il leur faut des lois mathématiques et des formules absolues. La science d'alors laisse le relatif à la pratique courante ; et il faut reconnaître que celle-ci, tout au moins devant certaines justices ecclésiastiques, sous l'influence du point de vue subjectif qui était l'âme du droit canonique, faisait souvent, très souvent, de l'individualisation moderne. Le tribunal ecclésiastique était surtout une juridiction de discipline qui voulait aller au fond des consciences et atteindre l'âme pour la former et la discipliner. Ce n'était pas une justice d'état qui eût à venger la société d'un fait et qui par suite restât absorbée par la vision du fait, sans tenir compte de l'individu. Mais cette pratique disciplinaire n'est pas celle dont on s'occupe dans les livres : c'est du fait et non du droit ; et tout le monde sait, d'après une conception qui date de la scolastique et qui d'ailleurs ne s'identifie qu'avec elle, que le droit a pour premier principe d'ignorer la vie. Donc, en dehors de certaines juridictions ecclésiastiques ou disciplinaires, devant lesquelles domine l'idée d'amendement par la peine, la conception qui prévaut est l'idée d'exemplarité par la peine et de défense sociale, non pas par l'amendement individuel, mais par l'intimidation universelle. Et voilà pourquoi il faut, pour chaque crime, que le juge puisse proportionner la peine, très librement et sans entraves légales, à ce qu'exige le but politique que l'on poursuit : but de politique générale, très différent du but de politique criminelle que l'on met en avant aujourd'hui.

Ainsi donc, en principe, pas d'individualisation subjective fondée sur la nature de l'agent, indépendante de la considération du crime réalisé. Ce que nous trouvons, c'est une individualisation toute relative au crime commis, qui se détache d'une forme légale et toute abstraite du crime, pour se mouler à toutes les particularités du fait et en reproduire par l'exécution de la peine, sinon toute la physionomie, du moins tout le contre-coup et tout le retentissement, tel qu'il s'est réalisé dans le milieu qui en a été témoin, et tel que l'interprètent les tribunaux chargés de venger la société politique des atteintes dont elle peut être l'objet.

Même à ce point de vue on pourrait comprendre deux sortes d'individualisation : l'une s'attacherait uniquement à l'intensité de la volonté elle-même, c'est-à-dire aux caractères intrinsèques de la volonté, suivant que la volonté, au moment de l'acte, était plus ou moins libre pour résister au mal. Il s'agirait d'apprécier l'état d'esprit de l'agent, non pas sans doute au point de vue de ses qualités propres et virtuelles, ce qui constituerait le fond même du caractère, et c'est le point de vue moderne, mais au point de vue de l'intensité volontaire de l'acte réalisé; cela comprendrait également l'examen de son état pathologique et il y aurait à calculer par suite ses possibilités de résistance. Ce serait l'appréciation du degré de liberté au moment de l'acte, et par rapport à l'acte; non pas l'appréciation de ce qu'est l'individu dans son ensemble, mais de ce qu'il a été par rapport au fait réalisé. Il s'agirait en somme de mesurer la somme de liberté mise dans le crime. Ce serait encore de l'individualisation relative au crime commis, mais prise du point de vue de la volonté de l'individu; et il est certain que le plus ou moins d'intensité de volonté mise dans le crime influe sur sa gravité et sur le degré d'émotion et d'indignation qu'il produit. Ce serait donc une individualisation fondée sur le degré de responsabilité. L'ancien droit cependant ne l'a pas connue, au moins officiellement. On ne la trouve, ni dans les textes, ni dans les auteurs. Légalement, on considère que tout acte voulu entraine responsabilité égale. Volition équivaut à responsabilité, et il n'y a pas de demi-responsabilité.

Voici l'autre individualisation, celle qu'a connue l'ancien droit. C'est celle qui dérive des circonstances matérielles du crime. Par exemple, il n'y a aucun meurtre qui se répète; il y a lieu de tenir compte de la préméditation ou de l'entraînement et de la spontanéité, des relations avec la victime, du but que poursuivait l'agent, du plus ou moins de cruauté dont il a fait preuve, et de bien d'autres circonstances. Il va de soi que, parmi ces circonstances, les unes tiennent à la volonté, les autres à la matérialité du fait; les unes même correspondent à cette idée d'une individualisation fondée sur le degré de responsabilité. Et cependant cette distinction et cette analyse psychologique n'apparaissent pas. Même lorsqu'il est question de circonstances subjectives, comme celles relatives à la préméditation, ce n'est pas le degré de liberté que l'on a en vue, c'est la façon dont le crime a été perpétré et le plus ou moins de cruauté et de sang-froid qu'il révèle. On rapporte tout à la matérialité du fait; et cette matérialité du fait varie d'après les circonstances qui en constituent les éléments accessoires. C'est d'après cette variété de circonstances que la peine doit varier et s'individualiser. C'est une individualisation purement objective, faite sans doute pour chaque individu, mais appréciée uniquement d'après les circonstances matérielles du fait.

Or, cette individualisation-là, l'ancien droit l'avait admise et pleinement réalisée[1]. Le juge avait pleins pouvoirs pour adapter la peine à la gravité, non pas légale, mais réelle, du crime; et, pour ce qui est de la fixation de la peine, il n'était jamais lié par la loi. Il pouvait arbitrer la peine d'après chaque

____

(1) Voir, sur tous ces points, Jousse, *Traité de la justice criminelle*, 1re part, titr. III (édit. Paris, 1771, I, p. 36 suiv.) et Imbert, *Pratique judiciaire*, liv. III, ch. xx.

fait, et en proportion de la gravité de chaque crime pris en particulier. Il n'y avait pas une peine du meurtre, et une peine du vol. Il y avait certaines peines coutumières admises par l'usage, et le juge puisait ainsi dans l'arsenal des peines traditionnelles celle qui convenait à chaque fait. Même lui permettait-on, — il était entendu que ce serait tout à fait exceptionnel, mais lui seul en était juge, — si l'arsenal des peines ordinaires, les peines légales, ne lui fournissait pas une peine adéquate au crime, d'en combiner une plus conforme, et plus individualisée, sous le nom de peine extraordinaire. Il est difficile de concevoir un système d'individualisation judiciaire plus élastique et plus conforme à l'idée même que nous nous faisons de la politique criminelle. On l'appelait le système des peines arbitraires; et, comme la loi n'avait tracé aucune règle pour guider l'appréciation du juge, celui-ci, pour individualiser la peine, aurait pu tout aussi bien se placer au point de vue moderne de la classification des criminels, au lieu de la classification des crimes. S'il faisait en général de l'individualisation objective, c'est parce que l'autre ne répondait pas aux idées de temps et qu'elle était à peine soupçonnée. Autrement, rien dans la loi n'eût empêché le juge de l'ancien régime de devancer Lombroso et d'appliquer par avance toutes les théories de l'école italienne.

Sans doute, en disant que dans l'ancien droit il n'y avait pas de peines légales, au sens moderne du mot, de peines qui fussent spécialisées par la loi pour un crime en particulier, on se place dans l'hypothèse ordinaire. L'ancien droit ne connaissait pas notre principe moderne : *nulla pœna, nullum crimen sine lege*. Mais il y eût cependant certains textes de lois fixant des peines comme sanction d'un fait prévu et spécialement incriminé, quelques textes coutumiers, des ordonnances royales surtout. C'est donc pour cette hypothèse qu'il importe de bien rappeler en quoi consistait la libre arbitration du juge.

Que l'on suppose une ordonnance portant une peine strictement prévue pour un crime déterminé, comme l'ordonnance de Louis XIV par exemple sur les empoisonnements; même dans ce cas, le juge n'était pas lié par le texte. Il pouvait atténuer la peine, ce qu'il faisait rarement ; mais surtout il pouvait l'aggraver et dépasser la peine prévue par la loi. S'il s'agissait de la peine de mort, il pouvait appliquer tel genre de supplice plus cruel, en vue d'égaler la peine à la gravité du fait.

Ce système des peines arbitraires, d'après lequel non seulement l'application de la peine, mais la détermination de la peine qui pût convenir à chaque fait, était laissée à l'arbitraire, c'est-à-dire à la libre appréciation du juge, était donc, on l'a déjà vu, un système d'individualisation judiciaire, au sens le plus large du mot. Non pas un procédé d'arbitraire, mais la constatation et l'application d'un fait d'évidence, qui peut se formuler ainsi, que la loi est incapable de prévoir la peine susceptible de convenir à chaque fait en particulier ; qu'elle peut bien fixer une échelle des incriminations indiquant leur valeur abstraite au point de vue social, et au point de vue du danger que la société entrevoit dans chaque espèce de crime prise en soi, mais qu'elle ne peut savoir l'impression que produira le crime individuel pris dans sa réalité, et que le juge seul peut s'en rendre compte et fixer non seulement la durée, mais la nature de la peine en conséquence.

Cela signifiait par suite que la loi ne se trouvait pas qualifiée pour prévoir ni les circonstances atténuantes ni les circonstances aggravantes du fait et qu'elle en laissait le soin au juge, pour chaque cas particulier.

Dans un système de ce genre, c'est donc le juge qui est préposé à la défense sociale. Le pouvoir judiciaire devient, non pas l'exécuteur pur et simple de la loi, mais le collaborateur de la loi elle-même, dans sa fonction principale, qui est de procurer la sécurité publique. Celle-ci devient une fonction de politique judiciaire, beaucoup plus que de détermination légale. La loi à elle seule est impuissante, parce que les exigences de la défense sociale varient pour chaque crime et pour chaque criminel ; la gravité sociale du fait ne peut pas être déterminée à priori. La loi peut bien dire que le meurtre en soi est plus grave que le vol, parce que la vie des citoyens est plus précieuse que leurs biens ; mais comment peut-elle prévoir la gravité de chaque meurtre en particulier ? En réalité, tout

ce que la loi peut faire, c'est de fixer la valeur comparative
des biens protégés par la peine ; car en réalité la peine n'a
pas d'autre objet matériel. Elle a un but qui est d'empêcher
le renouvellement du crime, mais la pénalité vise une protection juridique ;. et cette protection a pour objet des valeurs
sociales, des biens ayant pour l'homme une valeur sociale,
sa vie, sa propriété, son honneur. C'est la théorie de Liszt
des *Rechtsgüter*[1]. Tout ce que la loi peut faire, c'est donc d'éva-
luer la valeur comparative au point de vue social, et au
point de vue du droit, de ces biens protégés par la peine. Mais
prévoir le rapport de la peine au crime pris en particulier,
c'est rêver l'impossible. Dire que la vie doit être protégée
plus fortement que la propriété, c'est tout ce que la loi peut
faire; mais en conclure qu'un meurtrier en soi et au point de
vue psychologique est plus criminel qu'un voleur, et cela dans
tous les cas, c'est une prétention qui devient absurde. Au
moins le juge de l'ancien droit pouvait ne punir certains
meurtriers que comme de simples voleurs, et surtout il pouvait appliquer au vol certaines peines d'ordinaire réservées
au meurtre. C'était de toute justice.

Si la peine est, dans une certaine mesure, la réaction du
sentiment public, et comme l'expression de la réprobation
sociale, en face d'un crime réalisé, comment prévoir, pour
chaque crime, l'émotion soulevée et le sentiment d'indignation dont il y ait lieu de tenir compte pour l'application de
la peine? Seul le juge est à même de se faire l'interprète de
cette justice collective ; seul, il peut apprécier pour chaque
fait le mal social qu'il a causé. C'est le juge le véritable
pourvoyeur de la sécurité publique ; et Dieu sait, pour notre
ancien droit, s'il y a pourvu ! Cette individualisation de la
peine dont il était chargé, il est superflu de rappeler dans
quel sens elle était réalisée. Baillis, présidiaux, cours prévô-
tales, parlements, c'était à qui rivaliserait de zèle, et comme
d'intensité, dans le choix des peines et dans leur application,
et encore bien entendu est-ce ici une expression sensiblement

<hr>

(1) Liszt, *Lehrbuch des deutschen Strafrechts* (édit. 1905), § 12; cf.
v. Ihering, *Der Zweck im Recht*, t. I (2e éd.), p. 492 et Binding, *Die
Normen* (éd. 1890), § 50, p. 338.

atténuée. Individualisation judiciaire, cela signifiait que la défense sociale était confiée aux mains des corps judiciaires. Elle était en bonnes mains. Tout le monde a constaté que le problème de la récidive se posait à peine dans notre ancienne France : faut-il s'en étonner ? Il fut un temps où l'on pendait les gens pour leur premier vol.

C'est cette sévérité, cette barbarie pourrait-on dire, dont il faut avoir le souvenir bien présent, si l'on veut comprendre le système pénal qui va sortir de la Révolution et de la codification impériale, ou plutôt de l'esprit classique qui en est l'âme et dont Taine nous a reproduit la psychologie dans des pages inoubliables [1].

Ce système pénal purement objectif est ce que l'on est convenu d'appeler la théorie classique, non pas dans le sens de traditionnelle, mais comme conforme à cet esprit d'abstraction et de généralisation rationnelle qui est resté le propre de l'éducation intellectuelle en France depuis au moins deux siècles. Il se fait aujourd'hui enfin, contre ce classicisme, et dans tous les ordres d'idées, une réaction à laquelle l'œuvre de Taine et toute l'école historique auront puissamment contribué. Mais pour être impartial, il importait, pour ce qui est des débuts de cette théorie classique, d'en faire apparaître la justification par les faits. Elle est née à une époque où l'histoire, sans etre devenue un principe comme aujourd'hui, était quelque chose d'autrement puissant et tyrannique, un fait inviolable, ce qui, pour le dire en passant, est le contraire même de l'école historique, qui est toute d'évolution et de progrès, et non de cristallisation une fois acquise. Elle est née, par suite, elle aussi, d'une réaction contre un système subjectif dont le résultat était de permettre au juge de pendre à son gré pour le moindre délit [2].

L'alternance se fait aujourd'hui, comme pour les partis sous le régime parlementaire ; prenons garde de ne pas substituer au système classique qui se disloque de toutes parts un subjec-

(1) TAINE, *L'ancien régime*, tout le livre III.

(2) Sur tous ces points, voir A. ESMEIN, *Précis élémentaire de l'Histoire du droit français de 1789 à 1814* (Paris, 1908), p. 250 et suiv

tivisme qui pût permettre au juge, non plus de pendre pour le plus petit délit, mais de renvoyer indemne, ou de mettre à l'hôpital, pour le plus grave.

L'histoire est tout le contraire du fatalisme immobilisé, c'est un déterminisme vivant dont nous sommes les libres facteurs; à nous de la diriger conformément à l'intérêt de la vie sociale et du progrès de l'humanité.

Il restera donc après ce très rapide exposé historique à présenter le résumé de la doctrine classique. Si l'on a le droit de se montrer sévère à son égard, c'est pour ses résultats dans le présent, beaucoup plus que pour sa justification dans le passé.

CHAPITRE III

L'ÉCOLE CLASSIQUE ET LE DÉFAUT D'INDIVIDUALISATION

Ce que l'on est convenu d'appeler le système classique
est issu en droite ligne de l'école philosophique et de la
théorie du *Contrat social* de Rousseau. Ses représentants les
plus illustres ont été Beccaria en Italie, Bentham en Angleterre, Feuerbach en Allemagne. Dans le grand mouvement
d'idées qui se fit au xviii° siècle, il était inévitable que le
droit pénal, avec les atrocités et l'arbitraire qui le caractéri-
saient alors, dût tout d'abord attirer l'attention. Ce qu'il y
avait de plus urgent et de plus immédiat, c'était de supprimer l'arbitraire du juge et d'atténuer l'atrocité des peines.
Peines atroces et peines arbitraires, c'étaient des expressions et des idées courantes en ancien droit; et on savait à
quels abus cela pouvait conduire. C'était là le point de vue
pratique; avant tout réformer le système des peines. Mais
ce qui caractérise l'école du xviii° siècle, c'est qu'elle est
principalement une école de doctrinaires et de théoriciens.
On ne conçoit pas une réforme pratique qui ne s'appuierait
pas sur un système philosophique.

Avant donc de supprimer l'arbitraire des peines, les philosophes du xviii° siècle eurent à se demander ce que
c'était que la peine et d'où venait le droit de punir. Cette
question du droit de punir, que l'histoire et la sociologie
expliquent si simplement comme l'une des fonctions inhé-
rentes à la vie de toute société, est au contraire l'une des
plus insolubles au point de vue philosophique, pour qui
part de la théorie purement individualiste, ce qui était

le cas de Rousseau[1] et des encyclopédistes. Droit de vengeance de l'état? C'est de la barbarie ; cela équivaut au vainqueur qui achève ses prisonniers. Expiation par la peine? C'est du dogmatisme religieux. Il ne reste donc plus que l'idée d'exemplarité, la peine du coupable devant servir à effrayer ceux qui seraient tentés de l'imiter; système de prévention générale ou collective, comme disent les Allemands.

Mais de quel droit l'état va-t-il appliquer au délinquant cette mesure de prévention collective qui va consister à lui enlever, soit la liberté, soit la vie? Dans le système du droit individuel inné, l'état a-t-il donc prise sur la liberté et sur la vie? Cela ne peut se faire, répondait Rousseau, que si les citoyens ont aliéné éventuellement leur droit à la liberté et même leur droit à la vie, pour le cas qu'ils vinssent à nuire à la communauté, système du pacte social. Le droit de punir est un droit que l'état tient par voie de contrat et qu'il ne peut exercer que dans les limites du contrat présumé.

Ces limites, c'est avant tout l'égalité de la peine. Chacun abandonne éventuellement son droit à la liberté, mais à condition que tous en fassent autant. La peine est donc forcément l'application de cette volonté générale dont parle Rousseau, qui ressort de l'ensemble de ces abandons individuels faits par chacun des citoyens ; donc elle ne peut être que l'expression de la loi.

Et alors nous revenons à la théorie primitive, la théorie de la loi salique. La peine est un droit individuel inscrit dans la loi ; droit individuel pour l'offensé, et ici l'offensé, c'est la société ; mais aussi droit individuel pour l'offenseur, qui a un droit acquis à ne pas payer plus qu'un autre, donc à payer exactement le prix du délit, que ce soit une amende ou de la prison, peu importe. Le prix doit être un forfait, fixé d'avance et invariable, tant pour chaque crime, tant pour chaque délit.

Tel fut, en effet, le système pénal du droit de la Révolution.

(1) Pour ce qui est de Rousseau et du rapport de ses théories politiques avec la criminologie, voir Liepmann, *Die Rechtsphilosophie des Jean-Jacques Rousseau* (Berlin, 1898), *passim* et spécialement ch. III.

Nous avons, de 1791, un Code pénal assez incomplet, mais qui révèle admirablement l'esprit de l'époque. Les peines y sont fixées par la loi, sans que le juge ait le moindre pouvoir de mesurer la peine au délit. Aujourd'hui, par exemple, dans notre vieux Code de 1810, les peines sont bien fixées par la loi ; mais elles ont toutes, sauf les peines perpétuelles, deux limites, un maximum et un minimum, entre lesquelles le juge peut se mouvoir. Il mesure la peine aux circonstances particulières de chaque délit. Seulement, à l'encontre de ce qui se passait en ancien droit, son pouvoir de dosage de la peine ne peut s'exercer qu'entre deux limites invariables. Dans le système du Code pénal de 1791, ces limites n'existaient même pas. La peine était absolument fixe, comme dans la loi salique. C'était un taux invariable : pour tel vol, tant de prison ou tant de galères ; en principe, pas un jour de plus, pas un jour de moins. On n'avait à tenir compte, ni des circonstances du fait, ni de l'entraînement possible, ni des antécédents. Tous ceux qui avaient commis la même espèce de vol étaient mis sur la même ligne. Ils étaient supposés tous également responsables. La peine à subir était la même pour tous. Le juge n'était qu'un instrument mécanique d'application de la peine. C'était le rouage qui distribuait la peine conformément à la loi : c'était un distributeur automatique. Il n'avait qu'un rôle à remplir, vérifier la preuve du fait.

Droit pénal tout objectif par conséquent, comme dans le système de la loi salique. Seulement, il y avait quelque chose du droit pénal du vi⁰ siècle qu'on ne pouvait plus faire revivre. Car, on avait marché depuis le vi⁰ siècle, et il y avait un fond d'idées chrétiennes que l'on ne pouvait pas écarter. Le droit objectif de la loi salique se comprenait admirablement comme un système de risques à payer, droit pénal sans responsabilité. Or, jamais l'idée spiritualiste et chrétienne de liberté, liberté individuelle et liberté psychologique, n'avait été plus exaltée. L'état ne pouvait punir de la perte de la liberté que celui qui librement avait couru le risque de la liberté. La peine ne pouvait viser qu'un acte libre ; et cependant le juge n'avait pas à examiner dans quelle mesure l'agent avait été moralement libre de ses actes.

Il fallait donc supposer qu'en face d'un fait identique, un vol, un meurtre, tous ceux qui auraient commis le même fait eussent été également libres et par suite également responsables. On présumait pour chaque fait l'identité de liberté morale aboutissant à l'identité de responsabilité. Et cela correspondait en effet fort bien aux idées de la philosophie traditionnelle en matière de libre arbitre. Si la liberté est le pouvoir, en face d'un acte quelconque, de se décider, par une sorte d'élection souveraine, indépendamment de toute autre impulsion intérieure, il ne peut pas y avoir de demi-liberté. Tout homme en face d'un acte identique est dans une situation égale; il peut choisir entre les deux partis à prendre, faire ou ne pas faire. Ce qui fait varier la responsabilité, ce n'est donc pas le degré de liberté, c'est la gravité de l'acte à accomplir. La loi n'a donc à tenir compte que de la gravité sociale et matérielle du fait. En face d'un même fait accompli, tous les hommes ont la même responsabilité. Donc, à quoi bon tenir compte de l'agent? A quoi bon prendre en considération les individualités? Il faut en faire abstraction et ne voir que le fait commis. A responsabilité égale, peine égale. Voilà à quoi conduisait la prétendue théorie spiritualiste du libre arbitre.

Mais cela conduisait aussi dans la conception que s'en faisaient les criminels à une conséquence pratique analogue à celle que réalisait le droit barbare. La peine légale, fixée invariablement par la loi, c'est un risque à subir, c'est la dette du crime. Le Code pénal devenait, comme l'a dit von Liszt, la véritable Grande Charte des criminels : c'était leur constitution écrite. Ils savaient jusqu'où ils pouvaient aller sans rien risquer ; et, lorsqu'ils se mettaient en situation de tomber sous le coup de la loi, ils savaient exactement ce qu'ils risquaient. Il suffisait d'être beau joueur et de savoir perdre. Mais aussi, pour un coup de perdu, combien de gagnés! Avec une théorie de ce genre, les chances du jeu n'étaient pas pour la société. Nous commençons enfin à nous en apercevoir.

Cette théorie classique objective de la Révolution a été sans doute quelque peu atténuée dans le Code pénal de 1810. Les principes essentiels n'en ont pas été modifiés. Ce qui a été changé, c'est le système des peines fixes, invariables. On a établi, comme on l'a vu plus haut, des peines variables à limites fixes, c'est-à-dire variables entre deux limites fixées par la loi. Mais ceci ne visait, en aucune manière, un changement de front dans la théorie classique de la responsabilité. Si le juge acquérait un certain pouvoir d'appréciation de la peine, donc à l'apparence un certain pouvoir d'individualisation, ce n'est pas qu'on supposât qu'en face d'un même fait les conditions subjectives de la responsabilité pussent varier. Pas le moins du monde. La responsabilité est fondée sur le libre arbitre, et le libre arbitre est le pouvoir de choisir également entre deux partis, tout en étant bien entendu inspiré par des motifs entre lesquels le choix doit se faire, mais sans être déterminé, ni conditionné, par eux, sans que l'impulsion vienne d'un état de subjectivité préalable, autrement que d'un acte souverain de liberté. Le libre arbitre, c'est comme un acte de création souveraine, par lequel le moi, avant chaque volition à prendre, vient décider en maître, en dehors de toute pression qui s'impose. Cet acte créateur participe de l'absolu; il est forcément le même pour tous en face d'un même acte. S'il pouvait être restreint, ce ne serait plus le libre arbitre; et du moment qu'un premier degré de conditionnalité serait possible, tous se glisseraient par cette porte ouverte, et du premier on arriverait fatalement au dernier, qui serait le déterminisme absolu. La demi-liberté, ce n'est pas autre chose que le déterminisme, il n'y a pas de milieu.

Seulement, ce qui change, ce sont les conditions objectives de la responsabilité, c'est-à-dire les circonstances matérielles du fait. On l'a déjà vu pour l'ancien droit, il n'y a pas, même au point de vue objectif, deux crimes qui se ressemblent. Ces variétés objectives du crime, la loi ne peut pas les prévoir; il faut, dans une certaine mesure, en laisser l'appréciation au juge.

Voilà pourquoi le Code pénal de 1810 rétablissait, non plus l'arbitraire, mais l'élasticité des peines; peines variables entre deux limites fixes. Mais le Code de 1810, il importe qu'on s'en souvienne, n'admettait pas en principe, du moins s'il s'agissait de crimes, les circonstances atténuantes. Le juge n'avait aucune faculté de descendre au-dessous de la limite légale ; dans aucun cas il ne pouvait substituer une peine à une autre. Dans les cas où la loi prononçait les travaux forcés à temps, le juge pouvait. bien se mouvoir entre cinq et vingt ans ; il ne pouvait pas, au lieu des travaux forcés. prononcer la réclusion. C'est que, si les circonstances accessoires du crime pouvaient varier, le crime, au point de vue de sa nature, et au point de vue surtout de sa gravité sociale, restait le même. C'était un vol qualifié par exemple, donc l'agent devait subir la peine du vol qualifié ; et, au cas de meurtre, ce système aboutissait à ce résultat presque inconcevable, que tous les meurtres subissaient la même mesure de peine. Car le meurtre, même simple, était passible des travaux forcés à perpétuité ; et, comme il n'y avait pas de circonstances atténuantes possibles, tous les meurtriers, sans distinction, étaient condamnés à vie.

On voit donc bien que la théorie du Code de 1810 restait au fond celle de 1791, une théorie purement objective, considérant tous les criminels comme identiques en face d'un même crime.

De même que les théoriciens de 1789 avaient construit leur système politique en prenant pour base l'homme abstrait, un type d'homme qui n'existait qu'en abstraction, de même le législateur de 1810 établissait son Code pénal en ne tenant compte que du criminel abstrait, l'individualité anonyme qui avait commis tel ou tel crime.

Ce système pénal avait pour lui, à coup sûr, un grand mérite, il était très égalitaire ; et, mérite plus incontestable encore, il constituait une arme très sûre contre l'arbitraire.

L'égalité qu'il réalisait, n'était-elle pas cependant la plus inégale de toutes? celle qui consiste à traiter tous les hommes comme des numéros? Et même, s'agit-il de criminels, surtout s'il s'agit de criminels, cette égalité en face de la peine ne risquait le plus souvent que d'être la plus cruelle et la plus odieuse des inégalités ; jetant pêle-mêle dans la plus horrible promiscuité tous ceux qui eussent commis un fait matérielle-

ment identique, condamnés primaires ou récidivistes, natures
aveuglées, emportées dans la surprise d'une passion d'un
moment, et natures perverties à fond, celles que le crime
peut avoir laissées intactes, et il y en a, et celles qu'il a cor-
rompues jusqu'à la moelle et dont il a fait, pour d'autres,
comme des instruments de corruption. Pour tous la peine
était la même ou à peu près. C'était le triomphe de l'égalité
pénale. Mais ce n'était qu'une égalité d'étiquette et pour la
galerie ; car l'égalité que réclame la justice, c'est l'égalité de
souffrances pour une manifestation de criminalité identique.
Or, quelle proportion pouvait-on établir, à ce point de vue,
entre l'impression du récidiviste, habitué à la prison, depuis
longtemps étranger à tous les sentiments que peut faire
surgir une première condamnation, et celle du condamné
primaire, qui éprouve à ce premier contact tout ce que l'on
peut subir de plus cruel au cœur ; entre l'impression surtout
du vagabond, dont la dignité n'est atteinte que dans le sentiment individuel qu'il en garde, et c'est déjà une perte et une
ruine irréparables, et celle de l'individu que sa situation
sociale a mis en vue et dont la dignité est atteinte en proportion de la considération dont il jouissait ; celle enfin de
l'homme habitué aux douceurs de la vie et pour qui le régime
de la prison sera quelque chose d'intolérable et celle du
malheureux, privé de pain et d'abri, qui en arrivera à considérer nos maisons départementales, et même, ce qui est
plus rare, la maison centrale, comme un établissement d'hospitalité tel quel, où l'on ait au moins la vie assurée et où l'on
soit à l'abri du chômage ?

Tout le mérite du système se ramenait donc à la suppression de l'arbitraire ; il n'en avait pas d'autre. Mais il faut
reconnaître que celui-ci était complet. Pour chaque crime
identique la peine était fixée d'avance par la loi. Le juge n'y
pouvait rien changer. Il n'avait pas à sonder les consciences,
ni à pénétrer dans les cœurs. On ne connaissait pas les états
d'âme contemporains. Un fait avait été commis, c'était un
mal à réparer vis-à-vis de la société et de la loi. La loi avait
fixé la réparation ; il fallait la lui accorder, identique et la
même pour tous, non pas proportionnée à la souffrance qu'en

éprouverait celui qui dût la subir, mais proportionnée au dommage que le crime eût fait éprouver à la société ; et il en est de ce dommage social comme du dommage individuel, il reste le même quel que soit celui qui l'ait causé. C'était une dette d'indemnité ; et par là le délit pénal se rapprochait du délit civil. Tous deux fondés sur l'idée de faute, et tous deux donnant lieu à une réparation adéquate au dommage causé, pour laquelle il n'y eût pas à tenir compte de la personne de l'agent. L'imprudent qui brise en passant une glace de vitrine doit la payer intégralement, quelles que soient ses ressources. Il en coûtera peu au millionnaire ; ce sera une gêne considérable pour le pauvre malheureux qui n'a qu'un modeste salaire pour vivre. Il en sera de même du délit pénal, celui qui révèle un sentiment de malhonnêteté. La malhonnêteté, lorsqu'elle s'attaque aux exigences de la vie sociale, se paie comme tout le reste ; seulement elle se paie en monnaie de prison. Mais la dette ne dépend pas de celui qui la doit ; qu'il en souffre peu ou beaucoup dans son honneur ou au point de vue de son avenir, la société n'a pas à s'en occuper. Théorie fausse et inhumaine au premier chef, injuste comme la souveraine injustice ; mais théorie simpliste et facile, il faut le reconnaitre. Il y avait un mal à réparer, la peine devait s'égaler au mal. C'était une question de sanction et de rétribution, une question de proportionnalité entre le mal à subir et celui qu'on avait fait subir. C'est cette proportionnalité qui réalisait en elle tout le concept sommaire et brutal de la peine, et toute l'idée presque enfantine de justice. C'était sauvage et enfantin tout à la fois, sans compter que c'était de toutes les théories la plus dangereuse pour la société, puisque, si elle visait à faire payer leurs dettes aux criminels, elle n'aboutissait pas à les empêcher d'en contracter de nouvelles et qu'ils ne s'en faisaient pas faute.

Quoi qu'il en soit, c'était le système. Il se résumait dans cette formule. La peine, pour un même crime, devait être la même, car la responsabilité était la même. C'était un système de responsabilité toute objective, appréciée par le mal extérieur qui avait été produit et nullement d'après l'état d'âme de celui qui l'avait produit.

Toutefois, cette construction artificielle et purement abstraite se heurta aux faits et à la vie elle-même. Elle mettait en œuvre des abstractions et des combinaisons purement rationnelles et toutes d'idéalisation, alors que la pratique du droit pénal n'a affaire qu'avec des réalités. La pratique devait forcément renverser ou contourner le système ; et alors, tout en restant sur le terrain classique et en partant des mêmes données, on vit se produire et s'élaborer, en dehors de la loi, à l'encontre même de la loi, comme une transformation, ou une déformation, de la construction juridique du Code pénal, que l'on pourrait appeler la théorie néo-classique. Tout cela se fit, sous l'influence des faits d'abord, mais sous l'influence aussi de l'école nouvelle, que l'on a qualifiée d'école éclectique, dont Rossi fut le plus illustre représentant, et à laquelle se rattachèrent chez nous les maîtres les plus connus de nos universités, à commencer par Ortolan. Elle incarne en quelque sorte notre enseignement traditionnel ; et cependant, même chez ceux qui la représentent le plus brillamment, comme M. Garraud par exemple, dont les ouvrages sont entre toutes les mains et avec raison, car ils sont excellents, on entrevoit déjà d'abondantes pénétrations nouvelles, et comme la préoccupation de plus en plus marquée du point de vue subjectif[1], et de celui qui n'en est qu'une face un peu différente, de la défense sociale. De même trouve-t-on une autre préoccupation, de plus en plus marquée aussi, de tenir compte des faits et des résultats. Ceci, on le verra plus loin, est la marque, et ce sera le grand honneur, de notre école française. Elle veut aller droit aux résultats, sans se laisser arrêter par les théories, viser au but au lieu de discuter, comme en Allemagne, sur l'idée de but et ses rapports avec l'idée de peine. Cette mise en valeur des faits et des résultats se retrouve surtout dans les beaux ouvrages de M. Joly ; elle est l'âme, si l'on peut ainsi dire, de tout ce qui se fait chez nous à la Société générale des prisons. Elle pénètre de plus en plus dans l'enseignement ; toute notre génération

(1) Voir surtout les dernières éditions de l'excellent Manuel de M. GARRAUD. *Précis du droit criminel* (Paris, 1906).

a encore présente à la mémoire l'impression de vie débordante que produisait l'enseignement à Paris de M. Léveillé. Cela ressort également de toutes les communications, malheureusement trop rares, faites, à la Société des prisons ou ailleurs, par ceux qui représentent le haut enseignement, M. Le Poittevin, M. Garçon, M. Garraud. Il y a donc là un renouveau absolument sensible [1]. Même la théorie néo-classique n'a déjà plus la physionomie abstraite d'une construction de toutes pièces telle qu'il va falloir l'exposer, pour en faire la systématisation. Ces réserves étaient nécessaires avant d'aborder le résumé qui va suivre d'une doctrine assurément très précise et très solidement charpentée dans ses grandes lignes, mais où chacun met surtout de ses idées personnelles, et dans laquelle chacun, même parmi ceux qui en sont les partisans les plus accentués, apporte une brèche nouvelle et un peu différente des autres; si bien que, si on la considérait surtout dans les exceptions ou les réserves dont on l'entoure, il n'en resterait plus qu'une œuvre de fiction sans réalité pratique.

(1) Voir surtout dans ce sens, et comme exposé de cette école juridique moderne. comme il l'appelle, l'excellente étude d'Ugo Conti, *Il delin...   ...el diritto criminale* dans *Archivio giuridico*, t. LII (1894), p. 266 et suiv.

CHAPITRE IV

L'ÉCOLE NÉO-CLASSIQUE ET L'INDIVIDUALISATION
FONDÉE SUR LA RESPONSABILITÉ

La théorie nouvelle, comme tout système qui se fonde, eut deux faces, l'une surtout destructive, et l'autre purement constructive. Et naturellement aussi c'est par la critique de ce qui existait que le mouvement commença ; il en est ainsi de toute évolution de doctrine.

Voyons donc la partie critique. Le système classique, si simple qu'il pût paraître, se trouva cependant, dès qu'il passa dans l'application, heurter de front deux forces irrésistibles, le bon sens populaire et la science : le bon sens populaire, parce que ce système pénal, si tyrannique, mettait tout le monde sur le même pied, ceux qui étaient intéressants et dignes de pitié et ceux qui ne soulevaient que répulsion. Et il se heurtait à la science, parce qu'il reposait sur une fiction contraire à toutes les notions scientifiques, celle d'une égale liberté pour chaque homme en face d'un même acte. La justice populaire, qui jugeait l'homme avant de juger le fait, ne se trouvait plus d'accord avec la justice légale ; et tout ce qu'il y a dans le peuple d'instinct d'humanité et de pitié se trouvait révolté par cette justice sommaire, qui ne connaissait ni nuances, ni distinctions, ni réserves. Quant aux hommes de science, philosophes, médecins et légistes, aucun ne pouvait plus accepter cette conception vieillie, et presque unanimement repoussée, d'un libre arbitre, égal pour tous, identique en face d'un acte identique, caractérisé seulement par son objet et par la gravité du fait, et non par le plus ou moins de résistance interne qu'il avait eu à vaincre. Et alors nous allons assister dans la théorie et dans les faits, dans les livres de doctrine et dans la pratique du jury, à une transformation de l'idée de responsabilité et à un premier essai d'individualisation, fondé celui-ci sur l'idée de responsabilité.

C'est une époque nouvelle qui va s'ouvrir; c'est un développement, ou plutôt comme une déformation, de l'ancienne école classique. Mais cette déformation est extrêmement intéressante; elle était commandée par la logique la plus impérieuse. L'ancienne école classique reposait sur une fiction; la nouvelle école classique va essayer de mettre la vérité à la place de la fiction. La fiction consistait en ceci, à croire qu'en face d'un même acte tout homme avait une égale liberté. Le système classique initial reposait pour mieux dire sur deux présomptions qui sont les suivantes. La première consistait à croire que tout homme, en face d'un fait à réaliser, avait été forcément libre : tout fait voulu est un fait de liberté. La seconde consistait à dire que la liberté était pour chaque homme, en face d'un même acte, une force d'égale valeur. S'il en était ainsi en effet, si c'était, pour tous, un facteur identique, d'égale valeur et d'égale intensité, il n'y avait pas à en tenir compte. Il n'y avait qu'à l'éliminer de l'équation pénale, comme dans un binôme on élimine les quantités égales qui s'excluent réciproquement.

Mais était-il donc vraiment possible de se faire une conception aussi simpliste du libre arbitre? Et d'abord prenons la première présomption : tout acte voulu est un acte libre. Que les spiritualistes disent que tout acte voulu émane d'un être capable de liberté, c'est une formule que l'on peut accepter. Mais qu'on n'aille pas la confondre avec la formule classique de notre droit pénal, consistant à dire que tout acte volontaire est un acte libre. Que l'on ne dise pas que volonté égale liberté; c'est une équation tout à fait inadmissible.

Ce qui produit l'illusion, c'est ce fait qu'à prendre les choses à l'état virtuel, à l'état de possibilité, nous entrevoyons comme possible aussi bien le fait qui a été réalisé que son contraire. Un homme décharge une arme sur quelqu'un : nous savons qu'il est également possible à un homme

de tirer ou de ne pas tirer. Nous en concluons que notre
meurtrier aurait pu réaliser tout aussi bien l'un des deux
résultats, faire ou ne pas faire; nous croyons avoir ainsi
démontré qu'il était libre d'agir dans un sens ou dans l'autre.
Ce raisonnement, si nous n'avons que lui pour démontrer le
libre arbitre, n'est qu'une pure illusion.

Il consiste à prendre pour un fait concret et particulier un
fait purement général et abstrait. Ce qui est vrai, c'est que
l'homme, pris en général, a la capacité virtuelle de produire
tel mouvement ou de s'en abstenir. Cela prouve-t-il que tel
homme, pris en particulier, à un moment précis de son
existence, a eu la liberté morale et concrète d'agir dans un
sens ou dans l'autre? Nous n'en savons absolument rien.
C'est exactement comme si nous disions : Un cheval livré à
lui-même peut avancer ou reculer. Il a la même capacité, les
mêmes possibilités, pour l'un ou pour l'autre. S'il avance,
c'est donc qu'il a choisi l'un des partis plutôt que l'autre. En
conclurait-on qu'il l'eût choisi librement, en pleine liberté
morale? Il aura fait en réalité comme l'âne de Buridan placé
entre ses deux bottes de fourrage. L'hésitation ici ne serait
pas très longue, elle n'existerait même pas du tout; c'est la
faim qui le pousse, c'est un instinct physique qui lui donne
l'impulsion. De ses deux bottes, il commencera par celle qui
sera le plus à sa portée, au besoin celle qu'il se trouvera
regarder au moment où se produira la poussée la plus irrésistible qui le fera se jeter sur sa pâture; et ce sera l'affaire
d'une seconde. Et c'est aussi de cette façon le plus souvent
que l'homme résoud à son tour le problème posé par Buridan.

Sans doute, il y a à cela une objection, et une très puissante, c'est que l'animal n'a pas conscience de ses actes, et
que, par suite, il ne peut être question de liberté lorsque l'idée
même d'un choix ne se pose pas à la raison. Pour être libre,
il faut d'abord pouvoir prévoir tel parti ou son contraire; il
faut avoir par la pensée la représentation des possibilités qui
peuvent se présenter, mais il faut avoir la conscience surtout
de sa liberté. Or, c'est précisément ce qui distingue l'être
humain : il peut prévoir, il se représente à l'esprit ce dont il

est capable et il a conscience d'être libre, conscience de pouvoir telle chose ou son contraire. Du moment qu'il a conscience de ce qu'il peut, cela équivaut à dire qu'il a le pouvoir d'agir à son gré dans un sens ou dans l'autre et que cela dépend de lui[1]. Au surplus, si en vertu même de la thèse déterministe et de l'expérience physiologique, c'est de la pensée et de son intensité cérébrale que dépend l'impulsion mécanique, il suffit de la prévision intellectuelle, de la représentation des images et des idées, pour que la liberté existe; elle se confond alors, comme le suppose notre vieux Code pénal de 1810, avec le discernement. N'est-ce pas déjà dans les *Sentences* de Pierre Lombard et le *Commentaire* de saint Thomas qu'on l'assimilait à la raison[2] ?

Mais il y a dans ce raisonnement une confusion de plus en plus pénétrante à écarter, donc une distinction à établir. Est-ce l'idée qui incarne la liberté? Cela signifie que l'intensité de l'idée détermine la liberté; et c'est tout le déterminisme, à moins de prouver que notre volonté peut quelque chose sur nos idées, beaucoup plus que sur nos actes ; et c'est le point qui est ici réservé. Est-ce au contraire l'intelligence de notre liberté qui nous rend maîtres de notre volonté et nous fait libres? C'est un peu la thèse de M. Fouillée dans son beau livre sur le Déterminisme et dans ses « Idées-forces ». — Mais là encore ce n'est qu'une face du déterminisme psychologique, sauf bien entendu, comme toujours, à faire de la liberté la cause en même temps que l'effet de l'idée de liberté. Mais, ceci réservé, nous en revenons à cette formule que le libre arbitre, c'est l'idée que l'on a d'être libre. C'est pour l'homme la conscience de sa liberté ; car il suffit d'avoir conscience d'être libre pour réaliser la liberté. Cette représentation idéale de la liberté agit sur notre volonté comme un motif nouveau que résume très bien la phrase courante : Je veux parce que je veux. L'idée de faire acte de volonté devient déterminante de la volonté ; et de même la conscience que nous avons de la liberté nous affranchit de

---

(1) Cf. sur ce point FONSEGRIVE, *Loc. cit.*, p. 93 et suiv., p. 113.
(2) Cf., *supra*, p. 40, note 2.

la dépendance des impulsions purement instinctives, ou des influences purement physiologiques. Rien n'est plus vrai.

Mais, même à prendre la chose de ce côté et par ce point de vue, et sans en discuter la valeur philosophique, ce qui ne serait pas le cas ici, et en admettant ainsi que la conscience que nous avons de notre liberté soit en nous la force agissante qui crée en quelque sorte, et qui réalise, la liberté elle-même, est-on tellement certain, pour poser la question sur le terrain pratique du droit pénal, le seul à prendre en considération à ce point de vue spécial, que tout homme, en face d'un acte quelconque, ait eu cette conscience suffisante de sa liberté ?

Que tout homme, d'une façon générale et d'une façon abstraite, se sente libre, c'est un fait de conscience que, grâce à Dieu, nous ne pouvons pas nier. Mais, qu'en face d'un acte particulier, ce fait de conscience surgisse en nous forcément et suffisamment net, suffisamment intense, pour nous faire réfléchir et nous arrêter au besoin, voilà qui est loin d'être certain. Il y a des faits spontanés, il y en a d'instinctifs ; il y a des actes impulsifs, il y a des gestes qui se font tout seuls ; il y a des manifestations de notre être intime qui se produisent à l'extérieur, non seulement sans que nous ayons eu conscience de notre liberté d'agir autrement, mais sans que l'idée d'agir autrement nous soit venue. Allez donc parler de liberté lorsque l'idée de choix ne s'est même pas présentée, lorsque, des deux issues possibles, une seule s'est implantée dans notre esprit, l'a obsédé en quelque sorte, sans que la possibilité même de son contraire soit venue à la pensée ! Et n'est-ce pas le cas de tous les passionnés, de toutes ces natures ardentes et chaudes, dont on dit qu'elles ont du cœur, alors que le plus souvent elles n'ont que de la passion ?

Il ne s'agit même pas ici, pour le moment du moins, de luttes intérieures et de mobiles contraires qui se fassent contrepoids : ceci, c'est l'état de doute. Il y a des natures toutes de spontanéité, de passion impulsive, ou de conviction latente en toutes choses, pour qui ces incertitudes n'existent pas ; et c'est au surplus pour chacun de nous qu'il se présente des actes tout de premier instinct, sans la moindre représentation dans l'esprit de la possibilité d'agir autrement. Prenons cette hypothèse, très réalisable et souvent réalisée, où l'acte que nous avons voulu s'est présenté seul à l'esprit, sans même que l'idée de son contraire ait germé comme une possibilité s'adaptant aux cases de notre cerveau. Et ce n'est pas seulement aux actes spontanés et instinctifs qu'il faut se reporter. Cela, peut-on dire, a été la grande erreur de notre droit pénal classique, de faire de l'acte prémédité et réfléchi l'acte libre par excellence ; si bien que pour certains crimes, le meurtre par exemple, la préméditation dût devenir, au point de vue pénal, une circonstance aggravante du fait. Préméditer, c'est avoir préparé, c'est avoir attendu, réfléchi, pris ses mesures et affermi sa volonté. Eh bien, que l'on prenne les gens obsédés d'une idée, ceux qui sont sur la voie d'un de ces crimes que nous appelons passionnels ; plus l'obsession sera irrésistible, aveugle et comme enveloppante, de telle sorte qu'elle possède l'être tout entier, plus la volonté apparaîtra froide, calculée, patiente et réfléchie. Rien de plus patient, de plus prémédité, que l'obsession du suicide. Rien de plus patient, de plus prémédité, de plus réfléchi, que l'obsession passionnelle de certains meurtres ; mais aussi, rien de moins libre, si nous entendons par liberté le fait d'avoir pu se soustraire à l'idée fixe, le fait d'avoir eu la conscience que l'on pouvait, et surtout que l'on devait, agir autrement. La préméditation n'est pas un signe de liberté et de responsabilité morale, c'est le plus souvent un signe, ou d'obsession, ou de perversité innée, donc un signe de nocuité individuelle : ce peut être un symptôme de la témibilité de l'agent, comme disent les Italiens. Le Code pénal de 1810 aurait devancé les applications de l'école italienne, c'est possible, et rendons-lui cette justice qu'il l'a fait sans le savoir ; mais qu'on ne dise pas que la préméditation soit un critérium de la responsabilité fondée sur l'idée de liberté. Donc en parlant d'actes exclusifs de toute représentation consciente de l'idée même de liberté, c'est aux actes prémédités, tout autant, si ce n'est plus, qu'aux actes spontanés qu'il nous faut faire allusion [1].

(1) Sur toute cette question de la Préméditation, voir le beau livre

Et alors voici la conclusion qui se dégage de tout ceci : que la liberté soit une capacité virtuelle de notre nature, c'est une conviction susceptible de croyance raisonnée ; mais qu'elle se réalise pour chaque acte en particulier comme une force qui surgisse des profondeurs de l'être, pour mettre, en quelque sorte, la volonté en communication avec la réalité du monde extérieur et lui en ouvrir l'entrée, c'est une illusion, ou du moins une fiction, qui ne tient pas debout. En tout cas, ce qui est certain et ce qui n'est pas niable, c'est qu'il est des actes, même des crimes, pour lesquels cette liberté, non pas virtuelle — celle-ci existe toujours — mais actuelle et présente, agissant à la façon d'un moteur détaché, qui donne l'impulsion finale, n'existe pas, et cela même pour l'homme le plus normal et le plus sain d'esprit. Cela suffit à démontrer ce qu'il y avait d'inexact et de purement artificiel et fictif dans la première présomption qui servait de fondement à notre droit pénal classique : tout acte voulu est un acte libre, ou tout au moins un acte de liberté.

Passons maintenant à la seconde présomption qui servait de base à la théorie classique, à savoir que, la liberté étant une force créatrice échappant à toute pression qui lui fût étrangère, tout acte libre provient d'une même somme de liberté. On ne peut pas avoir été plus ou moins libre. On est libre ou on ne l'est pas. Forcément, la conception traditionnelle du libre arbitre devait aboutir à cette conséquence étrange qu'il n'y a pas de liberté partielle, pas de demi-liberté.

Et cependant, si la liberté est quelque chose d'intelligible en dehors des brumes métaphysiques où elle se cache, ce ne peut être que la force de résistance qui est en nous. En ce qui touche l'acte criminel, la liberté est la force de résistance au mal. Ce ne peut être que la puissance de notre être intime qui se ressaisit lui-même, pour faire front à l'encontre des instincts et des passions qui l'entraînent. S'il en est ainsi, qui donc osera soutenir que cette force de résistance au mal soit

d'ALIMENA, *la Premeditazione*, surtout toute la seconde partie relative à la psychologie de la Préméditation. p. 79 et p. 116 suiv. Cf. la thèse de M. LEGRAND, *De la Préméditation* (Paris, 1898), p. 35 suiv.

la même chez chacun de nous, ou encore que chez le même
individu elle soit identique à chaque moment de son existence
et pour chacun de ses actes? Poser la question, c'est déjà la
résoudre. C'est un fait de conscience, d'observation personnelle pour chacun de nous, que chacun de nos actes, dès qu'il
n'est plus spontané et purement instinctif, est l'objet d'une
indétermination au moins apparente, d'un choix qui implique
des tendances opposées et souvent des luttes terribles. Et précisément, là surtout où la conscience de la liberté, et par suite
la conscience du devoir, se manifestent en nous, c'est dans ce cas
surtout, le plus souvent tout au moins, que la force de l'entraînement, que la poussée des instincts et comme le grossissement des idées qui s'y opposent, que tout cela grandit en
nous, de façon à voiler tout le reste, de façon aussi à dissimuler la conscience que l'on pouvait avoir du devoir et de la
liberté; et, comme conséquence finale, de façon presque à
réduire à rien cette force de résistance qui s'était fait jour, à
la ramener à n'être plus qu'une idée vague et passive, et non
plus une force agissante qui opère et fasse contrepoids.

Et, en tout cas, cette force grossissante de la volonté, elle
dépend de tant de choses que nous connaissons bien! De la
santé tout d'abord et de l'état pathologique, en dehors même
de toute question d'aliénation mentale proprement dite. Il y
a, pour employer l'expression devenue courante, comme de
véritables maladies de la volonté, des impuissances presque
physiques de vouloir. On sait que l'aboulie est l'un des signes
les plus ordinaires de la neurasthénie. Puis cela dépend de
l'habitude, du caractère enfin; cela varie avec chaque individualité, et, dans chacun de nous, avec les différentes facettes
de personnalité que nous portons en nous. Inutile d'insister
davantage; tout cela est l'évidence même.

Les rédacteurs du Code pénal s'en étaient quelque peu
rendu compte; et c'est beaucoup pour cela, pour proportionner la peine à ce dosage en quelque sorte de la liberté, en
même temps qu'à la responsabilité objective du fait, qu'ils
avaient admis des peines variables entre deux limites fixes.
C'est pour cela aussi qu'ils avaient en certains cas fait la part de
la préméditation, en quoi ils faisaient, comme on l'a déjà vu,

une méprise énorme. C'était faire fausse route. Prendre la préméditation pour base de l'individualisation de la peine, c'est croire que la somme de volonté, que l'intensité de volonté, mise dans un acte, correspond au degré de liberté qui s'y trouve afférent. Rien n'est plus inexact. Cela correspond au degré de conviction qui a déterminé l'acte : c'est le critérium de ce fait que l'acte résulte d'une résolution inébranlable qui a envahi en quelque sorte l'être tout entier. Mais plus une résolution est profonde, envahissante, aveuglante, moins elle laisse place aux influences contraires, moins elle permet d'ouvertures sur le dehors, de prises d'air en quelque sorte à l'extérieur ; elle roule et se replie sur elle-même ; elle se fortifie elle-même. C'est, ou ce sera, la tyrannie de l'idée fixe. C'est tout le contraire de la liberté. Neuf fois sur dix, il sera vrai de dire que plus un acte est prémédité, moins il aura été libre. Si donc la mesure de la peine est fondée sur le degré de liberté, la préméditation est le plus mauvais de tous les critériums. Mais peu importe, mauvais ou non, ce critérium nous indique une tendance. C'est la preuve que la fiction d'une égale somme de liberté pour un acte identique, et par suite la fiction d'une égale responsabilité, devenait insoutenable.

Voici donc l'idée qui commençait à se faire jour : substituer la réalité à la fiction ; et, puisqu'il s'agissait de responsabilité et que l'on croyait à la liberté, s'attacher désormais à la responsabilité vraie au lieu de la responsabilité présumée. Donc substituer des réalité de fait à de pures conceptions juridiques ; faire prédominer le fait sur le droit, l'esprit d'observation sur l'esprit légiste. Tout cela était parfait. Nous verrons cependant à quelles conséquences cela devait aboutir.

Mais avant d'en bien montrer les résultats, peut-être convient-il de mieux mettre en relief l'opposition des systèmes. On pouvait dire du Code pénal de 1810 que c'était avant tout une construction juridique au sens extrême du mot, une œuvre de juristes. Ce qui caractérise en effet les œuvres juridiques, c'est la prédominance des lignes droites, des règles abstraites, et par suite des fictions et des formules, sous lesquelles on essaie de faire rentrer les réalités vivantes.

Le droit est avant tout une discipline sociale, et comme la base de l'ordre social. Or, l'ordre social n'est possible qu'à la condition de formuler quelques grandes lignes générales sous lesquelles doivent plier les individualités. Il repose donc forcément sur cette présomption que toute règle faite pour une série de cas similaires s'adapte absolument à chacun de ces cas pris en particulier. Mais ce n'est qu'une présomption, présomption nécessaire si l'on veut introduire un peu d'ordre, et quelques règles fixes dans la façon de discipliner les libertés individuelles ; présomption du reste, comme il y en a tant en politique et en matière constitutionnelle. Présomption par exemple de règles libérales, de règles égalitaires, et tant d'autres, qui fournissent la formule de nos constitutions écrites, et qui ne s'adaptent que par voie de fictions juridiques, c'est-à-dire presque toujours fort mal, aux faits particuliers. L'ordre social ne vit que de présomptions juridiques, donc de fictions. Il en était ainsi du droit pénal classique. C'était une œuvre juridique, toute fondée sur des présomptions et des fictions.

Il arrivait cependant que le droit pénal était, de toutes les disciplines sociales, celle qui se prêtait le moins à ce système de fictions et de présomptions. Ce n'est pas seulement qu'il se heurtât à des réalités vivantes qui protestaient contre la rigidité des formules, et par suite contre leur inaptitude à s'y adapter, ou plutôt contre l'inaptitude des formules à se plier aux exigences de la justice individuelle. Il en est ainsi, plus ou moins, de tous les autres disciplines juridiques. Seulement, dans tous les autres domaines du droit, ce système de présomptions légales aboutit, pour chaque cas particulier, à de petits sacrifices individuels qu'il faut accepter comme la rançon de l'ordre et de la vie sociale. C'est le prix de la protection sociale. C'est le prix de la règle, et la règle est acceptée comme une loi nécessaire, comme une discipline à laquelle on se soumet.

En matière pénale, il ne s'agit plus de payer le prix de la protection sociale. Il s'agit, pour l'individu, d'une question bien autrement vitale, qui est de savoir si l'on fera partie encore de la vie sociale elle-même, du groupe des citoyens

actifs, libres, jouissant du droit social sous la protection de
l'état, ou bien si cette vie sociale ne va pas vous être retirée
pour toujours ou provisoirement. Il s'agit, non plus d'un
sacrifice momentané, justifié par le droit à la vie sociale. Il
s'agit de cette question même du droit à la vie sociale,
question qui se traduit par l'une de ces trois éventualités à
subir, soit sous forme alternative, soit sous forme cumula-
tive, perte de la vie, perte de la liberté, perte de l'honneur.
Et ce n'est plus là un sacrifice que l'on accepte sur le vu
d'une simple présomption, ou que l'on puisse imposer au
nom d'une fiction juridique. Si ce sacrifice a pour base l'idée
de responsabilité, personne n'a le droit de s'en tenir à une
présomption de responsabilite ; il faut faire la preuve concrète
et certaine de la responsabilité.

Donc la question individuelle, telle qu'elle se trouve en
jeu en matière pénale, est toute différente de celle des sacrifices individuels, telle qu'elle se présente dans les autres
domaines de la technique juridique.

Aussi ce système de présomptions et de fictions avait paru
désormais insoutenable. On considérait qu'il était temps de
lui substituer une recherche concrète de la réalité. Le Code
pénal de 1810 reposait donc sur un système de responsabilité
présumée. La pratique pénale qui allait se substituer à la
théorie légale avait en vue un système de responsabilité vraie,
de responsabilité concrète, appréciée individuellement, pour
chaque individu, pour chaque cas particulier, au lieu d'une
responsabilité en bloc, toute fictive et toute abstraite, invo-
quée contre chacun et contre tous en vertu d'une même
formule juridique. Voilà donc comment se caractérise l'opposition des systèmes : Dans la loi écrite un système de responsabilité présumée et fictive ; dans l'application pratique de
la loi, un système de responsabilité vraie et concrète. Voyons
maintenant les résultats.

Les résultats, ce furent un premier essai d'individualisation
de la peine fondée sur le degré de responsabilité. Puisque la
responsabilité était fondée sur l'idée de liberté, la justice exigeait donc que la peine fût proportionnée au degré de liberté.
La justice exigeait enfin que la peine fût entièrement écartée

là surtout où la liberté avait fait défaut. Rien de plus logique et rien de plus juste. C'est ce que l'on pourrait appeler la théorie néo-classique.

Celui qui fit le premier application de cette théorie néo-classique, ce fut le jury. Le jury, c'est de toute évidence, ne pouvait pas se soumettre aux subtilités de nos présomptions juridiques. On lui disait que pour tout homme en face d'un même crime la responsabilité était égale et que par suite la peine devait être égale. Mais le jury avait en face de lui un homme qui se défendait, en mettant à nu toutes les circonstances de sa vie, tous les entraînements qu'il avait subis. tous les affolements qui avaient pu l'aveugler ; et le jury voyait bien, en dehors même de la folie, qu'il pouvait y avoir des degrés dans la liberté et par suite des degrés dans la responsabilité. Faute de pouvoir doser en quelque sorte la responsabilité, puisque la loi ne le lui permettait pas, il acquittait purement et simplement. En 1824, d'une façon partielle, puis en 1832, d'une façon générale, on voulut donner satisfaction aux tendances du jury en introduisant le système des circonstances atténuantes. L'expression seule dont on se servait indiquait le but que l'on se proposait. Il ne s'agissait pas du tout de mesurer la peine à la nature plus ou moins pervertie de l'individu, mais de la mesurer au degré de responsabilité, c'est-à-dire à la valeur morale exacte de l'acte accompli : individualisation fondée et mesurée sur la responsabilité.

Le Code pénal en contenait un premier exemple en ce qui touche les mineurs. Il faisait du discernement une question individuelle et non le résultat d'une présomption. Il n'y avait même pas de période présumée d'irresponsabilité pénale, nous dirions aujourd'hui d'incapacité pénale. Pour un mineur quelconque, quel que fût son âge, même pour un enfant, une poursuite pénale pouvait toujours avoir lieu, mais on devait poser la question de discernement. La question de responsabilité s'individualisait. C'est quelque chose d'approchant que la pratique moderne voulut admettre et appliquer en ce qui touche les adultes.

La loi, avec l'introduction des circonstances atténuantes, entrait elle-même dans la voie nouvelle qu'on lui traçait. Et tous les codes récents ont accepté ces données de l'école néo-classique. Non seulement les codes modernes faisaient très large la place accordée aux circonstances atténuantes ; mais les tendances nouvelles ont fait introduire, dans la plupart des législations pénales étrangères nées postérieurement à la nôtre, des idées que notre vieux Code pénal ne connaissait pas. Voici les deux principales innovations qui furent acceptées.

Tout d'abord, notre Code pénal présumant que, pour tout homme adulte et sain d'esprit, en état de normalité, la responsabilité était la règle, relativement à tout acte volontaire émanant de lui, il n'y avait d'exception à cette présomption générale qu'en présence d'un état de maladie mentale, nettement caractérisée, exclusive de l'idée de normalité et ne pouvant laisser aucun doute sur l'état d'irresponsabilité. Aussi, le Code pénal français ne permettait pas que l'on pût admettre l'irresponsabilité en dehors de la démence proprement dite, et également, bien qu'il ne le dît pas expressément, en dehors des états pathologiques d'idiotie ou d'inconscience qui peuvent lui être assimilés. Du moment que l'agent n'était pas un aliéné, il n'y avait pas à plaider l'irresponsabilité ; on n'était pas admis, tout au moins au point de vue de la loi, à prétendre que, tout en jouissant de ses facultés intellectuelles, l'agent n'avait pas joui de son libre arbitre, ou qu'il n'avait pas eu une liberté suffisante pour résister au crime. La présomption de responsabilité ne pouvait tomber que devant la preuve d'un état pathologique d'irresponsabilité. Il faut substituer une présomption à une autre, et cette seconde présomption, comme la première, ne peut résulter que d'un criterium pathologique. Ce n'est pas une question d'appréciation psychologique, mais d'expertise médicale : il s'agit de faire la preuve d'un état d'inconscience pathologique ou d'un état d'aliénation nettement caractérisée ; c'est une preuve médicale. Et de cet état résulte la présomption absolue d'irresponsabilité. C'est l'état d'anormalité se substituant à l'état de normalité, et par suite l'une des deux présomptions remplaçant l'autre. Tout est net, précis, simple, rectiligne. De là les conclusions suivantes.

Tout homme qui n'est pas aliéné est responsable. Pour

prouver l'irresponsabilité, que l'on prouve la folie ; pas de moyen terme, pas d'état intermédiaire. La responsabilité et de même l'irresponsabilité sont pour le Code pénal français des états d'âme, si l'on peut ainsi dire, des états virtuels. C'est, une fois constaté l'état de normalité pathologique, comme le fond même de la nature interne qui se trouve établi. Ce n'est pas une question à soulever pour chaque acte pris en particulier.

L'école néo-classique, et par suite la législation qui s'y rattache, ont abandonné ce système si simple et si nettement juridique.

Elles font dépendre l'irresponsabilité non seulement de la preuve d'un état de démence, mais de la preuve d'un défaut de liberté. La preuve préalable d'un état pathologique, à elle seule, ne suffit pas ; ce n'est que la condition préalable exigée pour permettre un examen et une appréciation psychologiques[1]. Certaines législations, très logiques et par suite très radicales, se contentaient même purement et simplement d'un critérium psychologique ; sans autre condition on pouvait toujours faire la preuve du défaut de liberté morale. Les conséquences en furent désastreuses. C'était permettre à tout accusé, dans tous les cas, de plaider l'irresponsabilité ; il est peu de coupables qui ne puissent alléguer un moment d'égarement, qui ait éclipsé en eux la liberté. Aussi, pour y remédier, a-t-on fini par admettre le système du double critérium, ou d'un critérium mixte, la preuve de l'état pathologique étant nécessaire pour permettre d'alléguer le défaut de liberté morale. Mais il va de soi, puisque le critérium pathologique n'est pas considéré comme suffisant à lui seul pour établir l'irresponsabilité, qu'il ne s'agit pas forcément ici d'état qui, par lui-même, soit exclusif de toute idée de responsabilité, comme serait la démence : un simple trouble cérébral devrait suffire, pourvu qu'il fût antérieur et non concomitant au crime, et

---

(1) Pour tout ce qui va suivre voir surtout le savant ouvrage de Gretener sur l'Avant projet de Code pénal suisse ; GRETENER, *Die Zurechnungsfähigkeit als Gesetzgebungsfrage* (Berlin, 1897), § 2, p. 17 suiv. Toutefois à propos du livre de GRETENER, et pour se garantir en quelque sorte contre un certain parti pris qui le domine, on fera bien de lire le Compte rendu que ZURCHER lui a consacré dans la *Revue pénale suisse* (1898), p. 51.

encore en est-on bien sûr? Quoi qu'il en soit, le moindre signe de perturbation pathologique, et à plus forte raison le moindre état de névrose, sinon de nervosité, rendra admissible la recherche, et par suite la preuve, du défaut de liberté ; ce qui fait que ce prétendu système mixte, malgré les garanties tout apparentes qu'on a cru lui attribuer, revient à peu près dans la réalité à ce qu'est le système d'une preuve purement psychologique, avec tous ses abus et tous ses dangers. C'est le médecin appelé à se prononcer, non plus sur ce qui est de sa compétence propre, l'existence d'une maladie mentale, mais sur une question psychologique, le rapport de cet état de morbidité avec l'existence ou le degré de responsabilité légale ; ou encore, à supposer, comme ce sera le cas ordinaire, que le médecin ait donné ses conclusions sur la question même de responsabilité, ce sera le juge investi du droit de passer outre et de juger à son tour le jugement du médecin, de le réformer et de trancher sur d'autres bases une question de psychologie qui dépend cependant d'un état de morbidité pathologique. C'est la confusion de tous les rôles.

Et cependant comment faire autrement? Rien n'est plus logique. Si la responsabilité est fondée sur la liberté, elle doit cesser là forcément où cesse le libre arbitre. Donc tout accusé doit être admis à prouver que l'acte qu'il a commis n'a pas été un acte libre. Et il n'est pas douteux que le défaut de libre arbitre ne puisse être démontré existant en dehors même de la folie proprement dite. Voilà donc une première transformation admise dans la plupart des législations modernes : prouver l'irresponsabilité, c'est prouver le défaut de libre arbitre, et cette preuve est possible en dehors même de la folie proprement dite. Or, en prenant parti sur cette question, les législations modernes se trouvaient obligées de prendre parti en même temps sur une question métaphysique, sur la question même du libre arbitre.

Notre Code pénal français, sous ce rapport-là, aboutit à un résultat merveilleux. Il suppose le libre arbitre partout, mais il n'en parle nulle part. Il présume tout adulte responsable de ses actes ; pour faire tomber cette présomption, il exige la preuve de la démence ou d'un état pathologique similaire. Le mot de liberté n'est pas prononcé. La preuve à fournir porte donc sur des questions de diagnostic pathologique, qui n'engagent aucune conviction philosophique ou religieuse. Donc, rien de plus simple. Le médecin légiste n'aura qu'à se prononcer sur l'existence ou non de la folie. C'est un fait de sa compétence. On ne lui demande pas de se prononcer sur le libre arbitre. Et, s'il ne croit pas au libre arbitre, on n'exige de lui aucun sacrifice de conscience.

Le Code pénal allemand, la plupart des législations cantonales de la Suisse, le projet de Code pénal autrichien, le Code pénal italien bien entendu, mettent en jeu la question même de liberté morale. Pour prouver l'irresponsabilité, il faut établir le défaut de liberté. La preuve porte directement sur une question psychologique. De sorte que le médecin légiste, appelé à se prononcer sur l'état mental de l'agent, se trouvera appelé, en fait, à résoudre une question de psychologie morale, et il lui faudra prendre parti sur un système philosophique. S'il ne croit pas au libre arbitre, ne sera-t-il pas tenté de conclure toujours contre la responsabilité? Et, après le médecin, ce sera au juge, ou au jury, à se poser le même problème, le problème général de l'existence en soi du libre arbitre et celui de son application spéciale dans l'espèce en cause. Qu'on aille donc s'étonner maintenant de l'incohérence des verdicts du jury !

Quoi qu'il en soit, telle est la première conséquence de la théorie nouvelle : la preuve judiciaire doit porter désormais, non plus sur des états de diagnostic pathologique, ce qui est une question relativement simple et de pure constatation médicale ; mais elle portera sur une question de psychologie morale, précédée d'un problème de métaphysique pure, la question de savoir si l'acte concret a été un acte fait en état de liberté morale.

Voici maintenant la seconde conséquence de cette doctrine néo-classique ; c'est la consécration législative de l'idée même d'individualisation fondée sur le degré de responsabilité. C'est ce que la science nouvelle appelle la théorie de la responsabilité partielle ou atténuée. Il suffira d'en présenter ici un résumé succinct, sauf à revenir ailleurs sur les développements que la question comporte[1].

S'il y a des degrés dans la responsabilité, il faut bien en effet que la peine varie elle-même avec ces degrés de l'élément subjectif. Si la force de résistance au mal est susceptible de plus ou de moins, d'après l'état psychologique de chaque individu, d'après surtout l'état de son cerveau et de sa santé, il faut que la peine reflète toute cette mesure exacte de l'état subjectif. La mesure de la peine doit être réglée d'après la mesure de la responsabilité, c'est aujourd'hui la formule courante. Dans notre système français nous nous contentons pour cela de l'élasticité déjà très large que permettent les circonstances atténuantes. Une science plus avancée, plus respectueuse des nuances, a considéré que les circonstances atténuantes n'étaient pas faites pour cette hypothèse. Les circonstances atténuantes, par cela seul qu'elles ne sont pas susceptibles de prévision légale, et qu'elles sont laissées entièrement à l'appréciation du juge, se réfèrent purement et simplement aux circonstances toute, provisoires du fait, à ce qui au moment même où le fait s'est produit, l'a caractérisé, l'a inspiré, et au besoin même l'a provoqué et comme excusé. Toutes ces circonstances-là, c'est la part de l'accidentel, de ce qu'on ne peut pas prévoir par avance. Cela ne suppose pas des états acquis et antérieurement existants. Mais précisément il y a autre chose. Il y a des états d'âme, ou de cerveau, ou de santé, qui ne se rapportent plus à un fait accidentel, qui surtout ne se confondent pas avec lui, qui sont des états permanents, et qui par eux-mêmes restreignent et réduisent, sans la supprimer complètement, l'énergie de la volonté et par suite la force de résistance au mal ; états de neurasthénie de toutes sortes, de dégénérescence partielle, ou d'excitation cérébrale voisine de la monomanie au sens médical du mot. Tous les états de ce genre diminuent en quelque sorte la capacité d'être libre, donc la capacité d'être re-ponsable ; ils détruisent partiellement la présomption légale de responsabilité. Donc, la loi peut et doit les prévoir comme des causes d'atténuation légale de la peine. De même que l'irresponsabilité est une cause de suppression légale de la peine, de même la demi-responsabilité doit être une excuse atténuante légale, elle ne peut pas rentrer dans l'indétermination vague des circonstances atténuantes. C'est un état que la loi peut et doit prévoir. Et loin de se confondre avec les circonstances atténuantes, cet état peut et doit se combiner avec elles. L'état de morbidité peut en effet se concilier très bien avec une circonstance de fait, telle qu'une demi-provocation, qui atténue la gravité objective du fait. C'est la part de l'accidentel, il faut en tenir compte au moyen des circonstances atténuantes. Mais avant de faire agir cette cause d'atténuation, il y en a une première dont, pour être juste, il faut tenir compte, c'est l'état de la volonté, l'état d'âme de l'agent, de sorte qu'il y a deux causes successives d'excuses. Il doit y avoir, par suite, deux degrés d'atténuation opérant l'un sur l'autre ; s'il n'y en avait qu'un, comme c'est le cas chez nous, ce serait profondément injuste.

C'est ainsi que, dans les législations les plus récentes, ces différents cas de demi-responsabilité sont prévus comme causes d'atténuation légale en dehors des circonstances atténuantes. Pratiquement, cela revient, on l'a déjà vu, à permettre au jury, pour un cas de ce genre, de faire fonctionner deux causes d'atténuation successives de la peine, l'une tirée de l'état de responsabilité partielle, et l'autre, s'il le juge bon, qui serait tirée des circonstances atténuantes. La peine par conséquent peut se réduire à rien. On peut se demander s'il ne vaudrait pas beaucoup mieux la supprimer tout à fait. La plaie de notre système pénitentiaire, c'est l'abus des courtes peines. Il faut une peine assez longue pour devenir réformatrice ; sinon, mieux vaut la remise complète de la peine. Les courtes peines sont suffisantes pour dégrader et corrompre ; mais elles sont insuffisantes à réparer le mal moral qu'engendre la prison. En tout cas, dans l'hypothèse actuelle, l'agent est d'autant plus dangereux que c'est un

malade et un impulsif, peut-être très voisin de l'aliénation :
plus il est dangereux, plus on va le rendre promptement à
la société[1] Voilà où conduit l'individualisation fondée sur
l'idée de responsabilité.

Quoi qu'il en soit, rien n'est plus net que les conséquences
de cette nouvelle conception de la responsabilité. Si l'on doit
s'attacher à la question concrète du libre arbitre, à la question de savoir dans quelle mesure un acte criminel a été
commis en pleine liberté, il faut forcément aboutir à ces
deux résultats : proclamer l'impunité dès qu'il est établi,
pathologiquement ou psychologiquement, que le libre arbitre
a fait défaut ; et, en second lieu, réduire et abaisser la peine,
dès qu'il est établi que l'agent ne jouissait plus que d'une
demi-liberté. Ces deux conséquences juridiques, le Code
pénal français les ignore. La plupart des législations modernes les ont, au contraire, plus ou moins pleinement consacrées. Et tout le monde a considéré cela comme un très
grand progrès ; un progrès pour la logique, mais un progrès
aussi pour la justice.

C'est à juste titre que ce système nouveau peut être qualifié de système néo-classique. Il se présente à la fois comme
une conséquence et une application des théories classiques
primitives, et cependant comme une réaction contre la rigidité de bloc de ces mêmes théories classiques. C'en est une
conséquence logique et inévitable, parce que, si la responsabilité se fonde sur l'idée de liberté, il semble en effet absolument juste de mesurer la responsabilité d'un fait à la somme
de liberté dont a pu jouir celui qui l'a accompli. Mais c'était
en même temps un violent essai de réaction contre la rigueur
initiale du Code pénal ; parce que celui-ci, présumant que
partout la liberté restait identique à elle-même, frappait tous
les auteurs d'un fait identique d'une peine qui fût approxi-

(1) Voir sur ce point le rapport de M. le professeur D. von SPEYR au
Congrès suisse des médecins aliénistes de Coire en 1892 (*Wie ist die
Zurechnungsfähigkeit in einem schweizerischen Strafgesetzbuche zu bes-
timmen?* dans *Revue pénale suisse*. 1894, p. 183 suiv., et LISZT dans
Zeitschrift für die gesammte Strafrechtswissenschaft, t. XVII, p. 77
et suiv.).

mativement la même. C'est contre cette fiction que l'école néo-classique a voulu protester; et il faut lui rendre cette justice que ce fut la première tentative de caractère vraiment scientifique de l'application du point de vue subjectif en matière pénale. L'école néo-classique est une école subjective et hardiment subjective, s'attachant à la considération de l'individu, tenant compte de la volonté qui a présidé au crime, appréciant le plus ou moins de culpabilité individuelle de l'agent. C'est l'introduction, dans ce siècle-ci, du point de vue subjectif en matière de pénalité. Il faut remonter au droit canonique pour retrouver une justice aussi largement humanisée et aussi soucieuse de tenir compte de la valeur morale de l'homme. Nous sortons de la justice strictement légale pour rentrer sous la justice disciplinaire, moins dominée par le point de vue de la norme juridique, et plus attachée à la considération de l'individu. On commence à ne plus voir seulement que le crime, le criminel va passer au premier plan.

Mais ce premier essai de criminologie subjective allait se trouver encore bien insuffisant; il soulevait deux reproches graves : le premier était de reposer sur une impossibilité pratique, et le second de reposer sur une erreur scientifique.

Tout d'abord l'impossibilité pratique est absolument manifeste[1]; c'est qu'il n'y a pas de critérium de constatation de la liberté. Tout le monde, même les derniers partisans du libre arbitre sous sa forme traditionnelle, reconnaît que liberté ne s'identifie pas avec volonté. L'acte de volition est forcément distinct du fait de libre élection. La volonté est une opération mécanique de l'être moral qui se retrouve chez quiconque raisonne et agit; elle se retrouve chez les aliénés comme chez les autres. Le fou a des volontés et des volonté raisonnées. Il veut et il raisonne. Ce qui lui manque, c'est la matière première : il objective ses idées et construit ses raisonnements et ses vouloirs sur un point de départ dépourvu de réalité. Mais, ceci à part, le mécanisme fonctionne comme chez les autres. Ses volontés constituent des opérations analogues à

____

(1) Cf. sur tous ces points un chapitre fort intéressant de M. Paul MORIAUD dans son livre *La question de la liberté et la conduite humaine* (Paris, F. Alcan, 1897), p. 185 suiv.

ce qu'est le vouloir chez un autre; et cependant on ne dit plus qu'il soit libre. Liberté ne s'identifie pas avec volonté. Ce qui a pu faire illusion, c'est que l'on pouvait constater et comme mesurer la volonté. Mais si la liberté se sépare de la volonté, où donc retrouver une commune mesure de la liberté?

La liberté, en soi, n'est même pas susceptible de démonstration et de preuve scientifiques. Comment serait-elle susceptible d'un dosage approximativement exact? Nous pouvons bien calculer le degré d'intelligence et la force de volonté. Mais tout cela n'est pas la liberté. La science et l'observation ne découvrent que des causes et des effets. Or, le libre arbitre consisterait à faire brèche au principe de causalité. Il y aurait là une force se produisant en dehors du domaine de l'expérience. Cela ne veut pas dire qu'elle n'existe pas. La seule conclusion qui s'impose, au point de vue des données et de la méthode scientifiques, c'est que la science ne peut ni la démontrer, ni la découvrir, ni l'observer; elle échappe à tout moyen d'investigation scientifique. Cela est si vrai que, sur le terrain pratique, pour apprécier cette question de liberté et de responsabilité, le jury n'a d'autre ressource que de faire ce qu'avait fait le législateur : il s'attache au critérium de la préméditation, et presque toujours on confond préméditation et liberté. Rien n'est plus faux, et la plupart du temps c'est presque tout le contraire.

En tout cas, voici le point qui est de nature à faire impression[1], c'est que si la liberté est la force de résistance au mal et le pouvoir que l'on a d'agir sur cette force de résistance, il en résulterait que plus on est perverti, plus on est corrompu, moins on est libre, et moins on serait coupable. Si on apprécie le degré de liberté par la force de résistance au mal, c'est presque toujours lors du premier crime, pour le condamné primaire, que cette force se laisse apercevoir, que les hésitations et que la lutte peuvent en quelque sorte se constater et se démontrer. Nous entrevoyons là que vraiment l'agent

(1) Pour tout ce qui suit voir WAHLBERG *Grundzüge der Strafrechtlichen Zurechnungslehre* (dans *Gesammelte kleinere Schriften*, t. 1, p. 1 et spécialement p. 33, 35).

aurait pu résister. C'est lui, le condamné primaire, qui est vraiment le criminel responsable. Si nous mesurons la peine à la liberté, c'est lui qu'il faut frapper sans merci. Car, presque toujours, sauf au cas d'entraînement passionnel, son crime nous apparaît comme un acte libre.

Mais le criminel endurci, le criminel d'habitude, croyez-vous, lorsqu'il va voler et même assassiner, que l'idée même du mal moral lui vienne à l'esprit? La force de résistance implique l'idée de résistance. Or, cette idée de résistance chez lui ne se présente même plus à la pensée. Elle s'atténue avec l'habitude, elle se perd avec la corruption croissante. Plus l'homme est perverti et endurci au mal, moins nous aper-cevons de liberté dans chacun de ses actes pris en particulier; donc moins il est libre et moins il serait coupable. C'est donc lui, si l'on se place au point de vue de la liberté vraie et con-crète, de la preuve actuelle du libre arbitre, c'est lui qu'il fau-drait épargner. C'est pour lui surtout que serait fait le sursis de la loi Béranger. Ou, si cette logique répugne au bon sens, il faut cesser de dire, si on le frappe, que ce soit à cause de sa responsabilité ; il faut admettre que c'est en raison de sa nocuité sociale. Il ne faut plus dire qu'on lui applique une peine, mais une mesure de sûreté. Ces gens-là ne sont plus responsables, et l'on en revient ainsi aux formules de Liszt, et Liszt cependant est un déterministe convaincu; c'est même parce qu'il est un déterministe convaincu et qu'il a fait de la responsabilité une notion étrangère à toute idée de liberté morale, qu'il a pu arriver à cette négation de la responsabi-lité pour les incorrigibles et demander pour eux des mesures de sécurité auxquelles l'idée de peine, au sens classique du mot, restât incapable de s'adapter. C'est la tendance moderne, celle de Stoos par exemple, qui cependant n'a jamais rejeté la conception classique de la responsabilité. Mais il lui répugne de parler de peines pour des gens devenus insen-sibles à la peine. Il y a pour eux, et en sens inverse, une inaptitude à la peine, analogue à celle des mineurs[1]. La

<hr>

(1) Cf. leçon d'ouverture de Stoos à l'inauguration de son cours de droit pénal à l'université de Vienne, *Der Geist der modernen Straf geselzgebung* dans *Revue pénale suisse*, 1898, p. 269 suiv.

responsabilité ne s'identifie plus avec la capacité pénale. Mais tout cela repose sur la conception moderne de l'individualisation prise du point de vue opposé à celui de la responsabilité. Pour l'école néo-classique, qui ne voit partout que la responsabilité et qui ne veut voir qu'elle pour l'application de la peine, toutes ces solutions sont logiquement inacceptables. Elle aussi doit dire comme Liszt : Les professionnels du crime sont devenus des irresponsables. Seulement, elle devrait ajouter : Donc l'état n'a plus de prise sur eux.

Pour la plupart même de ces misérables, si nous voulons encore parler de liberté et de responsabilité, ce n'est pas au moment du crime commis qu'il faut nous placer. A ce moment là, certainement la liberté n'existait plus. C'est très loin dans le passé qu'il nous faudra remonter, pour retrouver le moment précis, la minute peut-être, où vraiment le sentiment du mal s'est posé devant leur conscience et où ils ont passé outre, franchissant pour jamais la frontière fatale qui devait les conduire à ce que l'on appelle aujourd'hui la criminalité chronique. Il est certain que nous avons conscience, à certains moments solennels, et très rares peut-être, de notre existence, que nous pouvons quelque chose sur nous-mêmes et sur notre avenir moral, que c'est l'heure décisive qui s'apprête à sonner et que, l'orientation définitive, c'est nous qui pouvons, et qui allons la donner. Nous avons conscience d'être une force libre de son action, sans doute qui ne se décide pas sans motif, mais qui crée le motif de détermination, ou du moins qui lui donne le grossissement destiné à lui assurer la prépondérance et à imprimer l'ébranlement cérébral qui nous mettra en communication avec l'action. Il est possible que, pour beaucoup de criminels, un de ces moments ait existé[1]. Mais allez donc retrouver cette minute exacte, ce moment précis! Et le retrouverait-on, comment lui appliquer la mesure adéquate de peine? La peine visée par la loi, celle uniquement que le juge ait le droit d'appliquer, c'est celle dont la loi menace le crime, donc celle qui concerne le crime commis; elle est sans rapport d'aucune sorte avec le fait lointain dans lequel s'est incarnée cette décision irrévocable d'où le crime actuel est sorti. La peine que peut et doit prononcer le juge vise un

____

(1) Voir dans GEORGE ELIOT une analyse psychologique admirable des effets vraiment décisifs de ce premier pas dans la voie des compromis de conscience (GEORGE ELIOT's, *Romola*, ch. IX, « *A man's Ranson* », à la fin du chapitre.)

crime pour lequel la liberté a fait défaut ; et l'acte au contraire qui apparaît comme libre, c'est un fait très probablement dépourvu de toute valeur pénale et auquel aucune peine n'était attachée. Donc il n'y a pas à le punir ; de sorte qu'on ne peut atteindre ni l'un ni l'autre : le premier parce que ce n'était pas un délit pénal, ou, si c'en était un, parce qu'il est prescrit, et le second parce que, s'il constitue une infraction du droit pénal, il ne constitue pas un fait de liberté.

Pour en décider autrement, il faut abandonner la théorie de la responsabilité pour en revenir à la conception du risque social. Il n'y a pas de responsabilité actuelle du fait commis en dehors de tout état de liberté ; mais il y a responsabilité initiale remontant au fait passé, accompli en état de liberté, et d'où le crime actuel, par un enchaînement fatal, est certainement dérivé. Une première responsabilité entraîne toutes les autres. Dès qu'un acte a été accompli en état de liberté, celui qui l'a réalisé accepte par le fait même la responsabilité, non plus morale, mais sociale, de toutes ses conséquences, même les plus lointaines. C'est une question de risque social. Par le fait de la réalisation d'un acte impliquant responsabilité il y a acceptation, vis-à-vis de la société, de tous les risques qu'il comporte. On a risqué de devenir un être dangereux pour la collectivité, donc on est responsable de ce qui va suivre ; et l'état a prise sur la criminalité qui en résultera. Il a le droit, pour chaque crime qui va se produire, d'exiger paiement d'une dette sociale que peut-être on n'avait pas prévue, mais qui est comprise dans celle qu'on a contractée jadis en pleine liberté. Cette conception est très acceptable ; mais ce n'est plus là, il n'y a pas à en douter, la théorie de la peine fondée sur la responsabilité morale ; c'est la théorie de la responsabilité sociale, telle que Ferri l'a si bien décrite, et avec lui toute l'école italienne. Du crime commis, on n'est pas moralement responsable, puisqu'on ne l'a pas prévu en état de liberté ; on n'en est que socialement responsable, parce qu'on doit compte à la société des dangers et des dommages qu'on a pu lui causer. C'est la théorie de Ferri. Sinon, si l'on s'en tenait à l'idée de responsabilité morale, il faudrait traiter le crime dont on ait à rendre compte comme un simple délit d'imprudence : ce serait un fait pour lequel la liberté a fait défaut, mais qui dérive d'un acte jadis réalisé en liberté. C'est la thèse admise par l'école classique en ce qui touche les délits commis en état d'ivresse, lorsque celle-ci n'a pas été préméditée, et qu'elle dérive d'une simple faute. Le crime ainsi accompli se rattache à la responsabilité de la première faute, celle qui a consisté à trop boire, et il devient un délit d'imprudence. Celui qui s'est grisé de ses vices et de ses passions, de façon à perdre jusqu'à la conscience et à la liberté de ses actes, devrait être, pour la théorie de la responsabilité, comme un homme ivre qui agit à l'aveugle et qui n'est responsable que de son ivresse.

D'autre part, de cette ivresse elle-même, est-on toujours sûr que le criminel soit vraiment responsable? Est-on tellement certain de pouvoir trouver à un moment précis de la vie de ce misérable un acte de la liberté duquel on soit sûr, et au sujet duquel la liberté, au moins dans ce qui pour le vulgaire en est l'apparence, puisse se laisser prendre sur le fait? Affirmera-t-on que tous aient eu de ces minutes décisives où ils aient senti peser sur eux, et sur la décision à prendre, la responsabilité de toute leur vie? Il n'y a que le moyen âge qui ait dramatisé cette forme contractuelle de la liberté et de la responsabilité. On se donnait à Dieu ou au diable, et lorsqu'on s'était voué à celui-ci on n'avait plus à se plaindre lors de l'échéance finale. Mais à qui fera-t-on croire que la légende de Faust se retrouve au début de la vie de tout criminel? S'il s'agit de ces malheureux élevés dans le crime et la misère depuis leur enfance, qui n'ont reçu d'autre éducation que celle du vice, et qui n'ont appris d'autre métier que le vol, à quel moment faudrait-il donc placer cet acte libre qui dût justifier l'application de la peine? La grande responsable ici, ce sera la misère ; ce sera peut-être la société elle-même, avec les dures conditions de la vie économique qu'elle fait aux misérables, avec l'éducation tronquée qu'elle leur donne, sans bases religieuses d'aucune sorte ; ce sera le milieu initial, avec ses promiscuités et sa dépravation ambiante ; ce sera la vie sans horizon et sans ouverture faite aux petits et aux humbles, le sentiment qu'ils sont d'une autre race et qu'après tout voler, c'est leur métier, comme pour les autres, ceux dont le luxe les outrage, jouir c'est la vie.

Il y avait jadis de « vieilles chansons » dont on berçait leur rêve ; et ces chansons du temps passé, elles leur disaient que leur part, à eux les misérables, était la plus belle ; elles la leur faisaient même si belle, dans les recoins mystiques de l'âme, et dans les promesses de l'au-delà, que c'était chez eux surtout, ces petits et ces humbles, ces privilégiés de la vie mystique, que le sentiment de la moralité était intense ; car ils sentaient qu'appelés à recevoir davantage, ils devaient davantage. C'était chez eux surtout que se retrouvait la partie saine et vertueuse du peuple ; et l'on avait vu ce miracle, des plus malheureux et des déshérités de ce monde, gardant leur moralité intacte, se faisant plus haute et plus étroite leur responsabilité, et peut-être aussi se disant, bien au fond, les plus heureux. Ces temps de rêve ne sont plus ; l'époque des réalités désespérantes est venue, et avec elle la lutte des classes et le sentiment de l'opposition irréductible des diverses tranches d'humanité. Pour ceux qui sont en bas et qui n'ont rien à perdre, ni au crime, ni aux rigueurs de la loi, nous sommes mal venus à comprendre ce que peut être pour eux l'idée psychologique de responsabilité. Il y a là des états d'âme qui nous échappent et dont nous sommes mauvais juges. Mais ce qui est certain, c'est qu'il y a des états de corruption native, de dégénérescence héréditaire, que le milieu entretient et développe ; c'est que, pour certaines vies, à aucun moment de leur cours, nous ne pouvons percevoir l'idée agissante, réellement sentie et vécue, du discernement moral exigé par le Code pénal lui-même pour qu'il y ait responsabilité. De responsabilité vraie et concrète, pour certains de ces malheureux, on peut très bien n'en trouver nulle part à leur charge, ni pour le dernier crime commis, celui dont ils ont à rendre compte, ni pour le premier petit vol, resté inconnu, d'où peut-être tout le reste est sorti. Va-t-on cependant laisser vivre ces gens-là en paix, libres de continuer leurs exploits de par le monde ?

Tel est le premier reproche, le reproche capital, que l'on

peut faire à ce procédé d'individualisation ; c'est qu'il se heurte à des difficultés de preuve insolubles. C'est que, faute de pouvoir découvrir la liberté, on risque de ne la trouver nulle part et de ne voir partout que des irresponsables. Tout ce qui constitue les causes immédiates du crime, motifs plus ou moins honteux ou pervers, impulsions plus ou moins haineuses ou passionnées, toutes ces causes qui, arrivées à leur paroxysme, troublent l'esprit et aveuglent la raison, ce seront autant d'ombres accumulées devant le mirage de la liberté. Donc ce devrait être tout autant d'excuses, ou même de causes d'acquittement.

Et ce qui se présente ici comme un paradoxe, que de fois les verdicts du jury ne nous l'ont-ils pas mis sous les yeux comme une réalité vécue et plus encore comme un scandale ! Des acquittements inexplicables, des déclarations de circonstances atténuantes inattendues : tout cela parce qu'on a cru qu'il y avait absence de liberté morale ! Et, comme on ne sait jamais s'il y a eu liberté morale, c'est donc le hasard qui mène tout ; ce sont les impressions qui dictent les jugements au correctionnel comme ailleurs.

Tel est le premier grief à formuler contre la thèse néoclassique. Elle se heurte à une impossibilité pratique et conduit à des conséquences inacceptables.

On peut lui adresser un second reproche, c'est qu'elle repose sur une véritable erreur scientifique. La responsabilité est avant tout, comme M. Tarde l'a si bien démontré dans sa *Philosophie pénale*, une conception de formation sociologique : pour tout le monde d'ailleurs, c'est une conception sociale. Il ne faut donc pas s'en faire une notion abstraite et à priori, une conception toute en l'air et qui ne corresponde à rien de réel. Il faut la prendre telle qu'elle est dans la conscience collective des masses, dans l'opinion courante et moyenne.

Or, c'est le jury qui représente cette opinion moyenne. Toute application légale ou judiciaire de l'idée de responsabilité qui irait à l'encontre de cette opinion générale, constituerait une erreur scientifique au premier chef. Ce serait aller contre toutes les données de la méthode historique.

Dans la forme sociale de l'idée de responsabilité, on trouve sans doute à la base, et comme principe plus ou moins vague, la croyance initiale à l'idée de liberté. Mais voici ce qui frappe, c'est que dans l'application on ne s'attache jamais à l'idée de liberté pour juger dans un cas particulier du degré de responsabilité. La liberté, on la suppose toujours, et ceci fait, on n'en parle plus. On fait comme le Code pénal de 1810. La liberté est un facteur négligeable, parce qu'il est présumé toujours exister. Mais ce dont on s'occupe, c'est du plus ou moins de perversité des motifs, ce sont des circonstances qui ont amené le crime, des antécédents de l'accusé, de son milieu, de son éducation et enfin de sa moralité générale. La plupart des acquittements qui ont pu surprendre proviennent très peu de ce que le jury ait pu croire à un défaut de liberté. Presque toujours au contraire il s'agit de cas où l'intention arrêtée, préméditée, a été absolument démontrée, et le jury en est convaincu plus que personne. Seulement les conditions qui entourent le crime, et surtout les motifs qui l'ont provoqué, sont de ceux qui ne soulèvent pas l'indignation générale. Ce sont des motifs qui répondent à un sentiment normal du public. Le criminel, loin d'apparaître comme dissemblable, par la perversité de ses sentiments, aux jurés qui doivent le juger, comme déchu de leur groupe sociologique, et comme désassocié ou désadapté, se présente comme un être qui pense comme eux, qui veut comme eux, qui se révolte comme eux. Le sentiment qui l'a poussé au crime est de ceux que tout le monde aurait éprouvés et que tout le monde peut avouer. Il a peut-être été un peu plus violent qu'il n'eût fallu, mais ce n'est qu'une question de degré. Cet homme n'est pas un être à part, à rejeter du milieu social, son crime apparaît comme un accident et non comme la manifestation d'une individualité dangereuse qu'il faille écarter avec mépris. Aussi les jurés acquittent ; tout en sachant fort bien qu'il est l'auteur matériel du fait, ils le déclarent non coupable, donc moralement irresponsable ; et ce n'est pas une question de démence. C'est une pure appréciation de psychologie générale. Telle est la série de sentiments très complexes, mais non douteux, qui expliquent la plupart des acquittements qui nous étonnent. Ce n'est donc pas sur le plus ou moins de liberté afférent au crime que les jurés se forment leur conviction, c'est sur le caractère des motifs et des sentiments qui ont inspiré, dominé et caractérisé, le crime.

Et c'est qu'en effet rien n'est plus anormal, et rien n'est plus antiscientifique, que de détacher ainsi un fait humain de la série des causes qui l'ont provoqué. Faire de la responsabilité uniquement un fait d'appréciation de la liberté, c'est séparer artificiellement l'acte humain de tout ce qui est inhérent à sa production ; c'est l'envisager d'une façon abstraite comme un fait de volonté pure. C'est vouloir mettre, d'un côté, tous les motifs, toutes les impulsions initiales, tout ce qui a préparé le fait et tout ce qui l'explique. Pour le juge pénal, ce serait choses indifférentes, dont il n'y ait pas lieu de tenir compte. Peut-on rêver plus complète anomalie? Et il faudrait alors mettre à part, de l'autre côté, uniquement l'acte de volonté qui a donné l'impulsion décisive, comme si c'était un acte isolé sans précédents ni antécédents. Les précédents ne seraient à prendre en considération que pour permettre d'apprécier la somme de volonté et le degré de liberté que le fait puisse comporter. C'est l'acte humain coupé en deux, apprécié dans sa partie finale, la moins probante au fond et la moins concluante si l'on se place au point de vue même de sa valeur morale, au lieu d'être apprécié dans sa totalité et dans sa complexité intégrale, comme la manifestation de ce qu'il y a de moralité ou de perversité dans une âme humaine et de ce qu'on est en droit d'attendre d'elle au point de vue de l'avenir.

Aussi les jurés ne se sont pas laissé prendre à ce paradoxe juridique d'une responsabilité appréciée uniquement par le degré de liberté. Voici donc comment par le jury, c'est-à-dire en somme sous l'influence de l'opinion publique, s'est introduit un double degré d'individualisation. Premier degré : on avait dit au jury : — Vous n'avez pas à vous préoccuper de la liberté qui a présidé à l'accomplissement de l'acte. Au point de vue du droit, elle est la même pour tous. Vous n'avez qu'à apprécier si l'accusé était sain d'esprit et s'il a été l'auteur

matériel du crime; la question de liberté ne vous regarde
pas. — Mais le jury, du moment qu'on le faisait juge de
la culpabilité et que cette culpabilité reposait sur l'idée
même de la liberté, a considéré qu'il était de son rôle et de
son devoir d'apprécier et de mesurer ce degré de liberté[1]. Ce
fut le premier degré d'individualisation de la peine. Mais une
fois sur cette pente, il se trouva entraîné à pousser plus loin
l'appréciation individuelle; et ce fut le second degré d'individualisation. Apprécier le degré de liberté, c'est une chimère,
c'est une impossibilité. Dès qu'on se met à faire de l'appréciation psychologique, ce que l'on voit et ce que l'on constate,
ce n'est pas la liberté; elle vous échappe toujours; ce sont les
motifs, c'est l'ensemble des causes secondes, si variées et si
complexes, qui ont provoqué l'acte. La responsabilité appréciée et envisagée au point de vue du jury, c'est une responsabilité fondée sur toute la complexité des causes morales qui
expliquent la production du crime. C'est la formule qu'il faut
retenir, car c'est la formule de toutes les appréciations humaines et de tous les jugements humains. La responsabilité,
dans son application courante, est une responsabilité fondée
à priori sur une idée de liberté, mais appréciée en fait et dans
l'application d'après un mode de constatation purement
déterministe. La liberté est à la base, et au point de départ,
mais c'est le déterminisme qui fournit les moyens d'application et qui reste le seul critérium possible d'appréciation.
Voilà ce que nous observons tous les jours dans les jugements
humains. Et c'est ainsi en effet que procède le jury.

De là dans la pratique du jury des verdicts absolument dis-
semblables, dont l'inégalité devient presque un scandale. C'est

______

(1) Voir à ce sujet le projet déposé, le 20 mars, à la Chambre des
députés, par M. Briand, et « ayant pour objet de conférer au jury criminel le pouvoir de délibérer sur l'application de la peine ». Ce projet
aura pour résultat de mettre la loi en pleine harmonie avec les faits.
(*Journal officiel*, documents parlementaires, Chambre des députés,
n° 1605.) — Cf. la belle étude de M. CORENTIN GUYHO, *Les Jurés « maîtres de la peine »* (Paris, A. Pedone, 1908). Et voir, au sujet du projet
Briand, dans le numéro du *Temps* du 4 avril 1908, une lettre intéressante de M. DE SEIGNEUX, ancien président de la Cour de cassation de
Genève, qui expose d'une façon très suggestive les résultats de la
réforme à Genève.

qu'il n'y a plus ni règle, ni mesure uniforme, d'appréciation. Tantôt on se place au point de vue de la liberté et de la volonté purement et simplement; et alors c'est le degré de préméditation qui est pris en considération. Tantôt on laisse l'idée de liberté, de volonté et de préméditation de côté ; on reconnaît que le crime a été voulu et librement voulu ; mais on se place au point de vue des motifs et des circonstances déterminantes du crime. Et dans la série des motifs et des causes secondes, on va plus ou moins loin et on pénètre plus ou moins profondément dans l'analyse de la nature et du caractère de l'agent. C'est le caprice et c'est l'indécision absolue. Chaque jury a sa mesure d'appréciation, chaque juré individuellement a la sienne. C'est une justice presque de hasard, c'est-à-dire la plus mauvaise et la plus déconcertante de toutes.

Et tout cela, ce n'est pas de l'histoire, ce n'est plus de l'histoire. Jusqu'alors nous avions passé en revue l'histoire des doctrines ; tout ce qui précède, nous pouvions le considérer comme étant le passé. Mais l'état de choses dont il vient d'être parlé, c'est le présent, c'est l'état actuel de la justice pénale, et non seulement en France, mais partout où elle subit, par le jury, le contre-coup du sentiment populaire et de l'opinion publique. Nous sommes donc acculés à une impasse qui est celle-ci : ou bien revenir à la justice purement abstraite et objective du Code pénal, ou bien trouver d'autres procédés d'individualisation, reposant, au lieu de l'empirisme actuel, sur une base et un critérium vraiment scientifiques [1].

(1) La théorie de la responsabilité atténuée, entraînant comme unique sanction l'atténuation de la peine — en laquelle se résume l'École néo-classique — a été l'objet depuis 1898 des plus vives controverses. Dans l'ordre chronologique, il convient de signaler tout d'abord la discussion sur la *Question des délinquants à responsabilité limitée* à la 9ᵉ session du groupe allemand de l'Union internationale de droit pénal, tenue en juin 1903 à Dresde (*Bulletin de l'Union intern. de dr. pénal*, 11ᵉ volume, p. 625 et suiv.). Le même problème fut soumis aux délibérations de la Société générale des prisons en 1905, sur le rapport de M. Leredu relativement au *Traitement à appliquer aux délinquants à responsabilité limitée* (*Revue pénitentiaire*, 1905, p. 43 et suiv. ; p. 187 et suiv.; 313 et suiv. ; 474 et suiv.). La question a été reprise au Congrès de l'Union intern. de droit pénal de Hambourg en septembre 1905 sur le rapport de Von Liszt (*Revue pénitentiaire*, 1905, p. 1008). La même année,

délibération sur le même sujet au Congrès pénitentiaire de Budapest (*Revue pénitentiaire*, 1905, p. 1183.

Signalons également l'ouvrage du Dr Legrain : *Eléments de médecine mentale appliqués à l'étude du droit* (Paris, 1906), avec une importante préface de M. Garçon : et surtout les savants ouvrages du Dr Grasset: *Demi-fous et demi-responsables* (Paris, 1907 ; voir notamment les demi-fous devant la justice, p. 218 et suiv. — Cf. une appréciation critique de cet ouvrage dans la *Revue scientifique*, n° du 2 février 1907. p. 143 et suiv. — *La responsabilité des criminels* (Paris, 1908). Ce dernier ouvrage a été écrit à la suite d'un important congrès de médecins aliénistes et neurologistes tenu à Genève en août 1907. Il résume les discussions du Congrès et les polémiques qui l'ont suivi. On pourra lire, dans un sens opposé au Dr Grasset, l'important rapport au Congrès de Genève du Dr Gilbert Ballet : *L'expertise médico-légale et la question de responsabilité* (Genève, 1907). Egalement du même auteur, *La responsabilité des criminels* (Réponse à M. le professeur Grasset), dans le *Journal de psychologie normale et pathologique* (janvier-février 1908).

On pourra voir enfin sur le même sujet une bonne thèse de la Faculté de droit de Paris de 1908. de M. A. Nerer, *La Responsabilité atténuée*. Voir plus particulièrement le chapitre II, p. 59 et suiv. Mais surtout, il importe de signaler la très intéressante discussion qui eut lieu à la Société française de philosophie, séance du 30 janvier 1908, sur cette même question *Des Responsabilités atténuées en matière pénale*, et sur un rapport préalable, et vraiment magistral de M. A. Le Poittevin, professeur à la Faculté de droit de Paris. (Voir *Bulletin de la Société française de philosophie*, mars 1908, p. 71 et suiv.)

Cf. sur tous ces points les art. 16 et 17 de l'*Avant-projet du Code pénal suisse* (texte de 1903) ; et, sur la *Zurechnungsfähigkeit* du § 51 du Code pénal allemand, en dehors du *Lehrbuch* de von Liszt, voir Reinhard Frank, *Das Strafgesetzbuch für das Deutsche Reich* (Tübingen, Mohr, 1908), p. 107 et suiv.

CHAPITRE V

L'ÉCOLE ITALIENNE ET L'INDIVIDUALISATION
FONDÉE SUR LA TÉMIBILITÉ

Nous avons étudié l'école classique appréciée dans toutes ses nuances et ses diversités de points de vue. Mais, puisqu'il est constaté que le système classique est devenu insuffisant et qu'il faut autre chose, voyons donc ce que l'on propose de mettre à la place. Ces procédés d'individualisation scientifique que nous cherchons, allons-nous les trouver dans le bagage des systèmes modernes anti-classiques? C'est ce qu'il reste à examiner. On sait d'ailleurs quelle est l'école nouvelle qui s'est posée en adversaire résolu et tout à fait radical du système juridique classique. C'est elle que l'on est convenu d'appeler aujourd'hui l'École italienne. Il n'y a pas à faire ici un exposé complet de l'école italienne : il ne s'agit pas d'une revue des doctrines. Mais encore faut-il en dire ce qui est indispensable au point de vue de l'idée d'individualisation.

Il n'y a pas à insister longuement pour dissiper une légère équivoque qui pourrait au premier abord, et pour ceux qui seraient restés étrangers à tout ce mouvement de philosophie pénale, se dissimuler sous ce nom d'École italienne. Il ne faudrait pas croire, en effet, que, sous ce terme générique, on dût comprendre l'ensemble, à quelques exceptions près, des criminalistes italiens modernes. Il faut bien se rappeler au contraire, et dès l'abord, qu'il y a eu en Italie, et qu'il y a encore, une école classique très illustre, à laquelle se rattachent des noms de criminalistes éminents, tels que celui de

Carrara, pour ne citer que le plus célèbre. Il ne faudrait pas oublier que Rossi était d'origine italienne. Et ce qu'il faut dire, c'est que, depuis Beccaria, l'Italie semble avoir constamment été à la tête du mouvement scientifique sur le terrain du droit pénal. Il semble même qu'elle soit toujours un peu en avant de son siècle. Avec Beccaria elle a jeté par avance les premières bases de l'école classique, purement abstraite et objective ; c'était l'heure où les abus de l'arbitraire avaient laissé croire qu'il n'y avait de refuge que dans la garantie d'une formule légale d'application générale et égalitaire. Plus tard, à l'époque de Rossi, elle fut, avec les maîtres qui furent la gloire de ses universités, la véritable promotrice de ce grand mouvement d'individualisation sur le terrain de la responsabilité que l'on peut considérer comme la caractéristique de l'école néo-classique. Enfin on sait, et on verra, que, depuis bientôt une trentaine d'années, elle a sonné l'heure d'une réforme nouvelle, la plus radicale de toutes.

Tenons-nous-en, pour une dernière observation, à cette école classique italienne ; c'est elle, et elle seule, qui a inspiré le nouveau Code pénal italien qui date de 1889. Il doit être considéré comme le spécimen le plus achevé de ce que l'on peut appeler l'école néo-classique. Comme œuvre d'essence et de forme juridiques, c'est un monument des plus remarquables, qui présente une finesse de nuances et de détails jusqu'alors inconnue, entrant dans l'analyse pénétrante des faits, allant jusqu'aux infiniment petits, voulant tout prévoir. La loi prend la place du juge ; c'est elle qui veut par avance pressentir et deviner tous les cas d'individualisation pour indiquer la solution qui convienne. C'est un catalogue de solutions individuelles : le juge n'aura, pour chaque espèce, qu'à ouvrir son Code pour voir à quelle case rapporter la cause qu'il ait à juger. Une fois la case trouvée, la solution est prévue : il n'y a plus qu'à la lire et à l'appliquer. C'est une œuvre d'une science infinie. Malheureusement c'est le résumé d'une époque qui s'achève, et non le prélude de celle qui commence ; et il ne peut rien arriver de plus fâcheux pour une législation. Attendre qu'un système soit scientifiquement achevé pour le codifier, c'est s'exposer à ne faire qu'une œuvre historique, un mouvement de doctrine qui résume admirablement le travail du passé, mais qui ne concorde plus avec les conceptions nouvelles en voie de se construire. Les Codes, au risque de présenter des trous et des lacunes, devraient s'ébaucher à l'heure où les systèmes commencent à entrer dans la conscience d'un peuple ; ils dirigeraient l'application et la construction des doctrines qui se fondent. S'ils viennent lorsque l'école qu'ils représentent est en voie d'évolution, et surtout de désagrégation, ils ne sont plus en concordance et en contact avec la vie, et c'est ce qui peut arriver de pire pour une législation. Peut-être y a-t-il à craindre que ce malheur ne menace assez vite, et le nouveau Code pénal italien, et, si l'on ne s'empresse de le remanier à fond puisque rien n'est encore fait, le projet de revision de notre Code pénal français. Donc les abus d'abstraction de cette école classique italienne en ont inspiré une autre, celle que l'on désigne sous le nom d'École italienne, sans autre désignation.

Il y eut en effet vers 1875 en Italie — la première édition de l'*Uomo delinquente* de Lombroso est de 1876 — un mouvement scientifique extrêmement important, issu d'une façon générale des différentes écoles positivistes, mais plus spécialement inspiré par l'évolution de deux sciences qui alors étaient relativement récentes, l'anthropologie et la sociologie. Aussi, cette école italienne nouvelle, on l'appelle tantôt école positiviste, tantôt école anthropologique ou encore école sociologique. Voilà pourquoi, pour tout comprendre sous un seul terme qui ne compromette rien, on l'appelle plus généralement l'École Italienne ; et l'on sait ainsi ce que cela veut dire.

On peut dire que cette école italienne, dont les représentants les plus célèbres sont Lombroso, Ferri, Garofalo, Sighele, s'est présentée tout d'abord comme une réaction directe contre la thèse du libre arbitre entendu à la façon classique. On faisait du crime une émanation de la liberté. L'école italienne envisage le crime comme un produit naturel, comme la résultante de facteurs purement naturels, qui ne laissent plus aucune place pour l'idée de liberté. Pour Lombroso, ces facteurs sont presque purement anthropologiques. Pour Ferri, ils sont plus spécialement sociologiques ; mais peu importe [1]. Que le crime provienne de conditions atavistiques, ou qu'il soit issu de facteurs purement sociaux, tels que l'influence à peu près fatale du milieu social, des conditions économiques de la vie, de la misère ambiante, ou plus encore du luxe croissant et de la corruption qu'il développe par voie de rayonnements imitatifs, comme dirait M. Tarde, jusque dans les bas-fonds de la société, il n'en est pas moins la résultante nécessaire d'un ensemble de faits d'ordre naturel ne laissant plus de place pour l'idée de liberté.

Les divergences de point de départ entre Ferri et Lombroso importent donc très peu, tout au moins en ce qui touche le caractère même du crime, pris en soi. Pour tous deux le crime est de production purement naturelle ; il a d'ailleurs une fonction sociale à peu près analogue à celle qui appartient à la guerre au point de vue des masses. Il remplit la même fonction d'élimination par rapport aux individualités. De même que pour la guerre, on ne peut chercher qu'à le transformer, et non à détruire ce qui en fait le fond et l'inspiration psychologique ou sociologique [2]. Il est et il sera extrêmement important au contraire de distinguer entre le point de vue de Lombroso et celui de Ferri en ce qui touche les conséquences pratiques du système et les réformes que l'on veut en induire pour la criminologie.

Il est certain en effet que, si l'école italienne se présente d'abord par un côté positif, c'est-à-dire comme une suite d'affirmations philosophiques et scientifiques, elle se présente aussi par un côté négatif, c'est-à-dire comme fondée sur la critique des résultats attribués à l'école régnante. On pouvait dire, à coup sûr, pour reprendre un mot qui depuis a fait fortune, que l'école régnante, au point de vue des résultats, était en pleine faillite.

Jamais on n'était parti de plus haut pour arriver plus bas. Sous l'influence des grands criminalistes spiritualistes comme Rossi par exemple, le droit pénal s'était humanisé, surélevé,

(1) Ferri. *Sociologie criminelle* ; cf. aussi Vaccaro, *Genesi e funsione delle leggi penali.*
(2) Cf. Lombroso, *La Funsione sociale del delitto* (Palermo, 1896).

spiritualisé en quelque sorte. On partait de l'idée de liberté, et en même temps on en poursuivait la recherche et l'analyse chez chacun des délinquants. On conservait l'idée de sanction, comme une satisfaction due à l'idée de justice, et en même temps, par un éclectisme heureux, on commençait à envisager la peine comme un instrument de défense sociale ; le point de vue utilitaire se combinait avec celui de la justice absolue, et tout cela se trouvait comme réuni sous le nom de justice sociale, expression très heureuse qui couvrait tout, les exigences de l'absolu et celles de la société. Il semblait que le droit pénal eût atteint son apogée ; à une époque où l'on aimait à parler de droit naturel, on pouvait se flatter que sur le terrain du droit pénal l'un avait trouvé dans l'autre sa véritable formule positive. Et cependant, à regarder les résultats acquis, jamais l'étiage de la criminalité n'avait été plus élevé. Le flot croissait à chaque statistique nouvelle ; et il semblait que, plus la justice intervenait et plus elle frappait, plus le crime montait et se multipliait. On eût pu croire que ce fût la peine, et la peine elle-même, qui devînt le principal facteur de la criminalité, et que ce fût le droit pénal qui favorisât l'accroissement du crime.

Et la preuve qu'il en était ainsi, c'est que tout l'accroissement de la criminalité se faisait par les récidivistes, ou à peu près ; disons, pour être juste, par les jeunes et les récidivistes. Mais n'est-ce pas à peu près la même chose ? La criminalité des jeunes donne lieu surtout à des acquittements avec envoi en correction ; lorsqu'ils se font condamner à nouveau à l'âge adulte, pour la statistique officielle, ce sont des primaires et pour la loi aussi. En réalité, ce sont des récidivistes qui sortent d'une colonie d'État et qui viennent d'éprouver la valeur de notre système pénitentiaire. Ils fournissent la démonstration de ce qu'il produit, et, partant, de ce qu'il vaut. On pourrait alléguer, sans doute, que, dès les premiers débuts de l'adolescence, ces jeunes sont déjà tellement corrompus à fond qu'il n'y a, ni régime pénitentiaire, ni système éducationnel, qui puissent y remédier. La faute en est à eux, à leur nature même, et non au régime. C'est possible. Mais c'est alors la thèse de Lombroso ou celle de Ferri ; ce

sont ou des criminels nés ou des irréformables. Ce n'est pas
la thèse de gens qui croient à la responsabilité et à la liberté,
donc à la possibilité d'amendement par la liberté morale ;
et en ce moment nous jugeons une école fondée tout entière
sur cette idée. Donc de toutes façons, cette école et ses procédés juridiques aboutissent à la déroute.

D'ailleurs, en dehors de la récidive des jeunes, prise au
sens large qui a été indiqué, les statistiques nous révèlent
surtout aussi la récidive des adultes, c'est-à-dire de délinquants dont la première condamnation est intervenue alors
qu'ils étaient majeurs. Donc, que cela se produise chez des
mineurs ou chez des adultes, qu'il s'agisse de colonies ou de
maisons départementales, on pouvait dire au sens large du
mot que la prison engendrait la prison. Lorsque l'accroissement porte surtout sur les primaires, c'est que ce sont
avant tout les conditions sociales qui sont anormales et la
moralité publique qui est en baisse ; et c'est en effet le cas
aujourd'hui. Mais lorsque cet accroissement redouble en
outre pour les récidivistes, c'est que c'est aussi la peine qui
fonctionne mal ; puisque au lieu de prévenir le crime elle le
développe. Au lieu de faire disparaitre, chez l'individu, la
criminalité latente et virtuelle qui est en lui, elle l'accroît en
quelque sorte et elle l'accroît par la perte même du sentiment de l'honneur et de ce sentiment de dignité personnelle
qui est l'une des plus sûres sauvegardes de la moralité, et,
pour beaucoup d'hommes honnêtes, la seule qui leur reste[1].

Si donc on doit juger l'arbre à ses fruits, l'école classique
était condamnée par avance. Il est vrai qu'on a fait à cela
une réponse, qui était celle-ci : C'est que le mal ne venait

(1) Voir sur tous ces points, en dehors de l'article sensationnel publié
par M. FOUILLÉE dans la *Revue des Deux Mondes* (numéro du 15 janvier 1897) (cf. également l'article de M. FOUILLÉE dans la *Revue Bleue*,
30 octobre 1897), les chapitres de M. HENRY JOLY, dans *la France criminelle*, p. 164 suiv., p. 179 suiv. et également dans son beau livre *le
Combat contre le crime*, p. 156 suiv., p. 182, p. 203 suiv., enfin la conférence faite par M. H. JOLY à l'Union chrétienne des jeunes gens. le
22 janvier 1898, *La Criminalité de la jeunesse*, publiée dans la *Réforme
sociale*, 1898, p. 433. Cf. EUGÈNE ROSTAND, *Pourquoi la criminalité
monte en France et baisse en Angleterre*, dans la *Réforme sociale*, p. 348,
531, 585, avec un appendice, même revue, p. 850.

pas du système, ni juridique ni judiciaire, de la pénalité ; mais de son application administrative ; et l'école juridique n'est responsable que de son Code et de ses juges, elle ne l'est pas de l'administration pénitentiaire. Ce n'est donc pas le Code pénal qui est en faute ; encore moins le juge ou le jury. C'est l'exécution de la peine qui est défectueuse. Ce qui fait la récidive en effet, c'est la promiscuité de la prison, c'est la corruption du régime en commun, c'est la mise en contact de tous les vices de l'humanité. Le condamné primaire qui, pour la première fois, pénètre dans ce milieu et devient le compagnon, et comme l'égal, des plus corrompus parmi les corrompus, sent forcément disparaitre en lui le dernier fond d'honnêteté qui lui restait. Nos sentiments ont besoin, pour rester en nous une force agissante, d'une solidarité ambiante. Nos sentiments vivent en nous d'une vie extérieure autant qu'intérieure ; et il faut que la vie leur vienne du dehors, soit du milieu social dont on fait partie, soit d'un milieu extra-terrestre, comme c'est le cas de la foi religieuse. Il s'agit toujours d'une pénétration de contacts. L'homme qui vit en commun avec des pervertis s'assimile progressivement à leur nature ; c'est presque fatal. Mais il y a plus. Ce qui fait la sauvegarde de la moralité, même là précisément où elle n'existe plus qu'à l'état douteux, c'est le sentiment de l'honneur et de la dignité ; et là encore il s'agit de notions d'origine purement sociale. C'est le fait de se sentir membre d'un groupe, plus ou moins étroit ou élargi, membre d'une collectivité humaine, accepté par elle, considéré par elle. On n'est pas un isolé. C'est la sensation de faire partie de l'organisme et d'en refléter la conscience collective ; la sensation contraire vous fait passer dans le camp opposé. La peine, par les caractères déshonorants que nous lui donnons, enlève le condamné au groupe des honnêtes gens pour le transporter dans la collectivité des autres. Elle fait de lui un déshonoré et un flétri, donc un isolé dans la vie sociale régulière. Ne fût-il pas un corrompu, et même s'il résiste à la corruption ambiante de la prison, la prison l'a fait sortir du groupe des honnêtes gens. La seule vie sociale que la prison lui ait faite, est celle qui s'incarne dans la collectivité, sociologiquement organisée elle aussi, des gens mis au ban de la société. Il est des leurs, il y a donc toutes les chances pour qu'il reste des leurs. Telle est l'explication que l'on a donnée de la récidive. La faute n'en est pas au système juridique du Code pénal, et l'école classique n'y est pour rien. La faute en est à l'application de la peine et surtout au système de promiscuité de la prison.

Et il s'est formé alors, pour y remédier, cette admirable école pénitentiaire qui a eu surtout en France, sinon ses effets les plus immédiats, mais ses représentants peut-être les plus éminents. Les adhésions lui vinrent de tous les côtés, surtout du côté de la magistrature. On ne sait pas assez en France combien tout ce qui touche au corps judiciaire s'intéresse à la question pénitentiaire, aux réformes à introduire et quel large courant de générosité et d'humanité s'en dégage. Tout le monde se mit à l'œuvre, avec un zèle, une conviction et un désir d'amélioration, auxquels on ne saurait assez rendre hommage. C'est cette école qui a provoqué de toutes parts ces congrès pénitentiaires et ces congrès de patronage qui internationalisent, si l'on peut ainsi dire, les grands courants de l'opinion scientifique et qui seuls sont de nature à hâter les réformes attendues. C'est elle enfin qui a créé, chez nous, cette Société générale des prisons, qui est comme un petit congrès pénitentiaire permanent, se donnant pour tâche d'étudier au jour le jour toutes les questions actuelles et de mettre tout en œuvre pour l'amélioration du régime des peines. Par la publicité de son Bulletin, elle constate et elle vulgarise les résultats acquis. Par l'ampleur de ses discussions, elle analyse et elle pénètre à fond toutes les questions et en prépare en quelque sorte l'élaboration législative. On ne saurait assez dire tous les services qu'elle a rendus, non seulement en France, mais partout où l'on s'occupe de pénologie. Il n'est pas une loi pénale récente en Europe dont l'élaboration n'ait eu à emprunter à la Revue pénitentiaire française peut-être la plupart de ses éléments d'information. Quant aux buts que poursuivait, et que poursuit encore, cette grande école pénitentiaire, on peut les ramener à deux : le premier, c'est l'isolement du condamné

pendant l'exécution de sa peine, en vue précisément de le
soustraire à la corruption des contacts et de faciliter son
amendement ; et le second, c'est le reclassement social du
libéré, afin de le faire rentrer dans ce groupe des honnêtes
gens dont la peine l'avait exclu, afin de l'y adapter à nouveau et de lui refaire un milieu de travail et de vie honnête
et régulière.

Donc, concluait-on, le système juridique de la pénalité
n'est pas à réformer. C'est son système administratif qui est
à refaire. Ne touchons pas au Code pénal et encore moins au
droit pénal. Il n'y a qu'à changer le mode d'exécution de la
peine.

Il n'est pas douteux, cependant, que, pour changer d'une
façon utile le mode d'exécution de la peine, il ne suffirait pas
d'une réforme administrative ; car c'est dans la loi que se
trouve décrit le mode de régime des peines. C'est donc bien
le Code pénal qui serait à refaire sous ce rapport. Mais
serait-ce suffisant d'en changer quelques articles ? Ne serait
ce pas le principe fondamental sur lequel repose le système
pénitentiaire du Code pénal qui serait à modifier ? C'est ce
qui ressort du mouvement pénitentiaire lui-même. Car le
principe même mis en avant par l'école pénitentiaire devait
conduire tôt ou tard à réformer, non seulement le régime
d'exécution des peines, mais le système judiciaire d'individualisation de la peine.

Ce n'est pas, assurément, que l'école pénitentiaire ait
accepté les idées de l'école italienne. Ce serait très faux ; et
elle trouverait très injuste qu'on le lui imputât. Mais, dans
une certaine mesure cependant, elle s'est rencontrée avec
elle ; elle lui a sans le vouloir préparé les voies. C'est ce
point de rencontre qu'il serait intéressant de faire entrevoir,
ne serait-ce que pour expliquer un rapprochement qui, pris
de surface, ressemble terriblement à un paradoxe.

Il est certain, en effet, que, ce qui est au fond des théories
de l'école pénitentiaire, c'est la prise en considération du
tempérament individuel du condamné. C'est ce fait qu'une
fois soumis à l'exécution de la peine, il faut le traiter beaucoup plus d'après ce qu'il est et ce qu'il vaut que d'après le

crime qu'il a commis, qu'il faut donc oublier le crime pour ne voir que l'homme. Et, du reste, il n'y a pas d'amendement possible sans cela. Le but de l'école pénitentiaire, c'est l'amendement du condamné. Or, tout amendement comporte deux fonctions, l'une négative qui est toute de préservation, et qui doit consister ici à soustraire l'homme aux influences corruptrices ; et l'autre positive, qui est toute de formation, et dont le rôle consiste à refondre le tempérament moral. Elle doit consister par suite à adapter la peine au tempérament de l'individu, puisqu'il n'y a pas d'éducation possible sans une exacte adaptation des moyens à la nature même et au caractère de celui à qui ils se réfèrent.

Partant de là, cependant, qu'on ne croie pas que l'école pénitentiaire se confonde forcément avec ce que l'on pourrait appeler l'école cellulaire. Le fait de l'isolement prolongé est, en effet, le plus radical et aussi le plus primitif des moyens de préservation. Mais c'est aussi le plus insuffisant des moyens d'éducation. Si l'éducation par la peine doit consister à mettre l'homme qui la subit à même de lutter plus tard contre les tentations de son milieu et les contacts de la vie, il faut avouer que c'est un moyen assez contradictoire que de lui épargner toute tentation et de le retirer entièrement de la vie sociale. Si c'est la fonction qui crée, ou du moins qui façonne, l'organe, il est vraiment singulier que, pour préparer l'organe à son emploi, on le mette hors d'état de fonctionner. Aussi, beaucoup de criminalistes croient, et c'est en tout cas le sentiment de toute l'école anglaise, que la cellule, pour les peines à longue durée, ne doit avoir qu'un rôle très provisoire, celui de mettre l'individu en face de lui-même et de le livrer pendant un certain temps à ses propres réflexions. Mais il ne faut pas en abuser. Dès qu'il s'est refait une âme un peu nouvelle, il faut le rendre à l'action, et par suite ne pas craindre le régime en commun, pourvu qu'il soit entouré de garanties. Il faut qu'il fasse à nouveau l'apprentissage de la vie, et celui surtout de la lutte morale. Qu'on ne craigne pas de le rendre à l'initiative, au moins restreinte, que peut permettre un régime pénal. Restent, il est vrai, les garanties nécessaires. Mais, ces garanties, on croit les trouver, on l'espère tout au moins, dans un régime de classes par les quelles le condamné passerait successivement, suivant sa conduite et les résultats constatés, et par un système par suite de réhabilitation progressive devant aboutir à la libération anticipée, libération au moins conditionnelle pour ceux qui sont présumés amendés. C'est donc un système d'épreuves progressives [1]. Le principe pourrait en être retrouvé déjà dans la transportation australienne ; il fut préconisé surtout par Walter Crofton et appliqué d'abord en Irlande. Il est devenu le régime pénitentiaire anglais, sous le nom de système progressif. A plus forte raison ce système de sélections successives est-il recommandé, et quelquefois même partiellement pratiqué, dans les pays comme le nôtre, qui n'ont pas admis le régime cellulaire pour les peines de longue durée. Par exemple il est à peu près pratiqué chez nous sous le régime de la transportation. Le fond même du système de notre loi de 1854 sur l'exécution coloniale des travaux forcés, c'est le régime progressif anglais : donc, un premier essai, encore bien grossier, il faut le reconnaître, d'adaptation de la peine à la progression de l'amendement individuel.

Ce qui se pratique sommairement, et assez grossièrement, en matière de travaux forcés, on en demande aujourd'hui à la fois le perfectionnement et la généralisation. On voudrait voir le système s'étendre à nos maisons centrales ; et M. Leveillé en avait demandé l'application aux corps militaires connus sous le nom de bataillons d'Afrique, et où l'on envoie, à la date de leur recrutement, les jeunes recrues qui ont déjà subi certaines condamnations spéciales. L'idée dans ses détails est d'une application difficile, mais le principe est d'une évidence manifeste [2]. C'est celui de la classification, ou du

---

(1) Pour les détails voir ASCHROTT, *Strafensystem und Gefängniswesen in England*, p. 50 suiv., p. 70 suiv., et surtout p. 181 suiv., p. 195 suiv.; KROHNE, *Lehrbuch der Gefängniskunde*, § 10.

(2) Voir le rapport de M. LEVEILLÉ, à la Société générale des Prisons (*Revue pénitentiaire*, 1896, p. 1007 suiv., p. 1199, et projet de M. Leveillé (*Loc. cit.*, p. 1217), et *Revue pénitentiaire*, 1897, p. 519. Cf. sur ce point la proposition de loi de M. Pierre RICHARD à la séance du 2 décembre 1897 (*Revue pénitentiaire* 1898, p. 145).

groupement, par degrés de moralité présumée. Il n'est pas douteux qu'il n'y ait là, dans une très large mesure, une inégalité d'application dans la peine, inégalité bienfaisante, absolument humaine et absolument juste, mais une inégalité, il faut le dire bien haut, pour laquelle on ne tient plus aucun compte du crime commis et de sa gravité sociale, mais uniquement de la valeur morale de l'individu et des chances de reclassement qu'il peut offrir.

Sans doute il semblera que ce soit là déplacer et confondre les questions. L'individualisation dont il vient d'être parlé ne s'opère qu'au cours de l'exécution de la peine et en conformité avec l'amendement progressif du condamné; c'est pour lui une prime à la bonne conduite, un encouragement aux efforts qu'on lui demande et par suite un moyen d'aider à son relèvement moral. Cela n'a aucun rapport avec une adaptation judiciaire de la peine qui se ferait dans la condamnation elle-même et qui aurait pour but de fixer le choix de la peine d'après l'individu et non d'après le crime. Ce n'est pas encore une sélection initiale, faite dès le début, avant même que l'administration pénitentiaire ait pu se rendre compte de ce que vaut l'individu qu'on lui confie; ce n'est qu'une répartition intervenant après coup, pendant l'exécution de la peine et fondée sur les progrès successifs du condamné. Cela ne touche encore qu'indirectement au principe de l'uniformité et de l'égalité des peines; car si c'est une prime à la bonne conduite, tous peuvent la mériter et y prétendre, elle fait partie du régime lui-même tel qu'il s'applique à tous. Le principe d'égalité devant la peine reste sauf; et c'est l'un des plus intangibles de notre droit pénal. L'individualisation faite après coup, en cours de peine, et sous forme de classification progressive, à raison de la bonne conduite du condamné, ne constitue pas encore une exception au principe.

Mais l'école pénitentiaire ne se contentera pas de cette individualisation tardive, faite en cours de peine, et qui implique toujours au début une promiscuité initiale de tous les condamnés à la même peine; période de promiscuité qui suffit à corrompre pour toujours les malheureux qui ont conservé un reste d'honnêteté, ceux peut-être, et il y en a, dont l'honnêteté n'a pas été entamée par un crime d'égarement, et qui vont subir les pires contacts. Pour l'école pénitentiaire, il était donc dans la logique de ses principes de demander autre chose, et de réclamer par conséquent, à défaut d'isolement par la cellule, et subsidiairement tout au moins, une sélection initiale dès le début de la peine. Ainsi voudrait-on par exemple, au lieu d'une séparation par quartiers dans l'intérieur d'un établissement pénitentiaire, séparation qui n'est jamais absolue, une affectation distincte des différents établissements pénitentiaires à des catégories différentes de condamnés. De cette façon, le condamné, dès le début de la peine, et suivant l'intérêt qu'il peut présenter, serait envoyé dans tel ou tel établissement, et classé dans tel ou tel groupe, avec ses pairs, c'est-à-dire avec des gens d'une moralité approximativement similaire.

Notre loi de 1875 sur l'application partielle du régime cellulaire admet, par exemple, pour les condamnés à plus d'un an et un jour, c'est-à-dire ceux qui sont forcément destinés au régime de promiscuité des maisons centrales, la possibilité d'une conversion de peine, c'est-à-dire d'une demande de changement de régime; ils peuvent demander à faire leur peine en cellule, et cela au moment même où va commencer l'exécution de leur peine. Et M. Leveillé, dans le projet de réorganisation des bataillons d'Afrique auquel il a déjà été fait allusion, demandait, là encore, la possibilité de conversion pour certains condamnés à la prison, qui, au lieu de leur temps de prison, pourraient être admis à fournir un temps double ou même triple de service militaire colonial, pour se réhabiliter et payer ainsi leur dette à la société[1]. Qu'est-ce que tout cela, sinon des mesures d'individualisation initiale, dès le début de la peine, une séparation initiale entre différents groupes de condamnés, faite administrativement, au lieu d'être faite judiciairement?

Mais déjà, n'est-ce pas ce qui se présente dans l'application de la loi de 1885 sur la relégation des récidivistes? Nous avons

(1) Voir *Revue pénitentiaire*, 1897, p. 513 suiv.

là-bas aux colonies deux sortes de relégation, l'une qui comporte un véritable régime pénitentiaire dans la colonie elle-même, l'autre qui comporte un régime de liberté, ou de demi-liberté, pour le relégué. Or, c'est ici, à Paris, une commission administrative qui, après l'exécution de la peine, décide du classement du relégable dans l'une au l'autre des deux relégations, et cela sans tenir aucun compte du crime qu'il a commis.

On voit donc bien que la tendance consiste de plus en plus à faire de l'individualisation initiale sur le vu du condamné, et non de l'individualisation successive d'après sa conduite au cours de l'exécution de la peine ; donc à tenir compte dès le début, et en quelque sorte au sortir de l'audience et sous le coup du jugement, de ce que vaut l'individu, de ce qu'il est par sa nature, par son milieu et par ses antécédents, afin de lui appliquer un régime de peine approprié[1].

Seulement, ceci se fait aujourd'hui par voie administrative, sans garanties légales ni judiciaires. Pourquoi donc ne remettrait-on pas au juge le soin de faire cette première individualisation initiale, et de la faire sur la foi des renseignements fournis à l'instruction, d'après l'impression produite à l'audience, avec l'immense garantie de la publicité ; donc de faire cette individualisation au grand jour, plutôt que de la laisser soumise à toutes les influences qui peuvent s'exercer par voie administrative ?

On voit donc que le principe même de l'école pénitentiaire devait avoir pour résultat forcé de substituer la considération du criminel à l'appréciation exclusive du crime. L'école italienne ne demande guère autre chose. Reste à voir sous quelle forme elle le demande et si ces formes sont acceptables.

Mais avant d'aborder ce point de vue, relevons, en quelque sorte, les conclusions auxquelles nous sommes arrivés.

Il semblait bien au premier abord que l'école classique fût condamnée par ses résultats. Par raison d'impartialité, il a fallu faire une réserve, au moins apparente, et prévoir une objection. Cette objection revenait à dire que, ce qu'il y a de défectueux, c'est le régime administratif des peines, et non leur régime judiciaire. En d'autres termes, le principe

<hr>

(1) A plus forte raison en est-il ainsi du système du sursis, et de celui du pardon à proprement parler, qu'il est question aujourd'hui d'introduire, sous le nom de Loi de pardon, dans notre législation pénale (Voir à ce sujet le livre de M. OCTAVE AUBRY, *L'indulgence et la Loi*. Paris. Librairie générale de droit et de jurisprudence, 1908).

d'égalité légale et judiciaire de la peine reste intact. S'il y a quelque chose de pourri dans le domaine de la pénologie, c'est le mole d'exécution de la peine. Il suffit d'y porter remède. Et cependant nous venons de voir que le remède ne pouvait être efficace qu'à la condition de détruire l'égalité initiale, c'est-à-dire l'égalité judiciaire, de la peine ; à la condition d'adapter judiciairement la peine à l'individu beaucoup plus qu'au crime. L'idée que, pour un même crime, il faille une peine identique par sa nature et égale dans sa durée n'est véritablement plus soutenable. Du moment qu'il faut en venir là pour remédier à ce qui existe, et qu'on ne peut y remédier qu'en commençant par là, c'est avouer que tout est à refaire, ou presque tout ; en tout cas, que c'est par la base que tout est à reprendre. Le système classique ne repose plus sur rien de solide [1]. Tel est l'état de la question. C'est en présence de cette situation, et devant ces résultats très défavorables pour l'école régnante, qu'a surgi l'école italienne. Voyons ce qu'elle nous propose.

Toutes les déductions de l'école italienne peuvent tenir dans une formule très simple qui serait celle-ci : c'est un système de logique sociale appliquée au déterminisme pris pour point de départ et accepté comme un axiome. Toute cette école qui ne croit ressortir que de la sociologie n'est en somme fondée que sur un syllogisme à peine dissimulé.

Être sociologue, c'est avant tout observer et constater les faits, accepter les idées qui sont le résultat de l'histoire et qui forment la base des lois de psychologie sociale. Or, parmi ces idées qui sont le fond de la conscience populaire, il y en a qui sont restées intactes en dépit de la ruine des philosophies et de la disparition des croyances. La croyance à la responsabilité est une de celles-là et également l'idée, au moins vague, de liberté morale. C'est là-dessus que se fonde la dis-

(1) Du reste toutes les fois que des classiques se trouvent réunis, et qu'ils sont amenés à sè communiquer leurs impressions au sujet du fonctionnement du régime actuel, c'est pour avouer qu'il est désastreux et ne produit que des résultats lamentables. Voir à cet égard une discussion éminemment instructive à la Société Générale des Prisons, à propos de la Répression du vagabondage (séance du 16 mars 1898) dans *Revue pénitentiaire* 1898, numéro d'avril.

tinction que tout le monde admet entre les mesures répressives appliquées aux criminels et les mesures purement pré-
ventives prises contre les aliénés. Le criminaliste. même
sociologue, et surtout s'il est sociologue, n'a pas le droit de ne
pas tenir compte de ces sentiments et de leur répercussion
sur la criminologie. Une organisation pénale qui jetterait
tout cela par-dessus bord heurterait tellement la conscience
même des masses que dès le début elle serait totalement inap-
plicable. Construire une criminologie toute en abstraction et
toute en systèmes sans tenir compte de la conscience collective
de la masse sociale, ce serait agir comme faisait Sieyès en
matière de constitutions politiques. Ce dogmatisme philosophique a fait son temps. Et cependant c'est ce que propose
l'école italienne. Voici en effet le syllogisme implacable dans
l'étroitesse duquel elle s'est renfermée.

L'homme ne peut rien sur la direction de ses instincts ou
de ses facultés morales. Le crime est chez lui le produit fatal,
soit de son tempérament pathologique, théorie de Lombroso,
soit de son milieu social et des conditions économiques qui
dominent son existence, théorie de Ferri ; donc, la peine ne
peut plus avoir le caractère, ni de sanction, ni de réprobation,
sociale. On ne fait expier qu'un tort que l'on eût été libre
d'éviter, on ne réprouve que le mal résultant d'une volonté
libre de ses actes. La peine n'est plus qu'une mesure de
défense et de sécurité publique, analogue aux mesures pré-
ventives prises à l'encontre d'un animal dangereux ou d'un
fou. Ou plutôt il n'y a plus de mesures répressives, il n'y a
que des mesures de prévention, pour empêcher le mal de se
renouveler ou de se produire. Or, ce qui est dangereux chez
le criminel, et ce qui constitue un péril pour la société. ce
n'est pas le crime une fois commis, c'est le criminel lui-même ;
c'est sa personne, son tempérament toujours prêt à lui suggérer de nouveaux crimes, c'est l'impulsion latente qui reste
au fond de sa nature, prête à agir au dehors et à se traduire
par des meurtres, des vols ou des attentats aux mœurs. Qu'importe donc à la société que l'on punisse ou non le crime
réalisé ? Ceci, c'est le passé, c'est le mal consommé. Il n'y a
plus rien à faire qu'à réparer le dommage causé, si c'est pos-

sible. Mais ce qui importe beaucoup, c'est que l'on prévienne les crimes à venir. Et pour cela c'est l'instinct criminel qu'il faut dompter ou supprimer chez le criminel, ou, si, comme ce sera le cas le plus fréquent, cet espoir semble irréalisable, c'est le criminel lui-même qu'il faut éliminer, comme l'on ferait d'un pestiféré ou d'un animal dangereux. C'est donc en proportion de sa puissance de nuire et, par suite, de la crainte qu'il inspire, de ce que les Italiens appellent la *Temibilità* de l'agent, que les mesures à prendre doivent être envisagées, de telle sorte qu'elles visent à la réforme si peu que l'amendement reste encore possible, ou sinon à l'élimination. Et voilà à peu près tout le syllogisme de l'école italienne.

Le crime réalisé prend donc désormais une valeur toute différente de celle que lui attribue le droit classique. Il n'est plus l'objet même visé par la peine, il cesse d'être le fait punissable. Ceci n'est qu'une théorie barbare qui rappelle le droit de vengeance, alors qu'on se ruait sur l'auteur du dommage causé pour lui faire expier le mal qu'on en avait subi. Le crime n'a de valeur que comme symptôme de l'instinct criminel chez l'agent, comme révélation d'une nature dangereuse. Il n'y a pas de faits punissables, il n'y a que des individus à mettre hors d'état de nuire, et le crime sert à les faire reconnaître. Il a une valeur purement symptomatique. Voilà comment la notion, disons pour rentrer dans l'esprit du système, l'examen et comme la vision, du criminel, s'est substituée à l'entité juridique désignée sous le nom de crime. Au lieu d'un classement des crimes il faut faire une classification des criminels. Au lieu d'adapter la peine à la prétendue gravité du crime, il faut l'adapter à la nature du criminel. Il n'y a plus à parler de crime, mais de criminalité, et l'un n'est pas toujours la preuve de l'autre. L'un est un fait, l'autre un facteur psychologique. Ce sont deux notions qui ne s'identifient pas forcément. La criminalité engendre toujours le crime ; mais le crime ne vient pas toujours de la criminalité. Le système juridique a le tort de solidariser l'un avec l'autre. Tout système vraiment scientifique devra commencer par bien distinguer l'un de l'autre.

En tout cas, il faut désormais séparer tous les criminels en deux groupes irréductibles, ceux qui sont amendables et ceux qui ne le sont pas. Pour ces derniers, les réfractaires à la peine, c'est-à-dire les incorrigibles, ce sont des éléments inassimilables qui ne sont pas faits pour la vie sociale. Il n'y a qu'à les mettre hors d'état de nuire, donc à les supprimer ou les éliminer. Pour les autres, il importera d'en étudier la nature avec soin et de les classer par groupes similaires ; parce que, s'ils sont tous présumés amendables, tous ne peuvent pas être amendés par des moyens identiques. Si le crime est surtout, comme le veut Lombroso, un phénomène pathologique, il faudra adapter la peine, ou ce qui porte encore ce nom, au genre d'affection ou de morbidité criminelle qu'il s'agit de guérir. C'est cette fois toute la théorie de l'individualisation pénale, au sens propre et au sens vrai du mot. Individualisation ne visant plus le fait commis, et par suite laissant de côté même le degré de responsabilité, car la responsabilité n'a trait qu'à la culpabilité relative à un fait réalisé, et de cela il n'est pas question ; mais individualisation visant la nature même de l'individu, sa criminalité latente et virtuelle et cherchant à adapter la peine aux exigences d'amendement moral que peut présenter chaque criminel. Voilà l'individualisation nouvelle proposée par l'école italienne.

Certes, cette individualisation est la bonne ; et il n'y a plus aujourd'hui qu'à en admettre les applications pratiques. Seulement ce qui est, ne pourrait-on pas dire presque effrayant ? dans l'école italienne, c'est son syllogisme en forme, c'est sa logique doctrinaire, radicale et implacable ; logique qui fonctionne à rebours, comme cela arrive toujours de l'esprit logique et de l'esprit géométrique dans le domaine du droit. Et certes, si cela a déjà été dit, on ne saurait trop le redire, c'est peut-être la logique qui fait les révolutions, car elle répond à l'esprit simpliste des masses et à la psychologie des foules, mais à coup sûr la société, à l'état normal, ne vit pas de logique, mais de son contraire. Elle vit de réalités, qui sont complexes : et la complexité, c'est le frottement des intérêts divers et leur résultante finale, donc l'opposé de la ligne droite et de la logique prise en bloc. La réalité entame le bloc, il n'y a que l'esprit abstrait, doctrinaire ou radical, ce qui est la même chose, qui veuille lui refaire une construction d'ensemble et la conserver intacte.

Voyons donc à quoi devraient aboutir les principes syllogistiques de l'école italienne : à ces deux conséquences, d'exempter de peine beaucoup de gens qui eussent cependant commis des crimes, et, à l'inverse surtout, de punir par avance des individus qui n'auraient jamais commis de crimes. Cela fait deux groupes nouveaux parmi les criminels, celui des criminels non punissables, c'est le groupe des faux criminels, et l'autre, celui des punissables sans avoir été criminels, ce sera le groupe des suspects.

Prenons le premier groupe, celui des faux criminels ; et, heureusement pour l'humanité, ils sont encore extrêmement nombreux. Il comprend tous les délinquants primaires pour lesquels le crime n'eût été qu'un accident anormal. Il est des individus qui ont été entraînés à commettre un abus de confiance, certains même à commettre un meurtre, dans des conditions telles que le fond de leur nature n'y est pour rien et qu'on peut être absolument sûr qu'ils n'ont pas, ou pas encore, l'instinct criminel ; la prison pourrait peut-être le leur donner. Jusqu'alors le fond de la nature est intact. La peine est absolument inutile pour les empêcher de recommencer, elle ne pourrait être que dangereuse. Il n'y a pas d'affection morbide à guérir, pas même une âme à refaire ; tout au plus y a-t-il des ruptures d'habitude ou un changement de milieu à imposer. A quoi bon punir ? La peine n'a plus pour fonction de punir, c'est-à-dire de viser le mal réalisé, mais d'empêcher le mal à venir, donc de guérir ou d'éliminer ; et ce n'est plus le cas ici. Il n'y a rien à guérir, encore moins à éliminer. La peine serait inutile, donc injuste. Tel est ce groupe des faux criminels, des criminels fictifs, criminels non punissables. Par où l'on voit qu'il faut distinguer avec soin la criminalité externe de l'autre, la seule qui compte, la criminalité interne ; l'une est le phénomène qui paraît, elle se révèle par un acte extérieur qui l'incarne et la manifeste ; s'identifie-t-elle avec le fond de criminalité que révèle la nature intime ? C'est ce qu'à priori on ne peut pas savoir. Ce peut être une crise aiguë, toute accidentelle et toute passagère, sans aucune chance de retour offensif. La criminalité vraie, celle qu'il faudrait atteindre, c'est la criminalité chronique, en tant qu'elle constitue la manière d'être psychologique de l'être intime et qu'elle est susceptible de renouveler les manifestations extérieures par lesquelles elle se traduit. Donc mettons à part le groupe des criminels sans criminalité interne : il y a eu phénomène de criminalité, il n'y a pas criminalité naturelle. Il n'y a qu'une criminalité juridique.

A l'inverse, il y a l'autre groupe ; et c'est ici que cela devient grave. C'est le cas où il y a criminalité naturelle sans qu'il y ait encore de criminalité juridique ; criminalité interne existante et prouvée, sans qu'il y ait eu déjà phénomène de criminalité. C'est le groupe de ceux qui seraient punissables sans avoir été criminels, donc le groupe des suspects. Il va de soi, en effet, s'il s'agit de préserver la société contre le crime à venir, qu'il faut de toute évidence s'emparer du criminel, avant qu'il ait réalisé son crime. Lorsqu'une maison menace ruine et qu'il y a danger pour les passants, on n'attend pas pour l'étayer qu'un accident se soit produit ; et de même pour l'aliéné qui menace de devenir dangereux. On l'enferme, avant qu'il ait été la cause d'un malheur. Lorsqu'on soupçonne un animal domestique d'être atteint d'une affection qui puisse devenir, au moins transitoirement, un péril pour ceux qui l'approchent, on l'enferme ou on le tue, avant même que le mal ait éclaté. Pourquoi hésiterait-on à l'égard du criminel d'instinct, né dans le vice, élevé dans le vice, qui est un être inassimilé et inassimilable ? Il n'est pas fait pour la vie sociale et la vie sociale n'est pas faite pour lui. A quoi bon attendre, pour s'en garer, qu'il ait commencé le cours de ses exploits ? Il devrait en être ainsi uniquement peut-être si le crime était la seule démonstration du criminel ; mais il est par trop visible qu'il y a bien d'autres symptômes du tempérament criminel. Un individu fait partie d'une bande, c'est un être vicieux, dépourvu de tout sens moral ; il fait sa profession des métiers les plus louches. On sait qu'il n'hésite devant aucun scrupule de conscience ; l'idée même de la conscience morale lui est étrangère. Son passé, son éducation, son milieu, répondent de son avenir. Au point de vue pathologique, il a tous les stigmates du criminel. C'est un voleur qu'on n'a pas encore pris la main dans le sac ; ou un meurtrier d'instinct, violent, brutal et cruel, qui fatalement, à la moindre occasion, fera un mauvais coup. Pourquoi ne pas prévenir par avance la réalisation du crime ? Si l'on n'ose pas aller jusqu'à appliquer une peine, du moins il y a des mesures de police à prendre, il y a quelque chose à faire. Il est inadmissible que l'on attende en paix qu'il y ait une victime. La peine est une mesure de préservation une fois le crime commis pour empêcher le renouvellement du crime ; mais à fortiori doit-il y avoir des mesures de prévention pour empêcher un premier crime.

Donc aux deux groupes qui composent la première classification toute sommaire des criminels, il faut en ajouter deux autres, la classe des criminels avant le crime, criminels de suspicion ; ici il y a un criminel et il n'y a pas eu de crime ; et la classe des faux criminels : ici il y a eu un crime, mais il n'y a pas de criminel. Pour faire une individualisation exacte, et conforme aux principes du système, il faudrait donc, de toute nécessité, admettre ces quatre catégories : les criminels de suspicion, ayant fait preuve de criminalité sans commettre de crime ; les criminels sans criminalité, auteurs de crime sans être criminels ; les criminels, réunissant crime et criminalité, mais incorrigibles ; enfin toute la classe des criminels, ayant également à leur actif crime et criminalité, mais amendables, avec toute la variété des sous-distinctions que cette classe comporte.

Ce qui est grave dans ce système d'individualisation exactement conforme aux principes de l'école italienne, c'est l'admission des deux premiers groupes : criminels de suspicion et criminels fictifs, les uns n'étant coupables que de criminalité sans l'être de crime, les autres étant coupables de crime et non de criminalité, les deux notions étant loin de se couvrir, ce point est désormais hors de doute.

Et tout d'abord, la perspective d'une criminalité préventive, tombant sous le coup de la loi avant tout crime réalisé, ce n'est ni plus ni moins que l'organisation d'un régime de suspects. Et vraiment, si soucieux que l'on puisse être de la sécurité sociale, mieux vaut encore courir le risque de voir un vol se commettre que celui, pour le premier venu, d'être mis sous les verrous sur la mine et uniquement parce que la nature l'aurait doué d'une mâchoire, d'une lèvre ou d'un crâne, réalisant le type criminel décrit par Lombroso. Dans la vie en société, comme partout, il y aura toujours des risques à courir; il faut savoir les accepter. Le tout est de trouver le moindre risque social. Si, par peur des crimes, on confisque la liberté, où sera le gain ? La société ne doit pas seulement nous garantir la vie et la propriété, mais aussi le moyen de nous en servir. Si, pour assurer la vie et la propriété, elle risque de nous enlever toute possibilité d'en user librement, le risque social à courir est bien autrement grave que celui des dangers individuels qui nous menacent. Contre ces derniers, avec plus ou moins de prudence, on arrive à se garantir; contre le danger d'une main-mise de l'état ou de la police on est impuissant; et c'est là ce qui fait les individus sans initiative ni courage, et par suite les peuples en décadence. Donc, avant tout, défions-nous d'un régime de suspicion, qui, pour vouloir nous mettre à l'abri de tous les coups, nous menacerait incessamment du plus terrible de tous, une accusation sur la mine.

Mais la seconde éventualité n'est pas moins grave : plus de peine encourue, si celui qui a commis le crime est un être comme tout le monde que la nature ait oublié de stigmatiser des signes pathologiques qui révèlent le criminel. Admettons qu'il y ait un moyen infaillible de reconnaître l'honnête homme fourvoyé, tombé par surprise, criminel par accident, sans aucune chance de rechute pour l'avenir ; mais n'est-ce donc rien, au point de vue de la morale publique et de l'exemple, que ce brevet d'impunité à l'égard des faits les plus graves, de ceux qui choquent le plus le sentiment général, et dont la conscience populaire n'aurait même plus le droit de s'indigner, puisque la justice qui la représente se considérerait comme n'ayant pas à intervenir? Meurtres et assassinats, vols de toute catégorie, abus de confiance en soi les plus graves, tout cela faits insignifiants par eux-mêmes, n'ayant pas plus de valeur dans l'échelle de la moralité, que tout

autre acte par lequel puisse se manifester la nature intime de
l'individu! Tel regard contiendra plus de criminalité vraie
que tel coup de violence ou de brutalité qui aura fait une victime. Erreur par conséquent que l'indignation de la foule,
sa réprobation violente contre les faits criminels ; ce n'est que
la peur lâche et stupide de la bête qui se croit menacée et
veut se ruer sur l'ennemi. Mais qui sait où est l'ennemi?
Est-ce celui qui vient de tuer? Est-ce celui qui crie vengeance
contre lui ? La foule est incapable de le savoir ; qu'elle s'en
remette aux médecins et aux spécialistes ; ce sont eux qui
découvriront aux symptômes pathologiques le vrai criminel
à mettre en surveillance. La réalisation d'un crime n'est
qu'un symptôme de ce genre, le plus effrayant de tous, mais
non le plus probant. Il n'y a pas de mal en soi; l'indignation
devant le crime n'est plus qu'un mauvais sentiment, dicté
par la peur ou l'ignorance. Tel est le résultat auquel nous
aboutissons. S'il devenait jamais possible, ce serait la ruine
de tout ce qui reste encore de ressort dans l'âme humaine et
dans une collectivité humaine. Ne souhaitons jamais d'en
arriver là.

Ces conséquences ont paru si graves qu'il s'est formé, sur
la base même du déterminisme, et tout en partant du même
point de départ, une école intermédiaire dont le but principal
a été de restituer à la peine ses caractères traditionnels et sa
fonction classique. Cette école mixte, qui a eu également ses
principaux initiateurs en Italie[1] et qu'on a qualifiée du nom
de *Terza scuola*, s'est appuyée surtout sur l'action psychologique de la peine, pour revendiquer le maintien de sa fonction traditionnelle, qui est avant tout d'intimider et de prévenir le crime en agissant sur les masses. Alors même qu'elle
frappe un de ces faux criminels dont il a été question, du
moment qu'un crime a été commis, il faut qu'elle intervienne

(1) Principalement Carnevale et Alimena. Voir E. CARNEVALE, *Della
pena nella scuola classica e nella criminologia positiva e del suo fon-
damento razionale*, et B. ALIMENA, *Naturalismo critico e diritto penale*
(1892) reproduit dans *I limiti e i modificatori dell' imputabilità* (vol. I,
1894, *Introduzione*). Cf. VARGHA, *Die Abschaffung der Strafknechtschaft*
(Graz, 1896), I, p. 216.

pour apprendre à ceux qui seraient tentés de l'imiter que l'impunité ne leur est pas assurée. C'est l'idée d'intimidation et d'exemplarité. Et Alimena, l'un des chefs de cette école, insiste surtout sur cette fonction dont il fait la caractéristique essentielle et comme spécifique de la peine, celle qui la distingue des mesures de prévention contre les aliénés. Il est peut-être assez douteux en effet que l'on puisse, par une mesure exemplaire, intimider un aliéné pour l'avenir ; en tout cas ce qui est certain c'est que psychologiquement le châtiment n'agira pas sur les autres aliénés. Ils sont insensibles à l'intimidation de l'exemple. De sorte qu'à ce point de vue, au moins par ses effets psychologiques, soit individuels, soit surtout collectifs, la peine se distingue essentiellement des mesures de sûreté prises à l'égard des aliénés.

Mais ce n'est pas seulement cette fonction psychologique de l'exemplarité qu'on a voulu restituer à la peine, c'est toute sa fonction populaire, conforme au sentiment des masses, que cette école intermédiaire revendique encore pour elle ; et à ce titre elle mériterait plus qu'aucune autre le nom d'école historique, tout aussi bien sans doute que celui d'école critique qu'elle aime à se donner[1]. Car le propre de l'école historique est de suivre l'évolution des idées et de les accepter, non pas assurément sans critique, mais dans un esprit de conformité absolue entre le droit qui est dans les lois et celui qui est dans la conscience collective du peuple. Il est donc inadmissible de ne pas tenir compte du sentiment populaire qui veut qu'une réprobation publique atteigne le crime, sentiment peut-être absolument injuste, si le crime est la résultante fatale du déterminisme universel, mais sentiment dont le droit pénal, tant qu'il en sera ainsi, devra se faire l'expression. Sinon ce serait la moralité publique elle-même qui risquerait de sombrer tout entière ; et ce serait un bien autre risque pour la sécurité sociale. Ce n'est pas à dire assurément que l'on ne puisse concevoir la possibilité d'une morale sociale indépendante de l'idée de liberté, base traditionnelle de l'idée de sanction ; mais jusqu'alors cette concep-

(1) Cf. aussi CARNEVALE, *La questione della pena di morte*, cap. III.

tion est restée comme le privilège d'un petit cénacle de philosophes très délicats, d'une finesse d'analyse très pénétrante, d'une beauté d'âme toute particulière, comme a été Guyau. Peut-être aussi peut-on admettre que cette conception, en se débarrassant de ce qu'elle a encore, soit de purement philosophique chez des hommes comme Guyau, soit de trop profondément sociologique chez des savants comme M. Tarde, arrive à se généraliser, et qu'elle pénètre dans la conscience des masses. Ce jour-là, une nouvelle évolution conforme se fera dans les caractères de la peine. Jusque-là, si la loi rompait trop ouvertement avec le sentiment traditionnel, il y aurait atteinte à l'idée de moralité, puisque les bases sur lesquelles elle repose se trouveraient ébranlées, avant même que celles qui l'étaieront peut-être dans l'avenir soient déjà suffisamment édifiées. Donc, cette idée de sanction sociale, en tant qu'elle est l'expression de l'idée que les masses se font de la justice, doit subsister. Mais ce n'est, il est vrai, qu'un caractère purement temporaire destiné à disparaître lorsque les conceptions sur ce point se seront modifiées. Et c'est encore, pour le moment du moins, le second caractère spécifique de la peine. Tel est très en gros le stock d'idées qui caractérise cette école intermédiaire.

On voit donc combien ces conséquences extrêmes de ce que l'on peut appeler le syllogisme de l'école italienne sont loin d'être acceptées, même par les déterministes les plus convaincus.

Mais, voici surtout ce qui forme en quelque sorte le nœud de la question, c'est que tout repose ici sur la possibilité d'un critérium d'une précision mathématique qui permette de distinguer le vrai criminel du criminel fictif. Pour pouvoir arrêter les gens avant tout crime commis, il faut être bien sûr d'avoir affaire à un criminel prêt à commettre tous les crimes ; sinon, c'est la liberté de tout le monde qui est menacée. Et, à l'inverse, pour accorder un brevet d'honnête homme à un voleur ou à un meurtrier, il faut être bien sûr, là encore, de ne pas se tromper. Il faut un signe caractéristique de l'honnêteté aussi infaillible que le critérium de la criminalité. Si ce critérium existe, tout le système, pratiquement, peut fonctionner. S'il n'existe pas, tout s'écroule par la base, ou à peu près.

Et, voilà pourquoi le type criminel de Lombroso était un élément si important du système. Aujourd'hui que le type criminel est de plus en plus discrédité, un peu de tous les côtés, les partisans de l'école italienne déclarent que cela ne touche en rien aux idées fondamentales et aux conséquences qui en découlent. Théoriquement c'est possible; pratiquement c'est tout le système, au moins dans ses grandes lignes, qui devient incapable de fonctionner. Avec le type criminel pathologique, tout était simple et facile : telle conformation crânienne, tel angle facial, et autres symptômes de ce genre, et l'on était classé à coup sûr. Le diagnostic était aussi infaillible que celui de la tuberculose. Alors on pouvait arrêter les gens et les mettre en prévention, ou chercher à les guérir, avant même qu'ils eussent commis leur premier crime. Et, de même, si le crime était commis par un individu à conformation normale, on pouvait l'exempter à coup sûr de toute mesure pénale. C'était un faux criminel. Non seulement on pouvait reconnaitre le vrai criminel et le distinguer du faux, c'est-à-dire du criminel purement fictif, facteur de crime mais non de criminalité, distinguer aussi l'incorrigible de l'amendable ; mais c'étaient toutes les variétés de criminels qui se reflétaient dans la conformation pathologique. Il y avait le type de l'assassin et celui du voleur ; le type du criminel politique et bien d'autres encore ; même les variétés d'assassins pouvaient s'y découvrir. Cette découverte était une merveille. Il suffisait de quelques procédés de mensuration pour savoir à qui on avait affaire. La justice pénale était sûre à l'avenir d'éviter toute erreur judiciaire. Et alors même qu'on se fût trompé sur la question de preuve et de matérialité du crime et qu'on eût condamné un innocent, cela n'aurait plus d'importance. Car le fait d'avoir commis un crime n'est plus que le fait accessoire. Ce qui prime tout, c'est d'avoir mis la main sur un individu à type criminel nettement caractérisé. C'est son crâne qui le fait coupable, et non son crime.

Il est vrai que cette justice, si sûre d'elle-même, aurait son revers ; et Lombroso ne le nie pas. C'est que, si la criminalité est une maladie pathologique à forme chronique, dérivant du tempérament ou d'un germe héréditaire, il n'y a plus d'espoir de la guérir, c'est un fait de conformation physique. On ne réforme pas le fond du tempérament, ce qui forme la constitution congénitale d'un individu. Il en serait ainsi surtout dans l'explication de Lombroso qui voit dans la criminalité congénitale comme un phénomène de régression, et comme la survivance, ou la réapparition, dans nos sociétés modernes, de l'homme primitif qu'étaient nos ancêtres. Ce serait une race à part. Aussi pour les malheureux affectés des symptômes somatiques du crime, plus d'espoir ni d'amendement possibles. Il n'y a qu'à les éliminer sans merci. Ce sont des insociables ; ce sont les éléments morbides et inassimilables du corps social. Qu'on s'en débarrasse comme on a fait en Amérique des malheureux Indiens ! L'idéal de l'école de Lombroso serait donc la justice du moyen âge, la potence dès le premier vol, tout au moins pour les voleurs de tempérament. C'est la justice pénale du xv siècle qui aura mis en pratique, partiellement tout au moins, les théories de l'école italienne. Et c'est à cela qu'il faudrait revenir encore aujourd'hui, avec toutes les incertitudes et tout l'arbitraire du xv siècle.

C'est qu'il faut bien reconnaître en effet que la seule base de sécurité du système, le type criminel, n'existe pas, ou du moins ne se prête, jusqu'alors, à aucune formule de détermination précise[1]. Certes, personne ne peut nier qu'il n'y ait des déformations pathologiques très reconnaissables chez la plupart des criminels. Ce sont presque toujours des signes de

<hr>

(1) Pour la bibliographie voir le manuel de Liszt (*Lehrbuch*), éd. 1905, § 14. not. 2 (p. 69) et les auteurs cités à la note suivante. On trouvera dans la *Revue pénitentiaire* quelques aperçus intéressants de M. Granier, sur l'une des éditions de l'*Uomo delinquente* (Turin. 1897). — *Revue pénitentiaire*, 1897. p. 1410. Cf. aussi Frassati, *Lo sperimentalismo nel diritto penale.* (Turin, 1892) Comme réfutation des théories de l'école italienne. voir parmi les livres publiés ou traduits en français, le beau livre de Lucchini, *Le droit pénal et les nouvelles théories; cf.* Albert Desjardins, *La méthode expérimentale appliquée au droit criminel en Italie* (Paris, 1892); et Vidal, *Principes fondamentaux de la pénalité.*

dégénérescence, tantôt héréditaire, tantôt acquise. Mais il a été impossible de ramener tous ces symptômes à un signe caractéristique infaillible qui se retrouve chez tous et qui soit forcément la marque de la criminalité, à plus forte raison celle de telle ou telle variété de criminels. Il y a des criminels de race, très pervertis, dépourvus de tout sens moral, qui ont perdu tout sentiment de pitié et de probité, et qui ont la conformation normale des plus honnêtes gens. Et, à l'inverse, il y a des gens qui ont le type de dégénérés, présentant toutes les déformations lombrosiennes, qui peuvent être, c'est très probable, des névropathes et des inutiles dans la vie, mais qui n'ont jamais commis de crime, qui n'en commettront jamais, qui parviennent même quelquefois, s'ils rencontrent un milieu favorable ou une assistance morale qui les sauve, à se garder des voies irrégulières et à faire honnêtement leur chemin dans la vie. Ils arrivent à leur tiers de siècle, à leur moitié même, sans avoir commis de crime, qui donc oserait les accuser uniquement sur la forme de leur visage ?

Mais, d'autre part, le plus souvent ces déformations sont acquises plutôt qu'héréditaires et congénitales. Elles proviennent de l'habitude du vice ; et, pour les récidivistes, elles proviennent de l'habitude du crime. C'est le type du métier[1]; c'en est la marque indélébile. Elles proviennent aussi de l'habitude de la prison. C'est en effet une constatation d'expérience que le milieu où l'on vit vous imprime ses stigmates ; le type physique, pour tous les gens d'une même profession, par la fréquentation même et la similitude de vie, par la répétition des mêmes habitudes et comme des mêmes gestes, sinon des mêmes préoccupations, tend à s'uniformiser. Cela se voit dans tous les métiers ; et le crime,

---

(1) Voir sur ce point le livre si important de BAER, *Der Verbrecher in Anthropologischen Beziehung* (Leipzig, 1893). Cf. surtout TARDE le chapitre : *Le type criminel*, dans *Criminalité comparée* ; PUYBARAUD, *Les malfaiteurs de profession*, passim ; DOSTOIEVSKY, *Souvenirs de la maison des morts* (3ᵉ éd.), p. 13 suiv. ; MORRISON, *Crime and its causes* (Lond., 1891), ch. VII. Cf. le livre L. FERRIANI, *Delinquenti, scaltri e fortunati* (Como, 1897) ; se reporter aussi au beau chapitre de M. Joly sur l'organisation... des criminels : Henry JOLY, *Le crime*, p. 277 suiv.

pour certains individus, pour beaucoup malheureusement, est un métier. Il devient donc très difficile de distinguer parmi ces signes pathologiques ce qui est congénital et inné, et ce qui est acquis et artificiel.

Et cependant la criminalité acquise par contagion n'a pas la même valeur pathologique que la criminalité de naissance. Elle est tantôt plus grave, tantôt moins. Tant que la criminalité de naissance reste en germe et n'a pas encore éclaté, il y a espoir de la prévenir, tandis que celle qui vient de l'habitude ou du milieu se manifeste avec toute la violence d'une crise qui bat son plein. Mais, à l'inverse, cette même criminalité acquise sera souvent d'une guérison moins désespérée que celle qui est héréditaire. Même, pour ne parler que de cette dernière, il n'est pas indifférent de prendre parti sur ses origines : vient-elle d'une survivance de race ou d'une dégénérescence plus ou moins rapprochée ? Dans le premier cas, c'est une race primitive qui revit dans tout ce qu'elle a d'irréductible ; dans le second c'est une race nouvelle qui s'est substituée à l'ancienne : n'y aurait-il pas dans cette dernière hypothèse comme un dernier espoir d'une substitution nouvelle, qui fasse revivre là aussi, non plus l'homme primitif, du moins l'homme antérieur, dans ce qu'il était avant sa déchéance ? Or, si pour toutes ces phases de la criminalité individuelle, les signes pathologiques sont les mêmes, comment distinguer de prime saut à quel individu on a affaire ? Comment ne pas s'exposer à tout confondre, criminel né chez lequel la criminalité ne s'est pas encore manifestée, même à l'état de perversité morale, et criminel d'exercice, criminel héréditaire et criminel par contagion ? Où trouver les signes symptômatiques faisant entre tous la sélection nécessaire ? Cela n'existe pas. Et ce qui est dangereux, par conséquent, ce n'est pas l'absence de symptômes somatiques criminels, c'est qu'il y en ait. Précisément, parce qu'il y en a, et ceci n'est guère contestable, si on voulait leur attribuer une valeur absolue et comme exclusive, ainsi que le voudrait Lombroso, l'application de la peine deviendrait la pire des loteries. C'est qu'en effet, dans cet ordre d'idées, tout est irrégulier, sans que les rapports entre le moral et le physique nous apparaissent comme soumis à des lois susceptibles de détermination scientifique, du moins avec les instruments et les moyens dont nous disposons. Tout cela est donc encore inacceptable [1].

Que reste-t-il donc de l'école italienne, si l'on en écarte la théorie du type criminel de Lombroso ? Ce qu'il en reste, ce sont les quatre formules suivantes : 1° la peine n'est encore qu'une simple mesure de prévention qui ne se distingue pas des mesures de sécurité employées à l'égard des aliénés ; 2° la peine n'est pas la seule mesure de prévention à prendre à l'égard du criminel ; on peut lui substituer toute une série de mesures, tant économiques ou sociales que purement individuelles, ayant pour but de prévenir ou de guérir la criminalité latente chez l'individu ; 3° la peine n'étant plus une sanction, mais une sorte de traitement individuel, elle ne peut pas être fixée d'avance par la loi à raison d'un crime abstrait considéré uniquement dans sa matérialité objective. On ne peut pas dire à l'avance en médecine combien de temps mathématique doit durer le traitement d'une maladie déterminée ; cela dépend du malade. De même en criminologie, il est absurde de fixer à l'avance, sans connaître l'individu, la nature et la durée de la peine. L'axiome juridique que la loi seule doit fixer le maximum de durée des peines n'a plus de sens ; 4° le crime garde sa valeur purement symptômatique. Sans doute, si le type criminel de Lombroso fait défaut, on ne peut plus admettre la mise en prévention de prétendus criminels n'ayant jamais commis de crime ; mais le fait de la réalisation du crime n'a encore d'autre valeur que de confirmer légalement les pronostics révélés par les symptômes d'ordre divers qui laissaient entrevoir la criminalité organique de l'individu. S'il en est ainsi, il est absurde d'admettre que la liste des crimes puisse être fixée par la loi d'une façon limitative ; il peut y avoir bien d'autres faits anormaux, bien d'autres actes de criminalité que ceux prévus par la loi. C'est au juge, éclairé par les progrès de la science, à fixer la notion du crime.

(1) Cf. le beau livre de COLAJANNI, *Sociologia criminale*, et une fort intéressante conférence de M. PRINS, *La criminalité et l'état social* (Bruxelles, 1890).

On comprend l'intervention de la loi, tant qu'il s'agit d'apprécier le crime d'après sa gravité sociale ; mais ce point de vue est hors de cause. Ce n'est plus qu'un élément de diagnostic judiciaire. Il faut donc que le juge, chargé de ce diagnostic, ait le droit d'accepter comme symptômes criminels tous les faits anormaux, tous les actes ayant une valeur similaire et faisant preuve de la criminalité. Si le type criminel fait défaut, c'est une raison de plus pour que l'on puisse admettre pour le remplacer tous les éléments de preuve, et tous les signes symptômatiques, qui doivent constituer le diagnostic judiciaire de la criminalité. C'est donc l'abolition de cette autre règle, admise par toutes les législations : nulle peine, nul délit, sans un texte de loi qui définisse le délit et prononce la peine. Autant dire qu'il n'y a plus de droit pénal et que le code pénal doit être abrogé.

Toutes ces conséquences pourraient en somme se ramener aux deux idées suivantes dans lesquelles elles se résument : le crime n'a par lui-même qu'une valeur symptômatique ; il est révélateur de la criminalité et des degrés de criminalité individuelle chez l'agent. La peine n'est plus la sanction du crime, mais l'une des mesures de prévention à prendre contre la criminalité individuelle, mesure de guérison si la guérison est possible, mesure d'élimination définitive, s'il n'y a plus aucune chance d'amendement. Tout se ramène par conséquent à des classifications de criminels et à des procédés d'individualisation.

C'est l'individualisation de la peine substituée purement et simplement à tout procédé de sanction légalement fixée par avance d'après la matérialité du crime ; individualisation faite, non pas d'après le crime, mais d'après la criminalité organique, latente ou déclarée, de l'individu. C'est le seul point de vue qui subsiste : la notion de responsabilité disparaît, l'individualisation la remplace ; et nous arrivons ainsi, sur le terrain même et dans l'ordre d'idées où se place l'école italienne, à cette définition de l'individualisation, qui ne serait pas autre chose que l'appropriation des moyens répressifs au but à atteindre, lequel est l'élimination de la criminalité, soit par la réforme morale du criminel, soit par sa mise à l'écart, s'il est irréformable, donc l'adaptation de la peine à la nature psychologique du criminel[1].

Il faut être reconnaissant, très reconnaissant, à l'école italienne d'avoir enfin appelé l'attention sur cette nouvelle face de l'individualisation de la peine, et d'avoir substitué ainsi l'individualisation fondée sur la nature de l'agent à l'individualisation néo-classique fondée sur la responsabilité. Il ne faudrait pas oublier sans doute que, dès 1869, Walhberg, en même temps qu'il lançait dans la circulation le mot même d'individualisation, établissait déjà, avec une richesse de détails qui aujourd'hui encore a gardé toute son importance, tout le rapport indispensable entre la subjectivité psychologique de l'individu et la détermination de la peine[2]. Mais il n'en faut pas moins reconnaître que pour donner au principe nouveau toute son ampleur, et, plus encore que sa portée, son fondement définitif, il fallait la construction à base de solide logique de l'école italienne.

Il faut lui être reconnaissant de bien d'autres choses encore ; ne serait-ce que d'avoir montré, par sa logique imperturbable, jusqu'où doivent conduire les déductions à tirer du déterminisme absolu, et de nous avoir par suite nettement éclairés sur ce que serait le droit pénal de l'avenir, si cette philosophie pratique se substituait jamais chez les masses au sentiment traditionnel et à la conception populaire de la responsabilité. Il faut lui être reconnaissant aussi d'avoir élargi la conception de la fonction judiciaire en matière pénale et d'avoir enfin fait admettre que le juge n'est pas le distributeur mécanique d'une peine légale, mais qu'il a surtout à remplir une fonction de politique criminelle, pour laquelle en effet la peine, en tant que peine, ne suffit pas toujours, et qui doit se compléter par l'admission de mesures d'éducation et de prévention mises à la disposition du juge.

(1) Cf. sur ce point tout un chapitre important de VARCHA, *Die Abschaffung der Strafknechtschaft* (vol. II, 1897), ch. VII, p. 119 suiv., et cf. (vol. II), p. 504.

(2) WAHLBERG, *Das princip der Individualisirung in der Strafrechtspflege* (Vienne, 1869). Voir surtout le ch. VI, p. 144 suiv., et cf. p. 160.

Enfin, il faut lui être reconnaissant de tous les problèmes qu'elle a soulevés, de toutes les questions qu'elle a remuées, et surtout d'avoir produit des œuvres, comme la Criminologie par exemple de Garofalo, qui est bien, pour les jurisconsultes tout autant que pour les sociologues, l'une des productions les plus caractéristiques et les plus suggestives de la littérature pénologique de notre temps, l'une de celles qui suggèrent le plus d'idées neuves et qui puissent rendre le plus de services pour la réforme de nos vieilles législations criminelles.

Mais il s'agira maintenant, dans ce stock d'idées neuves, de faire la part de ce que l'on peut considérer comme l'erreur et de ce que l'on doit en garder comme étant, dans l'état actuel des choses, la vérité[1].

(1) Pour bien pénétrer le mouvement d'idées qui se rattache à l'Ecole italienne, il convient de se reporter aux travaux des Congrès internationaux d'anthropologie criminelle organisés par les adeptes de cette école et dont on trouve le compte rendu très détaillé dans les *Archives de l'anthropologie criminelle et des sciences pénales*, publiées sous la direction du Dr LACASSAGNE : Congrès de Rome, en 1885 (*Archives*, 1886); de Paris, en 1889. (*Archives*, 1889) ; de Bruxelles, en 1892 (*Archives*, 1892) ; de Genève, en 1896 (*Archives*, 1896) ; d'Amsterdam, en 1901 (*Archives*, 1901). Il résulte de ces divers congrès, notamment de celui d'Amsterdam, que le point de vue anthropologique que l'on considère, peut-être à tort, comme ayant été l'unique point de vue de Lombroso, au moins à ses débuts, tend à diminuer d'importance au sein même de l'école italienne, pour laisser une place toujours plus grande aux causes sociales du crime, sous l'influence de FERRI. Voir sur ce point un important compte-rendu du Congrès d'Amsterdam par FERRI. *Le Ve Congrès d'anthropologie criminelle (Revue scientifique)* 1902, p. 331); lire également sur ce même Congrès un très intéressant rapport de M. GAUCKLER. à la Société des prisons, suivi d'une discussion générale et d'assez longues observations critiques de M. TARDE (*Revue pénitentiaire*, 1901, p. 1458).

Cependant l'Ecole italienne se refuse, en dépit des critiques, à répudier entièrement la conception du criminel-né (Voir, à ce propos, un article de M. CUCHE, *L'Eclectisme en droit pénal* (*Revue pénitentiaire*, 1907, p. 944 et suiv.)

Pour ce qui est de la classification des criminels, pour la littérature la plus récente sur le sujet, voir la bibliographie dans les dernières éditions du Manuel de droit pénal (*Lehrbuch...*) de von LISTZ et les dernières éditions également des ouvrages devenus classiques des principaux représentants de l'école italienne. — Cf. également, dans le beau livre de SIR ROBERT ANDERSON, *Criminals and Crime* (Londres, 1907), principalement le chapitre VII p. 102 et suiv.; et, à propos du livre d'Anderson, un article des plus importants de SIR ALFRED WILLS, *Criminals and*

Crime dans *The Nineteenth Century and after* (n° de décembre 1907), p. 879, et principalement pp. 884-894. En réponse à cette étude si remarquable, on trouvera, dans la même Revue (n° de janvier 1908, p. 80 et suiv.) et sous le même titre (*Criminals and Crime*), quelques observations personnelles d'un ancien prisonnier (H.-J.-B. Montgomery), desquelles il y a à retenir surtout un avis assez peu favorable au système des sentences indéterminées et une appréciation, qui paraît assez juste, de l'effet déprimant des sentences à long terme, mais aussi à côté de cela des vues qui semblent bien peu exactes, sur certains points tout au moins, en ce qui touche les délinquants professionnels. Ce dernier point a été réfuté dans une réplique décisive de Sir Robert Anderson, parue dans le numéro suivant de la *Nineteenth Century* (février 1908, p. 199), toujours sous le titre de *Criminals and Crime*. — Voir aussi, pour un essai intéressant de classification par l'administration elle-même, et comme application du régime de la prison, un rapport des plus suggestifs de M. Antoine Ballvé, directeur du Pénitencier de Buenos-Ayres (*Le Pénitencier national de Buenos-Ayres*), dans *Archivos de Psiquiatria y criminologia*, du Dr José Ingegnieros, professeur à l'Université de Buenos-Ayres (n° de mai-juin 1907, p. 264 et suiv.) ; et enfin de M. le professeur José Ingegnieros, *Nuova classificazione dei delinquenti* (2° ediz.), parue dans la *Biblioteca di Scienze Politiche e Sociali* (chez Remo Sandron, Milan).

Add. la seconde étude de Reinhard Frank, *Vergeltungsstrafe und Schutzstrafe. — Die Lehre Lombrosos* (Zwei Vorträge), Tübingen, Mohr, 1908.

CHAPITRE VI

RESPONSABILITÉ ET INDIVIDUALISATION

La thèse de l'école italienne se présente comme un bloc d'ensemble, solide et compact. Nous avons vu cependant que, prise sous cette forme et dans son intégrité, avec toutes ses conséquences, elle était inadmissible. Il s'agit donc d'entamer le bloc, et, parmi les éléments qui le constituent, de faire une sélection qui s'impose.

Car il ne suffit pas pour cela de juger le système par ses conséquences pratiques. C'est ce dont quelques criminalistes cependant paraissent se contenter ; et cet empirisme n'est pas sans déconcerter quelque peu et sans laisser planer quelque incertitude sur l'ensemble même de leurs idées. C'est ce qui arrive par exemple même pour Liszt : il n'accepte pas les conclusions de Lombroso sur l'existence d'un type criminel anthropologique [1], il repousse également certaines solutions pratiques qui paraissent se déduire des prémisses posées par l'école italienne ; mais il en accepte d'autres qui impliquent le même point de départ. On sent une préoccupation, d'une grande et haute sincérité scientifique, en vue de mettre le système au point ; mais jusqu'alors la ligne directrice semble un peu flottante. Non pas que les conclusions ne soient très nettes et très précises, et la plupart sont excellentes, nous le verrons. Mais c'est le fondement même de ce système intermédiaire qui semble rester quelque

(1) Liszt, *Lehrbuch des deutschen Strafrechts* (édit. 1905), p. 72, not. 5.

peu incertain ; il est très visible qu'un critérium très fixe et très sûr fait défaut.

Voici surtout les deux conséquences principales qui ont paru inadmissibles.

Avec le discrédit du type criminel de Lombroso, la théorie d'une criminalité purement de prévention, tombant sous le coup de la loi avant tout crime commis, est aujourd'hui repoussée par tout le monde. Ce serait le régime des suspects ; nous n'en voulons pas et personne n'en veut. Il y a une seconde conséquence pratique du système dont Liszt ne veut pas davantage. C'est l'idée de l'abolition complète de la législation pénale, c'est-à-dire d'un système légal d'incriminations, l'abolition par conséquent de la règle : nulle peine, nul délit, sans texte. Cette règle est le dernier rempart, comme Liszt ne cesse de le dire, de la liberté individuelle. Permettre au juge d'inventer à son gré de nouvelles incriminations, c'est ouvrir la porte à l'arbitraire et à toutes les mainmises du pouvoir, et, par suite, de la politique, sur la liberté. Ceci encore est inacceptable [1].

Quant au reste, Liszt l'accepte, ou à peu près [2]. Lizst est un déterministe convaincu ; mais beaucoup de criminalistes le sont également qui n'en restent pas moins de purs classiques. Liszt a déjà démontré depuis longtemps que cette position fausse n'était pas défendable. Sans l'idée de liberté, pas de sanction possible ; le point ne peut plus guère faire doute aujourd'hui [3]. La peine, pour n'être plus la sanction d'un mal moral, n'en restait pas moins un moyen social très différent des moyens de police dont la société use à l'égard

(1) Voir surtout Liszt, *Die Deterministischen Gegner der Zweckstrafe*, § 5 (Zeits. f. d. ges. S. R. W., t. XIII, p. 354 suiv.).

(2) Voir à ce sujet un article intéressant, mais qui doit être lu avec précaution, en se mettant en garde contre certains partis pris, de Birkmeyer, *Die Strafgesetzgebung der Gegenwart in rechtsvergleichender Darstellung* dans la même Revue, t. XVI, p. 93.

(3) Liszt, principalement dans l'article précité, *Die deterministischen Gegner der Zweckstrafe*. Cf. G. Fulliquet, *Essai sur l'obligation morale* Paris, F. Alcan, 1898), p. 160 suiv., et le rapport de M. Garraud au congrès de l'Union internationale du droit pénal, *De la notion de la responsabilité morale et pénale* (Bulletin de l'Union intern. de dr. pén., t. VI (1897), p. 330).

des aliénés. Car la criminalité chez l'individu a beau ne pas lui être foncièrement imputable, elle n'en est pas moins la constatation d'un fait qui indigne, qui répugne et qui soulève une révolte générale parmi ceux qui en sont les témoins, ne serait-ce que comme la constatation d'une laideur morale. Un homme se révèle comme prêt à toutes les audaces, portant en lui non seulement toute la virtualité du crime, mais déjà sa réalité : il a comme extériorisé toute l'anormalité morale qui est en lui, il a voulu voler, et pour voler il a tué. C'est un dissemblable. Et cependant cet être dissemblable, et comme désassocié, perçoit les mêmes sensations intellectuelles que le reste de ses semblables ; son cerveau fonctionne normalement, il comprend, il raisonne juste, il n'y a que sa conscience qui sente différemment. Il est donc impossible de mettre cette anomalie de conscience sur le compte d'une perturbation physique ou morbide ; c'est une anomalie toute interne, constitutive de son individualité propre et de son caractère. Si l'on pouvait encore parler d'âme — du moins le pourrait-on toujours dans un sens purement symbolique, — on dirait que c'est son âme seule qui est à la fois le siège et la source de la criminalité qui est en lui : il se distingue ainsi de l'aliéné, dont la nocuité reste une force aveugle et toute inconsciente, provenant d'une morbidité physiologique, qui fait de lui non seulement un dissemblable, mais comme un étranger à notre être moral. Donc, déjà par la conscience même que nous avons tous de la différence instinctive à faire entre l'aliéné et le criminel, sentons-nous une distinction à établir entre les moyens d'action que la société doive employer envers chacun d'eux ; et à cette différence d'appréciation correspond l'idée de responsabilité.

Mais, en dehors de cette appréciation toute psychologique, tirée de l'origine psychologique elle-même de la criminalité, la peine se distingue encore, et cela matériellement et comme forcément, des moyens de police préventive à l'égard des aliénés, par ses propres effets psychologiques, et c'est sur ce point surtout, comme on l'a déjà vu, qu'Alimena avait insisté. Et dût-on même effacer toute différence de nature juridique entre les mesures de sûreté contre les aliénés et les mesures de répression contre les criminels, que ces dernières en différeraient toujours par leurs effets, et par suite par leur organisation même. Les moyens qui servent à guérir les fous ne seront jamais ceux qui serviront, soit à intimider, soit à réformer les criminels.

Restait donc à définir la responsabilité, en dehors bien entendu de toute idée de libre arbitre, et, par suite, cette responsabilité de caractère social ou sociologique dont il a été question ; et surtout restait à lui donner une forme juridique qui fût de nature à servir de base à la séparation qu'il fallait maintenir, au point de vue des moyens, soit préventifs, soit curatifs, soit défensifs, entre aliénés et criminels. Certes, on croyait avoir enfin trouvé une formule qui pût satisfaire tout le monde. Après avoir longtemps parlé de discernement, on avait fini par comprendre qu'il n'y avait là qu'un facteur, et non le seul, de l'individualité morale, et qu'il fallait en outre tenir compte de la force et du fonctionnement de la volonté, de tout l'ensemble de la personnalité morale ; et l'on avait fini par s'en tenir à l'idée de normalité. L'homme à l'état normal était l'entité capable de responsabilité ; et comme cette normalité se rapportait surtout à la volonté et qu'il n'y a pas de volonté sans détermination et conditionnalité par rapport aux motifs qui la mettent en mouvement, c'était donc à la faculté pour l'homme de se déterminer par voie de motifs que cette normalité devait se référer. De sorte qu'en réalité elle finissait par se rapporter aux motifs eux-mêmes ; elle consistait à subir à la façon des autres hommes l'influence des motifs ordinaires qui régissent la conduite et les actions humaines, tels que ceux tirés de la religion, de la morale et de toutes les idées courantes. Ne plus subir cette influence, ne plus se laisser impressionner par ce qui impressionne tous les autres, arriver d'abord à ne plus sentir ces motifs, puis peu à peu à ne plus les comprendre, c'est s'éloigner de la normalité, jusqu'à ce que l'on en arrive à subir, sur l'impulsion des motifs ordinaires et normaux, un contre-coup et comme une réaction et un mouvement réflexes, en tout point contraires à ce que ressentent les autres hommes, ou même à paraître, ce qui n'est jamais qu'une apparence, même pour les fous, se décider sans motif ; et alors on est au pôle extrême, celui de l'anormalité absolue, constitutive de l'aliénation mentale. Les degrés intermédiaires constituent le passage de l'un des pôles à l'autre, de la responsabilité à l'irresponsabilité[1]. Telle était la thèse et on la croyait vraiment solide et définitive.

Pure illusion ! Et Liszt lui-même, s'est chargé de la faire disparaitre[2]. Il l'a comme percée à jour ; et la sensation qu'on en a éprouvée alors parait avoir été profonde, à en juger par toutes les réfutations que le manifeste, puisqu'on peut vraiment lui donner ce nom, a suscitées, et par le nouvel article que Liszt leur a consacré[3]. Qu'est-ce donc en effet que cette normalité en ce qui touche la faculté de se laisser déterminer par voie de motifs ? Sera-ce uniquement sur le terrain pathologique qu'on en cherchera les éléments ? Mais il faudrait être sûr que tous les aliénistes seront d'accord sur la définition de la folie. Puis, cela ne s'entendra jamais en tout cas que de l'aliénation constitutive d'un état chronique antérieur au crime. Mais la folie, même pathologique, qui se révèle par le crime même et concomitante au crime, qui éclate avec lui, ou plutôt qui se manifeste par lui, en trouvera-t-on la formule dans le diagnostic traditionnel de l'aliénation à l'état chronique ? Et cependant, pour être une crise aigüe et peut-être absolument passagère, elle n'en est pas moins une crise pathologique. Et la folie qui ne se révèle qu'après coup, comme la folie morale, mais qui est précédée d'une période d'incubation pendant laquelle la normalité cérébrale reste intacte, tandis que la normalité

(1) Cf., sur tous ces points, Liszt, *Die Strafrechtliche Zurechnungsfähigkeit* dans Zeitsch. f. die ges. Strafrechtswissenschaft, t. XVII, p. 75 et suiv. On trouvera un aperçu de cet important rapport de Liszt, donné par M. Roux dans *Revue pénitentiaire*, 1897, p. 970.

(2) Il s'agit du rapport devenu aujourd'hui célèbre de Liszt au troisième congrès international de psychologie en 1896 et reproduit par Liszt dans sa Revue, sous le titre *Die Strafrechtliche Zurechnungsfähigkeit* (Z., XVII, p. 70).

(3) Liszt, *Die Strafrechtliche Zurechnungsfähigkeit : Eine Replik.* Z., t. XVIII (1898), p. 229 suiv. On lira surtout avec fruit sur le rapport de Liszt de 1896 une importante étude de Stooss, *Von Liszts Angriffe auf die Zurechnungsfähigkeit* dans Revue pénale suisse, t. IX (1896), p. 417 suiv.

morale disparaît peu à peu, comment en trouver la preuve, au moment de l'acte, en dehors des éléments purement psychiques par lesquels se révèle l'anormalité des réactions volontaires par rapport aux motifs et impulsions psychologiques?

Mais surtout il ne faudrait pas croire que l'on pût toujours se contenter d'un pur diagnostic pathologique et s'en remettre uniquement aux aliénistes. Il y a tous les cas de perturbation morbide, donnant lieu à ce que l'on a appelé la responsabilité partielle, et où forcément le degré de morbidité cérébrale et psychique ne peut se mesurer, en ce qui touche la responsabilité pénale, que par le degré d'anormalité des volitions par rapport aux mobiles déterminants[1].

Puis, il ne faudrait pas oublier qu'à côté de ces déchéances de la normalité par rapport aux adultes, il y a le développement constitutif de cette normalité psychologique elle-même et la question de savoir par conséquent, par rapport aux adolescents, quand elle est acquise. Ici, il ne peut plus être question de morbidité pathologique, il n'y a plus de maladie en jeu. Pour savoir quand un mineur peut être considéré comme responsable, on ne peut plus s'en remettre aux aliénistes ni aux médecins ; les législations d'autrefois prenaient pour critérium le fait du discernement. On a senti que c'était insuffisant, car c'est l'élément purement intellectuel de la responsabilité, et il faut tenir compte de la formation de la volonté et du caractère en général. Aussi les législations en projet, comme l'avant-projet suisse, parlent de la maturité intellectuelle et morale ; cela revient à dire l'acquisition de la normalité psychologique, et ce n'est pas une définition. Ce qui résulte de là en tout cas, et d'une façon très sûre, c'est

(1) On trouvera sur tous ces points d'utiles renseignements et de très justes observations, quoique la thèse générale de l'ouvrage paraisse difficilement acceptable, dans le livre de GRETENER, *Die Zurechnungsfähigkeit als Gesetzgebungsfrage* (1897). C'est une critique très vive et peu justifiée du système de l'avant-projet suisse reproduisant le système français d'un critérium purement pathologique d'irresponsabilité. Mais sur toutes ces questions, c'est toujours à MAUDSLEY qu'il faut revenir, voir *le Crime et la folie*, ch. v et vi ; et *la Pathologie de l'esprit*, ch. vii et viii. (Paris, F. Alcan).

que les constatations pathologiques n'interviennent au point
de vue pénal que pour établir les anormalités psychologiques
et que ces dernières seules en définitive constituent le critérium fondamental de l'idée de responsabilité ou d'irresponsabilité; et alors, de même que cette normalité psychologique n'est pas d'acquisition originaire et toute spontanée,
mais d'acquisition lente et de formation progressive, de même,
une fois acquise, elle peut disparaitre et se perdre; et cet
état de déchéance ou d'absolu renversement des termes doit
correspondre aux mêmes interversions dans le rapport existant entre responsabilité et irresponsabilité. C'est ainsi qu'il
n'est pas douteux que chez le criminel endurci, le professionnel ou l'incorrigible, les réactions morales ne se font
plus, ou se font d'une façon anormale. Si la normalité psychologique des réactions de la volonté est le critérium de la
responsabilité, il va de soi que cette normalité existe encore
à un degré beaucoup moindre chez le criminel, devenu l'être
à part que nous savons, le dissemblable par excellence, que
chez le mineur, ou même chez l'enfant aux approches de l'adolescence, celui que la loi déclare totalement irresponsable, et
dont cependant la conscience s'éveille et se forme au contact
de la moralité ambiante. L'abime qui le sépare de l'adulte
est moins profond que celui qui sépare de l'homme normal
le criminel endurci, qui a éprouvé précisément la transition
passagère de l'état de moralité normale, pour passer à l'état
définitif d'amoralité constitutionnelle. Il n'est pas douteux
que le criminel par nature constitutionnelle est un irresponsable. Nous le disions déjà en nous plaçant sur le terrain de
la liberté, et au point de vue de la responsabilité fondée sur
l'idée de libre arbitre. Si on laisse de côté l'idée de libre
arbitre pour s'en tenir à l'idée purement pathologique et psychologique de normalité, l'on arrivera forcément aux mêmes
conclusions, et Liszt, dans sa haute conscience scientifique, a
dû le reconnaitre; non pas que nous eussions voulu donner
ici un exposé et comme une reproduction exacte du développement de ses idées, mais plutôt comme l'impression d'ensemble que devaient suggérer les quelques points qu'il a si
nettement et si vivement mis en lumière; et de cette impres-

sion se dégage la conclusion même à laquelle il arrivait : le vrai criminel, le criminel de nature et par état psychologique n'est plus un responsable[1].

Il faut donc en conclure que les mesures qui lui seront applicables, ce que nous appelons les peines de sûreté ou d'élimination, ne seront plus des peines au sens juridique du mot, mais cette fois de véritables mesures de police préventive, analogues à celles que l'on prend à l'égard des aliénés. D'autres avaient entrevu déjà le rapprochement, en se plaçant par exemple au point de vue des effets psychologiques de la peine, et, en admettant que les réactions psychologiques qui en résultent normalement fussent le caractère spécifique de la peine elle-même. Stooss par exemple insistait déjà sur ce point. Il est très visible en effet que sur certaines natures perverties à fond la peine proprement dite ne produit plus d'effet ; pour ces sortes de natures il n'y a plus rien à attendre d'elles[2]. Il faut à leur égard autre chose que des peines ordinaires ; car la peine normale vise à être un instrument de moralisation, elle vise à une influence psychologique. A l'égard de certains criminels de race, il n'y a plus d'espoir du côté moral ou psychologique, il n'y a plus qu'à les éliminer comme l'on ferait d'un être dangereux sur lequel on n'ait plus de prise. Ils n'ont plus la capacité pénale. De même que les enfants ne l'ont pas encore, alors même qu'au fond ils seraient déjà responsables, de même le criminel de criminalité constitutionnelle a perdu son aptitude psychologique à la peine : il est redevenu un incapable au point de vue pénal[3]. Mais l'incapacité pénale n'est pas forcément l'irresponsabilité. Stooss se contentait de dire, ou du moins il semble bien que ce fût sa pensée, que les moyens

(1) Voir sur tous ces points l'importante discussion qui eut lieu au congrès de Lisbonne et surtout le discours de M. Van Hamel dans *Bulletin de l'Union intern. de dr. pén.*, t. VI (1897), p. 468 suiv., p. 472.

(2) Peut-être en est-il de même à la longue de l'effet déprimant des peines à long terme (Voir l'article déjà cité de Montgomery, *Criminals and Crime*, dans the *Nineteenth Century*, 1898, p. 86).

(3) Cf. Stooss dans l'article cité (*Revue pénale suisse*, IX, p. 417 suiv.), et voir une leçon tout à fait magistrale de Stooss, à l'ouverture de son enseignement de droit criminel à l'université à Vienne, *Der Geist der modernen Strafgesetzgebumg*, et reproduite par la *Revue pénale suisse* (1896), IX, p. 269 suiv.

répressifs à prendre à leur égard eussent cessé d'être des peines par leur caractère spécifique : à leur égard il fallait autre chose, l'élimination et la mise en sûreté. Mais tout ceci n'équivaut pas forcément encore à un aveu d'irresponsabilité, car ce n'est qu'une question de définition de la peine. Si on la définit par ses effets psychologiques, Stooss a raison : les peines de sûreté ne sont plus des peines au sens ordinaire du mot; elles doivent être organisées autrement puisqu'elles visent un but différent et que leurs effets ne sont plus les mêmes. Mais, si on la définit par son caractère juridique et par son fondement, sinon par ses effets, psychologiques, et que cette base de la peine soit trouvée dans l'idée de responsabilité, on dira que toute mesure, quel qu'en soit le régime matériel, appliquée à un responsable et à raison de sa responsabilité, sera une peine.

L'avant-projet de Stooss l'admet bien par exemple pour les adolescents dès qu'ils ont atteint l'âge de responsabilité, et alors même qu'on leur appliquerait une simple réprimande ou des mesures de pure éducation[1] ; il faut l'admettre à l'inverse pour les irréductibles pour qui l'on n'a plus d'autres ressources que l'élimination. Cette irréductibilité elle-même leur est imputable ; ils sont responsables de ce qu'ils sont. Donc, même ces mesures, si différentes de la peine ordinaire, leur sont encore infligées à titre de peine ; en ce sens que la société, en les internant, comme elle ferait d'un être dangereux que l'on désespère de ramener à l'état normal, se fait l'interprète de ce blâme social dont elle est l'organe et qui s'adresse à ce qu'il y a encore en eux, ou ce qu'il y eut en eux, de moralité innée, analogue à ce qui constitue pour tout homme le fond intégral de conscience irréductible. Par leur caractère matériel et leur organisation pratique ces mesures de sûreté ne sont plus des peines, cela est vrai, mais elles restent des peines par leur caractère juridique et social.

(1) Art. 7 du premier projet, voir *Exposé des motifs de l'avant-projet de Code pénal suisse* par Stooss (1893), p. 18, et les discussions sur ce point devant la Commission d'experts. *Verhandlungen der... Expertenkommission über den Vorentwurf zu einem schweizerischen Strafgesetzbuch* (Berne), 1896), t. I, p. 49 et suiv. Voir, à cet égard, le second avant-projet (celui de 1903), art. 14.

Donc elles différaient encore des mesures à l'égard des aliénés. D'après Liszt, aujourd'hui, elles n'en différeraient plus : il s'agit de criminels qui ne sont plus des responsables.

Visiblement, on tient encore pour la plupart des autres criminels à maintenir la ligne de démarcation et à sauver, dans une mesure plus ou moins restreinte, l'idée de responsabilité[1]. Mais est-on bien sûr qu'on y arrive? Car enfin cette idée de normalité, qui au fond restera toujours la base pratique de la responsabilité pénale, est-elle donc compatible avec l'idée même de criminalité? A coup sûr, il en sera ainsi pour ces délinquants d'occasion dont l'âme n'a pas été atteinte, qui n'avaient, avant le délit ou avant le crime, aucune criminalité virtuelle et qui, depuis, d'ailleurs, par l'effet même de la corruption en quelque sorte objective, inhérente au mal que l'on commet, n'en ont pas acquis davantage. Mais précisément c'est pour ce groupe-là que sont faites les peines de pure intimidation, qui n'ont d'autre but que d'effrayer les autres, et qui finiront, elles aussi, par n'être plus qualifiées de peines au sens psychologique du mot, puisqu'il n'y a plus d'effet psychologique à en attendre pour celui qui les subit : ce dernier n'a pas besoin de réforme morale. Il a cela de commun avec l'irréductible que toute idée de réforme reste étrangère aux mesures qu'on lui applique ; et si ce but psychologique est la caractéristique de la peine, ces moyens répressifs ne sont pas plus des peines que ne seraient les mesures de sûreté à l'égard du groupe opposé. Là encore, puisque l'idée de sanction n'existe plus, il ne faudra plus parler ni de peine, ni de responsabilité. Ce sont des individus en pleine normalité ; il n'y a plus de criminalité à faire disparaître.

Reste donc toujours le groupe intermédiaire des criminels, avec criminalité psychologique à faire disparaître, et susceptible de disparaître : c'est pour eux que la peine est faite. Mais qui dit criminalité vise toujours un premier fond d'anormalité; et d'ailleurs cette insensibilité acquise et chro-

---

(1) Liszt le déclarait encore formellement au congrès de Lisbonne (voir le *Bulletin de l'Union intern. de dr. pén.*, VI, p. 471 et sa réponse aux critiques formulées contre son rapport de 1896, dans sa Revue (Z. *f. d. g. Str. R. W.*, t. XVIII (1898), p. 229 suiv.).

nique de la conscience morale qui constitue l'anormalité des
irréductibles, elle se trouvera presque toujours à l'état passager, et comme à l'état aigu mais d'autant plus intense, chez
le criminel d'un seul crime, au moment de l'acte. En tout cas,
à priori, la question reste douteuse et demande à être examinée pour chacun individuellement.

Mais ce qui est certain, du moins s'il s'agit de ces crimes qui
avilissent et qui corrompent par eux-mêmes, à supposer qu'ils
n'impliquent pas, au moment de l'acte, l'état d'anormalité
antérieure, c'est qu'ils vont en quelque sorte la créer par
le fait seul de la conscience de l'anormalité elle-même, dont
l'agent vient d'avoir la révélation et dont il gardera l'obsession, par le sentiment surtout de sa déchéance morale et de
son exclusion sociale. M. Tarde l'a mis pleinement en
lumière, avec sa haute autorité et sa force ordinaire de
persuasion scientifique, à l'une de ses belles conférences de
l'Ecole des sciences politiques[1]. Avant le crime, c'est l'obsession du fait qui domine chez le criminel; il en vit, il ne peut
s'y soustraire. Après, c'est l'obsession du souvenir, la vision
incessante du fait réalisé, et en même temps ce sentiment
qu'il s'est exclu du groupe social des honnêtes gens, qu'il
appartient à l'autre, que le monde des criminels est le seul
qui lui reste, et que déjà il est leur égal. En un instant, l'abîme
de corruption et de déchéance creusé par le crime l'a cons-
titué en état d'anormalité et a fait de lui presque toujours
un perverti à fond; cela s'est fait en une fois. Il n'est pas
toujours nécessaire de l'habitude du crime pour faire un
incorrigible; souvent un seul crime suffit. Il suffit que toute
la somme de corruption dont une âme est susceptible monte
à la surface et l'envahisse en quelque sorte, sous l'impression
de l'effondrement, qui va se produire, de toute la moralité
antérieure, et de toutes les attaches sociales, qui lui servaient
d'appui. Si donc ce n'est pas l'acte qu'il faut frapper sous
forme de sanction, mais l'état de normalité ou d'anormalité
qu'il faut constater, pour lui appliquer une mesure appropriée,

(1) Conférence à l'Ecole des sciences politiques du jeudi 20 janvier 1898.

on voit combien facilement va se généraliser cette idée de criminalité constitutionnelle, au moins par voie d'acquisition brusque, mais peu importe, et l'idée, qui lui est corrélative, d'anormalité par voie également de survenance : et tout cela devient exclusif de l'idée de peine et de responsabilité. C'est l'assimilation entre les mesures de sûreté à l'égard des aliénés et les mesures pénales à l'égard des criminels qui va s'étendre de plus en plus : n'est-ce pas revenir à tout ce que demandait et proposait l'école italienne ? Et ce qu'il y a de plus clair à retirer de là, c'est que sur le terrain de la normalité morale et psychologique, comme sur celui du libre arbitre, comme nous l'avons vu pour l'école néo-classique, on en arrive, sinon à la négation théorique de l'idée de responsabilité, mais à sa négation individuelle et concrète : il n'y a plus que des anormaux, donc il n'y aura bientôt que des irresponsables. Il est vrai que la conséquence qu'en tirait l'école néo-classique, c'était l'impunité, et c'était grave ; tandis qu'ici la conséquence qu'on en tire, c'est la mise en traitement par voie d'individualisation pénale, et le danger social est écarté. C'est la conscience populaire, il est vrai, qui va s'en trouver blessée et les idées traditionnelles de morale et de justice qui vont en souffrir : le danger est-il moins grand pour cela ? Certains pourront croire que, pour se déplacer, il n'a fait que s'accroître.

Il semble donc bien qu'entre les solutions extrêmes, celles de l'école classique et celles de l'école italienne, il n'y ait guère place pour un système intermédiaire reposant sur un fondement solide et présentant comme une réelle unité de doctrine. Il y a des tendances ; et, à la suite de ces tendances, des solutions, un peu fragmentaires, un peu empiriques, dictées par des points de vue assez divers, point de vue social ou point de vue du droit public ; mais il semble que, pour construire un système juridique, il faille autre chose. Il faut des idées nettes, et tout un système de grandes lignes qui puissent servir d'orientation, et d'après lesquelles le juge puisse se guider. C'est cette construction juridique qui semble encore faire défaut. Et voilà pourquoi tous ceux qui, comme Liszt et à la suite de Liszt, ne veulent plus du système purement classique et qui ne veulent pas, nous pouvons même dire pour certains, qui ne voudront jamais, de certaines solutions de l'école italienne, il y a comme un devoir scientifique, et aussi un devoir social, à essayer de mettre au point toutes ces tendances qui se font jour et contre lesquelles il n'y a plus à résister. Il y a comme une nouvelle construction à faire du droit pénal ; à chacun d'apporter sa pierre. Nous avons eu l'ère du risque criminel, et nous achevons celle de la responsabilité ; on nous annonce maintenant celle uniquement de la témibilité. Le mot nous laisse défiants ; il rappelle trop les bêtes fauves que l'on traque, et nous ne nous résoudrons jamais, même pour les criminels, à cette assimilation. Voilà pourquoi l'idée d'individualisation nous semble préférable ; ce n'est plus le criminel à traquer, mais à réformer. Il ne s'agit plus de faire de la peine une arme de barbarie, mais un instrument de reclassement social ; et pour cela nous devrons l'adapter à l'individu. Rien n'est plus simple. Mais c'est toute une transformation, à première vue tout au moins, de notre système juridique traditionnel, et le droit, pas plus que le reste, ne s'accommode des révolutions brusques. L'histoire, pour construire à chaux et à sable, ne connait que les choses qui évoluent et non les systèmes qu'on lui impose d'office. Est-il donc possible d'adapter un régime d'individualisation à notre organisation juridique traditionnelle ? Est-il possible enfin de mettre en lumière certains principes, et de ménager quelques grandes lignes, autour desquelles puisse s'orienter peu à peu toute l'évolution juridique actuellement commencée ? Telles sont les questions urgentes ; celles au sujet desquelles chacun peut avoir son mot à dire. Et il faut que chacun le dise, en toute modestie et sans autre prétention, sachant très bien que ce ne sera jamais le mot définitif. Il suffit que ce soit une contribution absolument sincère, d'ordre scientifique, et de tendance vraiment sociale, à joindre aux efforts qui se font de toutes parts sur le terrain de la criminologie.

.·.

C'est donc tout à fait par le sommet qu'il faut reprendre la question ; et, puisque jusqu'alors nous avons fait uniquement la critique des systèmes, c'est un essai de construction positive qu'il faut enfin tenter, non pas absolument de prime jet, ce serait de la systématisation vaine, mais en essayant uniquement de donner une forme organique — et la forme organique, c'est la vie — à des tendances qui ne demandent qu'à se concilier.

C'est qu'en effet nous nous trouvons en présence de deux courants bien opposés ; l'un qui ramène tout à l'idée de responsabilité, c'est celui de l'école néo-classique ; l'autre qui ramène tout au déterminisme, c'est celui de l'école italienne. Et il se trouve, par un étrange phénomène d'interversion, que ce qu'il y a de bon dans l'un des systèmes c'est son principe, et ce qu'il y a de mauvais ce sont les conséquences qu'on en tire ; tandis qu'à l'inverse, dans l'autre système, bien des conséquences sont de nature à nous séduire et s'imposent presque ; mais c'est son principe qui nous effraie. Ne serait-il donc pas possible de tenter une conciliation entre le principe de l'un et les conséquences de l'autre ? Idée étrange, pourrait-on dire. Est-ce que toutes les vérités cependant, dans la nature comme ailleurs, ne sont pas faites d'antithèses et de principes inconciliables ? C'est même là ce qui fait le mystère de l'essence des choses et il n'y a pas une des réalités qui nous entourent qui ne présente en soi ce mystère de l'inconciliable concilié dans la vie, et par le fait même de la vie. Les religions n'ont pas d'autre caractère que celui de la compénétration des antithèses qui s'imposent et de la conciliation de l'éternel contradictoire. Elles nous obligent à reconnaître que l'explication du fait échappe à notre raison, mais elles nous disent que le fait existe. Et d'ailleurs, pour en revenir à cette apparence d'éclectisme, qui serait bien en effet de l'éclectisme s'il ne s'agissait pas tout au contraire d'un système fondé sur des idées et des principes, et non sur la simple opportunité des résultats, peut-être y aurait-il quelque hésitation à présenter une union qui pût sembler aussi hybride, si véritablement l'idée en était nouvelle[1]. Mais

---

[1] Il n'est pas douteux qu'à première vue toutes ces idées nouvelles

à bien réfléchir, la contradiction qu'il s'agirait d'accepter se recommande de deux garants d'autorité suffisante : le premier est la conception populaire, et par conséquent l'histoire ; le second est tout le droit canonique, et par conséquent la doctrine morale dans son expression religieuse la plus raffinée. Or, il ne s'agit pas ici de savoir si le point de départ qui sert de fondement au droit canonique correspond à une réalité objective qui s'impose à toutes les consciences. Nous n'avons à l'envisager que comme un document historique et social d'une valeur capitale ; et à ce titre personne n'a le droit de le négliger. Le tenir à l'écart serait faire œuvre antiscientifique, en contradiction avec toutes les méthodes sociales.

Voici donc le rapprochement qui frappe tout d'abord. Dans la doctrine néo-classique, ce qui a produit des résultats devenus inacceptables, ce n'est pas l'idée de responsabilité qui lui sert de fondement. Cette idée de responsabilité, tout le monde l'accepte, sauf peut-être à l'entendre un peu différemment. Ce qui nous a paru mauvais, c'est l'idée de tout ramener à une preuve concrète d'un fait de liberté morale, et l'idée surtout de tout ramener à la mesure du degré de liberté, prétention vraiment étrange et tout à fait insoutenable, qui est même la contradiction formelle au point de vue philosophique de l'idée de liberté. Et, dans l'école italienne, ce qui reste inacceptable, ce n'est pas l'idée de défense et de sécurité sociale. Comment donc n'en ferions-nous pas aujourd'hui l'idée maîtresse du droit pénal et de la politique criminelle, lorsque nous voyons chaque année par les statistiques la hausse effrayante de la criminalité ? D'ailleurs n'était-ce pas déjà l'idée dominante chez nos anciens criminalistes ? Et cependant ce n'étaient ni Jousse, ni Muyart de Vouglans, ni Rousseau de la Combe et tant d'autres, qui auraient songé à nier l'idée de liberté et responsabilité. Ce qui

d'individualisation et de politique criminelle ont été considérées comme très difficilement conciliables avec la conception traditionnelle que l'on s'est faite de la responsabilité : v. par exemple un article important du P. Cathrein, S.-J., *Das Strafrecht der Zukunft*, publié dans *Stimmen aus Maria-Laach* (ann. 1896, p. 461, p. 489).

nous a paru mauvais, ce n'est pas davantage l'idée de classer
les criminels et de faire l'analyse, à la fois psychologique et
sociologique, du crime. Si on veut prévenir le crime, il faut
en étudier les causes ; rien de plus évident. Enfin, ce n'est pas
l'idée d'adapter la peine au degré de criminalité virtuelle et
comme au tempérament du criminel. Si on veut s'attaquer à la
criminalité chez le criminel, viser la criminalité qui est dans
l'homme et non celle qui s'est objectivée dans le fait, il faut
faire de la peine un instrument efficace de moralisation, au
lieu d'en faire, comme aujourd'hui, un facteur de corruption,
le facteur par excellence, avec la démoralisation et l'irreli-
gion qui vont croissantes, de l'extension de la criminalité.
Dans tout cela, rien que de très recommandable. Toutes ces
solutions constitueront, personne n'en doute plus aujour-
d'hui, comme les bases du droit pénal de l'avenir. Mais ce
qui peut paraître mauvais et souverainement dangereux,
c'est que, comme point de départ, l'école italienne s'attaque
à la seule idée qui puisse, au point de vue moral, préserver
les consciences, l'idée de responsabilité. Ce qui a pu paraître
mauvais, c'est de faire de la peine une mesure qui n'agisse
plus sur les consciences et qui ne soit qu'une arme cruelle et
terrible aux mains de l'Etat.

On nous a montré jadis, dans un drame superbe, que,
lorsque, dans la collectivité sociale, l'association entre les
hommes n'est plus que celle du lion partant en chasse avec
les chacals qui le suivent en tremblant, les chacals, quand ils
se croient assez forts, se révoltent[1]. Eh bien, si la peine n'est
plus que la griffe du lion qui s'abat sur sa proie, si ce n'est
que la mise à l'écart d'un être assimilé à un fauve que l'on
mettrait en cage, là aussi les chacals se révolteront ; et qui
donc leur donnerait tort ? La seule façon de procurer la
sécurité publique et d'aviser à la défense sociale, ce n'est
pas de ruiner l'idée de responsabilité, c'est au contraire de
l'implanter dans les consciences, et de la fortifier de tout ce
qui reste encore de foi dans les masses.

Donc, d'une part, un principe qu'il faut sauvegarder à tout

---

(1) De Curel, *Le Repas du Lion* (Revue de Paris, 1897, p. 548).

prix, l'idée de responsabilité ; et, d'autre part, un but qui semble en être la contradiction, celui de la défense sociale, qui prime tout, mais qui aboutit à ne tenir compte que de la nature du criminel, et très peu de son crime.

Or, si nous prenons la conception populaire de l'idée de responsabilité, nous y trouvons, comme dans toutes nos idées traditionnelles, bien des éléments complexes ; une part de formation atavistique inconsciente, qui est le produit d'une psychologie sociale accumulée depuis des siècles et dont nous ne nous rendons plus compte, et une part de logique actuelle, un peu fruste et sommaire, qui sert de justification nécessaire à cet instinct préexistant de l'idée de responsabilité. L'élément de formation sociale et psychologique de l'idée de responsabilité en est la source vraie, celle que découvre l'analyse scientifique expérimentale ; mais c'est précisément celle dont nous ne nous rendons plus compte, celle que le peuple ignore. L'élément de forme logique, au contraire, constitue l'idée que le peuple s'en fait ; c'en est la conception simpliste et toute idéale ; la seule que les masses connaissent. Mais nous ne pouvons pas plus séparer de l'idée de responsabilité la conception rationnelle et logique qui lui sert de base dans l'esprit, que nous ne pourrions la soumettre à des conditions qui fussent en désaccord avec ses causes sociologiques.

Cet élément sociologique de l'idée de responsabilité est fait lui-même de sources bien diverses. M. Tarde en a montré dans sa *Philosophie pénale*[1] toute la complexité, se ramenant en dernière analyse à l'unité de quelques sensations très simples et très homogènes. Ce n'est pas qu'on n'ait émis bien des opinions diverses sur l'origine sociologique de l'idée de responsabilité ; et il n'est pas douteux qu'il n'y entre, pour une bonne part, certaines influences d'identité sociale, ou, comme dit M. Tarde, de similitude sociale ; le sentiment par exemple que l'on fait partie d'un même groupe et que l'être que l'on qualifie de responsable vous était similaire par sa formation psychologique et par ses rapports d'existence.

(1) TARDE, *Philosophie pénale*, ch. III, p. 83 suiv.

Affirmer la criminalité et la responsabilité, c'est partir de l'homogène pour aboutir à l'hétérogène ; avoir le sentiment de l'identité initiale pour constater la dissemblance finale. Plus vous vous trouvez en présence de quelqu'un qui s'éloigne de vous par la race ou par le milieu, moins vous avez le sentiment d'une responsabilité de l'un à l'autre. Prenez un homme d'une race très éloignée de la nôtre, et, pour aller à l'extrême, prenez un sauvage, et le sentiment de la responsabilité de l'un à l'autre aura fait place uniquement à l'idée d'une lutte de réaction matérielle et brutale de l'un vis-à-vis de l'autre ; il n'y a plus de rapport de responsabilité. Le crime commis dans nos sociétés par un sauvage apparaîtra au peuple comme un phénomène d'animalité : on traquera celui qui l'aura commis ; on va entrer en lutte en lui. C'est la réalisation populaire de toutes les idées de l'école italienne. Le sentiment d'une responsabilité quelconque disparaît presque ; et le peuple a, pour justifier sa manière de voir et sa façon de sentir, une de ces formules qui résument tout ce qu'il y a en elles d'instinctif et de purement inconscient : « Ce n'est plus un être comme tout le monde ! » Et cependant nous comprendrions et nous admettrions que cet être dans son groupe à lui fût un responsable : c'est la similitude des individualités qui crée entre elles la responsabilité[1]. Par là s'explique aussi le phénomène, si souvent constaté, dans les sectes politiques ou religieuses, des inimitiés inconciliables entre les nuances les plus rapprochées, à côté de franches sympathies pour les partis radicalement opposés[2]. Pour les groupes très compacts, la moindre divergence devient une trahison ; que de fois les sentiments de famille ne se sont guère présentés sous une autre forme !

Il est vrai que cet élément de formation purement socio-

---

(1) Pour comprendre combien tout ceci est en concordance avec ce qui fait le fond et comme l'essence de la société, on pourra lire une page intéressante sur la *conscience de la similitude* en tant qu'elle constitue le lien social dans une thèse de M. DOBRESCO, *l'Évolution de l'idée de droit* (Paris, 1898).

(2) Sur l'unité d'esprit et d'uniformité psychologique des sectes, voir SIGHELE, *Psychologie des sectes*, 1898, p. 84.

logique répondrait plutôt, au fond des choses, à l'idée de culpabilité qu'à l'idée de responsabilité, en tant que l'on entend par là le sentiment d'une causalité consciente et maitresse d'elle-même. Et c'est à ce dernier point de vue que se rapporterait plutôt le second élément d'identité personnelle si bien décrit par M. Tarde et qui n'est autre que la conscience réflexe de l'individualité. C'est ici une conception, il est vrai, plutôt psychologique; mettons, si l'on veut, de psychologie sociale. Dans le rapport de responsabilité, il y a comme un premier contact nécessaire, celui de l'un à l'autre. Supposez un homme qui vive seul, comme Robinson dans son île, pour éveiller en lui l'idée de responsabilité, il faudra qu'il croie en Dieu. Il n'y a de responsabilité vis-à-vis de soi-même que si l'on crée à côté du moi réel, un moi fictif, le moi idéal que l'on devrait être; et cela implique quelqu'un vis-à-vis de qui on devrait l'être, Dieu, ou la société. Donc la responsabilité est bien avant tout une conception sociale; mais, ceci posé, elle devient alors, mais secondairement seulement, une conception individuelle, par l'idée de causalité qui est en nous, combinée avec celle de l'intégrité même de notre individualité. Il s'agit avant tout d'un rapport avec les autres, c'est le point de vue social, puis d'un rapport avec nous-même, point de vue individuel. Et ce rapport d'origine individualiste consiste bien en effet dans l'identité du moi, considéré comme maintenant en lui et vis-à-vis de lui son individualité propre et initiale : rien de plus caractéristique sous ce rapport que l'histoire même des mots, en concordance avec les images et les idées qu'elle reflète. L'aliéné est celui qui est devenu autre, qui est devenu étranger à lui-même et aux autres : la dissimilitude qui excluait la responsabilité de l'un à l'autre va l'exclure entre le moi de la veille et celui du lendemain. Il y a rupture d'individualité. Le peuple dira de cet être, devenu ainsi étranger à son propre moi autant qu'à ses semblables, qu'il est lui aussi un être à part sans contact psychologique avec lui. Ce n'est plus un responsable.

A coup sûr il y aurait encore sur toute cette formation atavistique de l'idée de responsabilité bien des observations à présenter, et d'autres éléments à analyser[1]. Peut-être aussi toute cette combinaison d'instincts complexes se ramènerait-elle à un point de départ de sensations très simples et très sommaires. Mais rien de tout cela n'est indispensable pour le point de vue qui nous intéresse spécialement. Ce sont les résultats d'une observation scientifique lente et pénétrante ; ils supposent des comparaisons multiples, non seulement l'observation de ce qui se passe de l'un à l'autre à une époque donnée, mais la recherche de ces mêmes interférences à une époque antérieure, et ainsi de suite en remontant aussi haut que possible dans l'histoire. Ce n'est pas là de l'analyse intime et toute individuelle. Ces éléments ne sont pas ceux que nous sentons et dont nous avons conscience. Pour nous, c'est l'hétérogène et l'inconscient. Tout cela se passe dans ce qu'on est convenu aujourd'hui d'appeler le moi subliminal. L'idée de responsabilité, par suite même de cette formation historique, est en nous à titre d'instinct, avant que nous en fassions une conception raisonnée. Ce qu'elle est comme instinct, ce à quoi elle répond, et la filiation qui nous l'apporte, voilà ce que nous percevons le moins et ce dont nous avons le moins conscience. Mais il nous faut un principe d'idéalisation qui la justifie, et même, pour l'apparence, qui la crée ; et c'est alors que la logique entre en scène et fait son œuvre. Nous lui faisons et nous lui donnons son revêtement rationnel ; et, lorsque nous avons mis le syllogisme sur pied, nous nous félicitons de la découverte. Nous croyons avoir créé la responsabilité, ou plutôt, comme il s'agit de ce que nous croyons être une réalité objective, nous croyons l'avoir découverte. Nous nous glorifions de notre raison qui a pénétré jusqu'à la substance des choses et qui en fait sortir les éléments de réalité vivante et mystérieuse qu'elle contenait : c'est notre conception logique de la responsabilité.

Objectivement, **toutes** les causes de formation historique et

(1) On pourra comparer, comme éléments à faire entrer en ligne de compte, l'idée de cohésion sociale (voir sur ce point un important chapitre de GIDDINGS. *Principes de sociologie*, liv. II, ch. II), celle également de la nécessité des fictions sur le terrain de la lutte entre l'instinct de moralité individuelle et les nécessités sociales (voir GUMPLOWICZ, *Précis de sociologie*, tout le livre IV, principalement ch. V, § 3).

sociale de l'idée de responsabilité en sont les seuls éléments
réels : c'est de là qu'elle vient. Mais subjectivement, et au
point de vue de nos perceptions intimes, ce sont là comme
de simples non-valeurs. Pour notre conscience, la responsabilité est ce que notre raison l'a faite ; elle contient pour nous
ce que nous avons mis en elle : et c'est sous cette forme
qu'elle agit et qu'elle opère, qu'elle est une force et une réalité vivante. L'histoire et la sociologie nous en révèlent l'abstraction irréelle en même temps que la structure ou l'ossature biologique ; mais pour lui donner la vie, il faut quelque
chose de vivant, et c'est l'étincelle même de la logique rai-
sonnante qui anime toute cette construction morte, qui en
fait une idée, c'est-à-dire un facteur de détermination et une
source de volitions. En d'autres termes, c'est comme une
conception subjective que l'idée de responsabilité agit en
nous et qu'elle est une force motrice dans nos consciences.
C'est donc comme une réalité subjective, comme une image
et une représentation de notre pensée, que nous devons la
considérer au point de vue pénal. Ce qui nous importe ici, ce
n'est pas de savoir d'où elle vient par ses causes sociologiques et psychologiques, mais de voir comment elle se présente à notre esprit, comment elle est perceptible à notre
conscience et vécue par nous. C'est la conception sociale, et
non l'analyse sociologique, de la responsabilité qui est la
force agissante du droit pénal.

Or, comme réalité subjective, le peuple ne connaît qu'un
seul mode de représentation de la responsabilité, c'est l'idée
de causalité ; et le jour où il voulut analyser cette idée elle-
même, il ne lui trouva d'autre justification que l'idée de
liberté. Nous en sommes, et depuis longtemps, comme à ce
second stade de la conception sociale de la responsabilité. Il
n'est pas douteux que tous les efforts d'analyse raffinée de
certains savants et philosophes modernes pour fonder une
responsabilité qui fût une responsabilité morale en dehors de
l'idée de liberté, n'ont pas eu de prise sur les masses. Ils
n'arrivent d'ailleurs qu'à cette constatation finale que le
criminel se présente comme le dépositaire de sa criminalité ;
or le peuple pour le rendre responsable, veut qu'il en soit
l'auteur. Il la subit, il ne l'a pas créée. Tous ces efforts

n'aboutissent qu'à faire de l'indignation collective ou sociale la constatation du mal en soi et non l'attribution d'un mal individuel. Le criminel se présente comme un récipient de criminalité; et la criminalité révolte, elle indigne : avant tout c'est un danger, mais c'est aussi une laideur morale, une antinomie et une rupture d'équilibre. Nous en souffrons moralement. Mais ce sentiment a-t-il d'autre valeur que celui que nous éprouverions à l'égard d'un spectacle qui nous choquerait au fond de l'être, comme serait l'horreur d'une torture d'origine purement naturelle, celle par exemple résultant d'une mort tragique se passant sous nos yeux et cependant purement accidentelle? Lorsque nous souffrons d'un mal qui se passe devant nous et qui nous émeut, il y a comme un sentiment instinctif de réaction forcée qui veut nous en faire rechercher la cause pour l'atteindre et la supprimer. Cette cause, nous la trouvons chez un de nos semblables, nous sentons en lui comme la source du mal présent et le danger d'un mal futur : cet instinct du mal, c'est la criminalité qui est en lui. Nous avons découvert le mal moral ; mais cela ne nous suffit pas. De même qu'en présence du mal matériel nous voulions atteindre la cause, en présence du mal moral nous voulons remonter, là aussi, à la cause d'où il émane ; et c'est sur cette cause que nous voulons reporter notre indignation, car la première, celle qui apparaît à la surface, n'est que l'effort mécanique d'un facteur initial auquel nous voulons nous en prendre. Et une fois acculé à cette recherche de la cause première, l'homme en face de l'homme n'a su dire qu'une chose, c'est que cette cause initiale était en lui, qu'elle était lui : l'homme est l'artisan de sa propre criminalité. Elle constitue son individualité, disent les déterministes, et c'est ce qui le rend responsable[1]. Mais le peuple ajoute qu'il a action sur son individualité et sur son caractère et que c'est là seulement ce qui explique et justifie sa responsabilité. Il est une cause en soi, un premier facteur de ce qu'il y a en lui de moralité agissante et vivante, et cette idée de cause première, indispensable à l'idée de responsabilité, s'identifie

---

[1] Voir surtout Merkel, *Lehrbuch der deutschen Strafrechts*, § 22.

avec l'idée de liberté. Il est dans la logique de l'esprit et dans la justice immanente des choses, que la responsabilité remonte toujours dans la série des causes secondes : le peuple ne conçoit de justice que celle qui s'adresse à la cause première. Pour que l'agent soit responsable, il faut que la série s'arrête à lui ; sinon, elle le dépasse et la responsabilité s'adressera ailleurs, à la société, à Dieu si l'on croit encore à Dieu. Elle ne s'adressera plus à l'homme. Le peuple s'est arrêté à l'homme, auteur du fait ; et dans la logique de sa conception de l'idée de justice, il ne peut le faire qu'en faisant de lui la cause libre de ses actes. Sans liberté pas de responsabilité.

Cet élément de construction logique et idéale de l'idée de responsabilité est donc le seul dont, pour ce qui est du droit pénal, nous ne puissions pas faire abstraction, puisque, dans la conscience des masses, c'est sur lui que tout repose. Pour la conscience individuelle, comme pour la conscience collective, il y a identification entre liberté morale et responsabilité. Le droit pénal pourrait à la rigueur ignorer les éléments instinctifs de l'idée de responsabilité, il ne peut pas en méconnaître les éléments rationnels. C'est par ce qui est idéal et fictif que l'on gouverne les hommes et que l'on régit les sociétés ; et, quoi qu'on dise ou quoi qu'on fasse, tout gouvernement et toute législation ne seront jamais qu'une apparente protestation contre les éléments et phénomènes de réalité naturelle qui sont la structure même de la société. Il en est de la société comme de ces individualités dont il a été question plus haut qui, au moi réel qui les constituent, opposent le moi idéal qu'elles conçoivent. Dans toute collectivité il y a l'individualité réelle qui la fait vivre et l'individualité idéale qu'elle prend pour objectif de sa vie : tout gouvernement et toute législation qui méconnaîtraient la première seraient en opposition directe avec les lois d'existence de la société, mais s'ils méconnaissaient la seconde, ce serait plus grave encore : il n'y aurait pas contradiction et frottement dans l'organisme, mais opposition radicale. La vie juridique d'une société, en même temps qu'elle doit correspondre à la réalité sociologique qui est en elle, doit constituer l'adaptation de l'individualité idéale, qui en dirige l'impulsion et le progrès, aux exigences des lois naturelles qui en règlent le fonctionnement. Il ne faut jamais oublier cela. Les peuples pourront quelquefois, et pour uu temps au moins très court, se passer de pain; ils ne pourraient se passer de justice. L'idée de justice est l'essence même de la vie idéale et progressive des peuples, plus encore que celle de la vie des individus. L'école mixte d'Alimena consent à maintenir ces idées traditionnelles, tant qu'elles subsistent. Autant dire qu'on en accepte la permanence : les sociétés vivent avant tout d'idéal et de justice. L'idée de responsabilité est liée à cette conception de la justice qu'elles se sont faite. Il n'y a pas à craindre qu'elle disparaisse.

Mais ce qu'il importe de voir, après avoir constaté l'idée que les sociétés se font de la responsabilité, c'est la façon dont elles la comprennent dans la pratique et dont elles l'appliquent. Comme conception idéale, elle repose, nous l'avons vu, sur une croyance instinctive, la croyance en la liberté, principe d'idéalisation pure, sans constatation expérimentale à la base. Ce principe d'idéalisation, comment va-t-on le ramener à une réalisation matérielle ?

Ce qui frappe tout d'abord, c'est que la responsabilité se présente dans les idées courantes avant tout comme un état, comme une virtualité en quelque sorte. On dit d'un homme, indépendamment de tel ou tel de ses actes, que c'est un responsable. Et cet état de responsabilité, ce n'est pas par la constatation expérimentale de l'état de liberté que nous l'apprécions, mais par une simple constatation d'ordre physique et naturel : c'est l'état de normalité physiologique. Le critérium de l'état de responsabilité devient, pour le vulgaire qui admet la liberté, ce qu'il est pour les déterministes qui ne l'admettent pas, il se résout dans l'idée de normalité. Il est vrai que, pour les uns, ce n'est qu'un signe et un symptôme, tandis que pour les autres, c'est comme le fond même des choses ; et de là des différences importantes. Pour les déterministes, pour qui la responsabilité ne peut être qu'une conception d'ordre social et de formation psychologique, l'idée de normalité qui lui sert d'élément constitutif en est à la fois le signe et l'essence : derrière cette apparence on ne suppose aucune autre réalité. Responsabilité s'identifie avec normalité et cela devient pour le fond comme pour la forme une pure question de pathologie morale. On comprend alors les hésitations et les doutes qui nous envahissent aujourd'hui. Y a-t-il donc, même au point de vue pathologique, une distinction nettement tracée entre l'homme sain de raison et d'esprit, qui se laisse envahir par une crise passagère de criminalité, et celui qui la laisse devenir chronique; et entre ce dernier et l'homme pathologiquement anormal ? La transition entre le criminel de nature et l'aliéné tend déjà à disparaître, de sorte que l'on peut prévoir, ce premier degré franchi, que le second s'abaissera encore plus facilement; car la différence entre la crise aiguë et la crise chronique n'est que dans la permanence d'intensité, et non dans le caractère, en même temps pathologique et psychologique, de la criminalité au moment où elle se produit.

Pour le peuple qui croit à la liberté, la normalité n'est que la base d'une présomption morale et juridique, le symptôme d'une réalité virtuellement supposée. La conception populaire consiste à ramener à l'individualité tous les éléments psychologiques qui en constituent la manière d'être et à lui imputer et ses impulsions et ses passions, aussi bien que ses instincts et ses sentiments, de telle sorte que tous ces moteurs de nos actes apparaissent comme les cordes d'un instrument d'une vibration et d'une sensibilité extrêmes dont notre individualité elle-même serait l'accordeur et comme le régulateur suprême. L'individualité apparaît comme l'objet et le sujet de tout ce qui est en elle. Partant de là, les déviations mêmes de notre personnalité psychologique et morale deviennent imputables à notre individualité considérée du point de vue actif, comme le sujet d'elle-même, comme ayant prise sur elle-même. Il n'y a plus qu'une hypothèse où, pour le vulgaire, cette abdication totale de l'être moral se laisse reconnaître et se fait admettre, c'est lorsque la matière première, sur laquelle travaille le fonctionnement cérébral, ne répond plus aux perceptions normales et par suite ne répond plus à la réalité objective des choses, ce qui est le cas de l'aliénation pathologique admise à l'état constitutionnel, qu'elle soit héritée ou acquise, peu importe. C'est l'inconscience pathologique. La normalité, entendue du point de vue symptòmatique, qui est celui du peuple n'est et ne peut être qu'une normalité physiologique, dont les déviations seront, par suite, de caractère purement pathologique. L'homme pensant normalement et raisonnant normalement reste l'être présumé libre des conceptions populaires. La normalité physiologique devient affaire de constatation médicale[1] : l'homme anormal pour qui cesse la présomption de responsabilité, c'est celui devenu pathologiquement étranger à notre mécanisme psychologique ; et, dans cette conception, personne ne dira du criminel endurci que c'est un anormal et un irresponsable. Il y a chez lui déviation du sens moral et non de la faculté d'être libre ; il y a perversion de la moralité et non des perceptions et des compréhensions intellectuelles. Il reste responsable, sinon absolument de ses actes, mais de ce qu'il est et de son état ; et cette responsabilité de l'état passif s'étend par là et par contre-coup aux actes qui en émanent. Ainsi juge le peuple. Le critérium de la normalité prend une base plus fixe et plus solide que dans la thèse déterministe, parce que le peuple s'attache à un élément idéal supposé, dont on présume la permanence en dehors des anormalités d'essence purement morale qui surviennent[2].

(1) Je reconnais que cette étroitesse de point de vue, en ce qui touche la normalité au sens de la responsabilité pénale, implique que l'appréciation porte sur des individus dépendant du même milieu et du même groupe sociologique ; car, avant de parler de normalité individuelle dans l'intérieur du groupe, il y aurait une normalité sociologique pouvant servir de première ligne de démarcation, et isolant les groupes et par suite la responsabilité. Mais celle-ci dépend d'une pure émanation de la conscience sociale et elle tend d'ailleurs à disparaître progressivement, en même temps que l'idée sociologique du groupe individualisé s'élargit et devient plus compréhensive. Cf. GUMPLOWICZ, *Sociologie et Politique*, Paris, 1898, p. 120-121.

(2) On a cru parfois trouver un critérium très simple et très sûr, en partant de l'idée d'intimidation collective (la *General Prevention* des Allemands). Il consisterait à ranger parmi les responsables tous ceux qui sont sensibles aux effets psychologiques de la peine ; et l'on sait en effet que les aliénés sont incapables de se laisser intimider par la peine. Mais la difficulté pratique n'est pas résolue pour

Mais cet état de responsabilité ainsi constaté, le peuple s'attache-t-il à une nouvelle constatation d'un acte de responsabilité pour chaque fait qui se produit? Et pour mieux préciser la question, la liberté, puisqu'elle est le fondement de la responsabilité, une fois présumée comme existante dès qu'il s'agit de l'homme à l'état normal, devient-elle en outre l'objet d'une recherche concrète pour chacun des actes qui émanent de lui? Absolument pas; et sous ce rapport rien de plus frappant, mais rien de plus certain. Cet état de liberté admis comme un principe, comme l'état normal de tout homme en possession de ses facultés, la conscience populaire, lorsqu'elle se fait juge d'un acte, ne l'analyse pas; elle n'en cherche pas les traces ni la mesure dans le fait qui a été réalisé. Elle accepte l'idée vague de liberté et de responsabilité, en corrélation avec la constatation de l'état de normalité, elle n'en recherche pas au fond et n'en analyse pas la réalité concrète. Ce qui fait la mesure de son indignation, ce n'est pas le degré de liberté que l'acte implique, c'est le degré d'intérêt ou de répulsion que l'agent lui inspire. On l'a déjà vu pour certains verdicts du jury. Le jury se trouve en face d'êtres parfaitement responsables par rapport au fait commis; mais il a constaté que ces hommes ont senti comme

cela; car l'indécision ne porte que sur le groupe intermédiaire des demi-anormaux, et il ne sera pas plus facile de savoir s'ils sont de nature à se laisser intimider par la peine que de savoir s'ils sont en état d'anormalité physiologique et psychologique. D'autre part cela revient à l'assimilation théorique entre la peine et les mesures prises contre les aliénés, en ce sens que ces deux catégories de mesures ne diffèrent que par leurs effets, comme Alimena l'avait fort bien montré; mais de ce qu'elles ont des effets différents et par suite un régime différent, cela ne veut pas dire qu'elles diffèrent par leur caractère et leur justification; et lorsqu'on parle de responsabilité, il s'agit de la justification de la peine. C'est un cercle vicieux de prétendre que cette justification est acquise parce que les effets de la peine se font sentir et que l'impression peut en être subie psychologiquement. Dans les deux cas, la justification reste l'idée de sécurité publique sans autre différence. (Cf. le rapport de Löffler sur la responsabilité, *Der Begriff der Verantwortlichkeit* dans *Bulletin de l'Union internationale de droit pénal*, vol. VI (1897), p. 388. Voir également la lettre de Löffler publiée par Liszt dans sa réponse aux critiques formulées contre son rapport de 1896, dans la revue de Liszt (*Z. f. d. Ges. Strafrechtswissenschaft*, t. XVIII (1898), p. 242).

sentiraient ceux qui les jugent et que, tout en étant homogènes par le milieu et la similitude sociale, ils ne lui sont pas hétérogènes par la dissemblance de nature, et par suite par la perversité des perceptions morales. Tout ce travail inconscient se fait dans l'âme des jurés et ils acquittent. C'est la loi naturelle de la responsabilité qui reprend le dessus et comme inconsciemment sur la loi d'idéalisation logique qui la justifie : l'instinct de la responsabilité domine l'application de la responsabilité, alors que la conception rationnelle qu'on s'en est faite en règle la construction logique.

En d'autres termes, l'idée de liberté et de responsabilité est pour le peuple le fondement de l'idée de sanction. Mais cette idée, pour le peuple, ne sert pas de commune mesure pour la sanction elle-même. Quand il s'agit de mesurer la sanction, c'est de l'homme tout entier, dans l'intégralité de son être moral, que l'on tient compte ; ce n'est pas de cette portion fragmentaire et passagère qu'il a mise de lui dans la réalisation de son crime. C'est l'homme tout entier, avec tout son être et toute son âme, qui devient justiciable de la conscience populaire ; et voilà pourquoi l'appréciation du jury diffère si souvent de l'appréciation légale. Pour la loi, ce qu'il faudrait juger, c'est l'être artificiel et tout fictif, tel qu'il s'est montré au moment du crime, c'est-à-dire l'homme pris à un moment passager et comme imperceptible de son existence, au moment peut-être où il était le moins lui-même, au lieu de l'être réel qui n'a de valeur que par la réalité intégrale de toute sa vie et de toute sa personnalité morale.

Si donc nous voulions traduire maintenant par une formule juridique toute cette synthèse des éléments fournis par la conscience populaire, éléments par conséquent d'observation sociale et d'origine sociale avant tout, nous dirions : l'idée de liberté et de responsabilité reste le fondement de la peine, mais elle n'en indique pas la mesure ; elle ne sert pas à l'individualisation de la peine. La peine n'est une peine, c'est-à-dire une mesure de sanction et de réprobation sociale, que si l'acte émane d'un être capable de liberté, donc pris à l'état normal. Mais cette liberté, ainsi présumée, est un fait qui échappe à toute démonstration et à toute analyse scienti-

fique ; car elle est avant tout l'explication idéale d'un phénomène naturel, la justification par l'idée d'un fait qui
s'impose au point de vue social, ou, si l'on veut, d'une réalité
sociologique. Par suite, pour appliquer et mesurer la peine,
ce n'est pas le degré de liberté que nous chercherons à découvrir, il n'y a pas de vérification expérimentale d'une création
idéale. Ce dont il faudra tenir compte, c'est de l'individualité
de nature qui distingue le délinquant et du but social auquel,
comme tout individu membre d'une société, il doit s'adapter
ou se réadapter. Divergence sociale, voilà ce que nous constatons pour le présent ; réadaptation sociale, voilà ce que
nous entrevoyons pour l'avenir : passer de l'un à l'autre, c'est
la justification même de l'intervention de la société et ce sera
surtout l'objet de la peine. C'est donc, d'après cette fonction
et ce rôle à remplir, qu'inconsciemment nous en cherchons
la mesure ; et nous arrivons à cette formule : La peine fondée sur l'idée de liberté et de responsabilité, principe de
l'école classique, mais appliquée en tenant compte surtout
de la valeur psychologique de l'individu, principe de l'école
italienne.

Ou plutôt, si nous voulons résumer toutes ces constatations d'observation sociale, nous apercevons ces trois degrés
de transformation, pour passer de l'idée à l'application de
la responsabilité : un fait de croyance, et comme un acte de
foi, en faveur de l'idée de liberté ; une identification pratique
avec l'état de normalité ; et enfin une application concrète
mesurée à la criminalité virtuelle de l'individu, indépendamment de la criminalité de l'acte pris en lui-même. Telle était
l'union, et comme l'association, un peu étrange que nous
avions entrevue : c'est l'observation des faits, la constatation
de la vie sociale, et l'analyse de la conscience populaire qui
nous la fournissent.

Nous arrivons à cette constatation que le déterminisme,
tout autant que la liberté, se pénètrent mutuellement comme
deux conceptions aussi indispensables l'une que l'autre à la
vie sociale. Sans la loi de causalité, il n'y a plus qu'imprévu ;
sans la relation des causes secondes, il n'y a plus de jugement équitable sur personne. Mais sans l'idée de liberté, il

n'y a plus, au moins au sens populaire, ni morale, ni justice. C'est l'action du progrès et de la raison elle-même qui
se trouverait compromise ; car le peuple ne conçoit d'effort,
sous l'empire de la raison et sous l'influence d'impulsions
généreuses, surtout s'il s'agit de sacrifices individuels, qu'en
partant de l'idée de la liberté de l'effort, et qu'à la condition
pour lui de croire au mérite de l'effort. Lui présenter le bien
comme une application de l'utile ne sera jamais pour lui
qu'une défection du bien lui-même. Liberté et responsabilité
sont deux mots qui ne sauraient disparaître de notre langue
usuelle, sans entraîner dans le stock d'idées dont nous vivons
un vide que rien ne saurait combler [1]. Non pas que le peuple
s'en serve pour en tirer des conséquences d'application
logique ; dans l'application, c'est le déterminisme qui lui
fournit ses prévisions et qui inspire ses jugements. Mais
c'est la couche d'idéal dont il recouvre l'ensemble des
réalités sociales qui serait percée à jour ; et vraiment le
cercle d'acier qui nous enserre, sous l'excès de civilisation
dont nous souffrons, deviendrait encore plus étroit : ne
cherchons pas à rompre l'équilibre des contraires. La réalité
sociale, comme partout ailleurs, est dans le mystère des
antinomies qui se font contrepoids.

*
* *

Mais est-ce donc suffisant ? Nous acceptons la liberté
comme une donnée traditionnelle, sans laquelle toute construction juridique serait en contradiction avec le sentiment
des masses. Ne faut-il pas aller plus loin ? Car enfin, si nous
en faisons le fondement de la responsabilité uniquement
parce que les masses croient à la liberté, n'y a-t-il pas à
craindre un désaccord entre nos convictions et les solutions
juridiques que nous proposons [2] ? Assurément, on ne peut pas

(1) Les déterministes les plus convaincus constatent même qu'ils ne
peuvent pas disparaître du langage humain et des conceptions humaines, tant que l'individu se considérera comme une individualité,
au sens indépendant du mot (v. Félix Le Dantec, *L'individualité et
l'erreur individualiste*. Paris, F. Alcan, 1898, p. 74, 81).

(2) Cf. le rapport de M. Garraud cité *suprà* page 128, note 3.

forcer les croyances ; et l'idée de liberté, si on l'accepte, rencontrera toujours des contradicteurs. Mais là n'est pas la question. La question est de savoir si, en dépit des apparences de fait, qui sont, il faut le reconnaître, toutes contraires à l'idée de liberté, cette conception reste susceptible d'une certaine certitude rationnelle. Que l'idée ne s'impose pas forcément comme une vérité d'évidence, c'est tout légitime, puisque l'observation scientifique n'arrive pas à découvrir la liberté et à la prendre sur le fait. Mais au moins faut-il que la liberté n'échappe pas à toute possibilité de certitude. Sinon, le postulat dont nous parlions n'est plus qu'une fiction percée à jour, et presque une hypocrisie, que les masses, avec leur logique un peu brutale, auraient peut-être assez vite fait, et plus tôt qu'on ne semble croire, de jeter pardessus bord. Donc, il ne suffit pas, pour maintenir l'idée de liberté et de responsabilité, comme fondement du droit pénal, de déclarer qu'il y a là un postulat traditionnel, indispensable à la garantie de la moralité sociale ; il faut pouvoir admettre qu'il y a là une conception dont la réalité objective puisse être susceptible d'une certitude au moins approximative.

Cette certitude reste difficilement acceptable tant que l'on se représente la liberté à l'état d'acte positif, comme un facteur intervenant pour décider de l'accomplissement de chacune de nos volitions. Sur ce terrain nous n'apercevons que la prédominance des sentiments ou des idées ; et, lorsque nous suivons une impulsion ou que nous donnons la préférence à une idée, c'est que cette impulsion, ou cette idée, a pris en nous la prépondérance et que c'est elle qui donne à la machine cérébrale son ébranlement final, fût-ce même l'idée de volonté ou de liberté. Ce qui peut faire illusion, c'est le grossissement de l'idée de volonté, lorsque nous voulons vouloir ; et précisément cette idée qui n'est qu'une idée, et souvent la plus tyrannique de toutes, l'idée même que nous nous faisons de notre moi et de notre personnalité, agit comme toute obsession intellectuelle, sur le mécanisme des volitions. Dans la doctrine traditionnelle on fait des mobiles ou motifs les éléments du choix qui s'offre à notre libre arbitre ; en réalité, ce sont les poids qui pèsent dans la balance et qui en déterminent l'oscillation. Quant à cette impulsion finale et à cette idée déterminante, elle dérive elle-même, par une suite de causes secondes, du fond même de notre personnalité et de notre caractère ; et c'est l'ensemble de la personnalité psychique qui est en nous, de cette personnalité une et intégrale, qui détermine tous nos actes.

En réalité, la séparation radicale que l'on prétend établir entre les actes instinctifs et les autres n'existe qu'au point de vue de leur répercussion dans la conscience, et non au point de vue de leur mécanisme. Tout geste a le même point de départ et le même fonctionnement. Toute idée tend à se résoudre en acte ; et c'est l'idée qui donne l'ébranlement cérébral et par là l'ébranlement musculaire. C'est donc déjà sur l'idée qu'il faudrait tout au moins reporter l'action de la liberté, en distinguant entre volonté et volition : c'est la résolution qui serait libre et non pas l'acte. Mais déjà, pour être sûr que la résolution ne change pas et produise l'acte fatalement, il faudrait la supposer à l'état physiologique d'obsession, s'installant sous forme permanente. Et quant à l'action de la liberté sur la résolution, elle ne provient jamais que d'une perception décisive arrivant à dominer les autres. Mais pour que l'idée, sinon de libre choix, du moins de libre effort, se présente, encore faut-il supposer qu'une tendance contraire à l'impulsion initiale se fasse jour, que l'idée d'une solution différente vienne à l'esprit ; et toute idée, on le sait, tend à se résoudre en acte. Elle va donc, par le fait seul qu'elle existe, contre-balancer l'autre ; si faible soit-elle, si inférieur que soit le contrepoids, il y a, par le fait même de l'existence d'une idée contraire, une opposition qui commence et qui peut grandir ; car une idée, physiologiquement, n'existe jamais à l'état purement passif. Bien entendu, si l'idée du contraire ne se présente même pas, et ce n'est que trop fréquent en matière de crime pour le criminel d'habitude, il ne peut être question de liberté ; si elle se présente, c'est par le grossissement de l'idée contraire que la représentation du « ne pas faire » peut agir comme force déterminante à l'encontre du « faire ». Il arrivera donc un moment où l'une des deux idées se sera résolue en un acte de volonté; ce sera la décision prise. Or, il n'est pas douteux, au point de vue psychologique, que cet acte de caractère purement interne se produit par le même fonctionnement cérébral que l'acte physique qui en sera l'expression externe. Il s'agit d'un ébranlement sous le coup d'une idée devenue dominante, arrivée à l'état d'obsession aiguë. Toute idée qui agit par voie de volonté s'exerce sous forme d'obsession momentanée, qui dure peut-être un temps infinitésimal, mais qui n'est pas d'autre nature que l'obsession à l'état chronique.

De sorte qu'en mettant les choses au mieux, ce n'est ni dans la volition présidant à l'acte physique, ni dans la volonté se traduisant par une résolution interne, que la liberté arrive à se laisser prendre sur le fait. Ce ne peut être que par le grossissement de l'idée, fût-ce l'idée de vouloir; par l'impulsion sur le sentiment lui-même : par l'individualité agissant sur elle-même, sur ce qui est le fond de sa nature et de tout son être. La liberté, si elle existe, recule de plusieurs degrés : c'est toujours aux sentiments impulsifs qu'il faut en revenir, à ce qui est en nous à l'état de forces motrices. C'est sur nos sentiments, et sur la sensation même des idées, que l'effort s'exerce pour les combattre ou les développer, les grandir ou les atténuer; et nous en arrivons toujours à ce point mystérieux de l'être psychologique où la conscience nous découvre l'unité individualisée et comme intégralisée du moi lui-même[1].

Seulement, là s'arrête le domaine de l'investigation scientifique[2]; et, au delà, l'affirmation de la loi de causalité sous sa forme mécanique n'est plus qu'un à priori métaphysique qui a exactement la même valeur que le postulat de la liberté.

(1) Se reporter sous ce rapport à toutes les démonstrations philosophiques et scientifiques du déterminisme (les références seraient innombrables). Il suffit, sur le terrain juridique de la pénalité, de renvoyer à MERKEL (on n'a rien fait de mieux), *Lehrbuch des deutschen Strafrechts*, § 19 et 20.

(2) On trouvera dans le très beau livre du P. COCONNIER, *l'Hypnotisme franc*, p. 367 suiv., p. 373 suiv., un développement très intéressant des doctrines thomistes au sujet des facultés de l'âme et de leur fonctionnement psychologique.

Et, s'il faut choisir entre ces deux données aprioristiques, ce n'est plus par les méthodes scientifiques, c'est-à-dire par la méthode expérimentale, que la conviction peut se faire, mais par d'autres modes de certitude. C'est qu'en effet, arrivés au fond même de notre personnalité et à l'unité intégrale de notre être, il faut bien que nous nous demandions si cette personnalité constitue une cause en elle-même, en dehors du mécanisme physiologique qui lui sert d'instrument ; si, par suite, nous sommes, par l'unité de notre moi, un premier moteur d'une nature autre que celle de la chair, des nerfs et des muscles, qui en traduisent l'impulsion vitale. Et il n'y a pas d'autre question[1].

Nous constatons sans doute l'influence des causes psychiques les unes sur les autres ; et nous pouvons croire, là où commence le domaine de l'inconscient, que la chaîne continue pour se relier au point d'interférence entre le mécanisme psychique qui finit et l'organisme physiologique qui commence. Mais, tant que nous restons dans les limites de ce qui est conscient et perçu comme une sensation intime, il n'est pas douteux qu'à côté des influences d'ordre physiologique, auxquelles nous n'échappons jamais, se fait sentir un fond d'individualité psychique auquel se ramène tout notre être moral. Que cette individualité psychologique nous apparaisse comme objet d'influences en voie permanente d'actions et de réactions mutuelles, cela n'est pas douteux. Mais la conscience que nous en avons nous la révèle aussi comme sujet autant qu'objet, comme un premier moteur qui agit sur lui-même ; qui correspond à l'action du milieu, comme les théologiens disent, en partant d'un autre domaine, qu'il correspond à la grâce. La question revient donc à savoir, tant que l'on reste dans le domaine de ce qui est conscient et directement perceptible, si le dernier mot de l'individualité psychologique est la subordination absolue et forcée, en dehors même de la partie purement instinctive de notre être, au mécanisme physiologique ; et une fois arrivés à ce point d'intersection nous

(1) Cf. pour tout ce qui va suivre deux chapitres importants de la thèse magistrale de M. MAURICE BLONDEL, *l'Action*, part. III, § 2, ch. II et III (Paris, F. Alcan, 1893).

sommes en dehors de l'expérience et de l'observation directe. Nous ne pouvons raisonner que par une explication métaphysique, en faisant de la loi de causalité mécanique, telle qu'elle se réalise dans la nature inconsciente, la règle également de la vie psychique dans ses rapports avec l'individualité biologique[1].

Cette question-là est de celles précisément que la science ne peut pas résoudre ni affirmativement ni négativement ; car elle appartient à un domaine où la science n'a plus de prise et où elle ne pénètre pas. Nous touchons à l'essence même de l'être. La science ne voit que les phénomènes : l'être lui échappe.

Seulement, si, cette question, on la résoud par l'affirmative, si cette idée d'une individualité qui soit une cause en elle-même est susceptible de réalité objective, cette personnalité ne peut exister à l'état autonome que si elle jouit par elle-même, au moins vis à-vis de l'organisme qui lui sert de fonctionnement, d'une autonomie réelle. Il faut, si l'on admet un autre domaine que celui de la nature matérielle, que l'homme, en tant qu'il est esprit, soit une force autonome. C'est ainsi que M. le pasteur Sabatier, dans une conférence magistrale faite à Stockholm[2], dont on peut à coup sûr ne pas admettre toutes les conclusions, mais dont il est difficile de méconnaître la haute portée morale et religieuse, a montré ce qu'était, et ce que devait être, l'autonomie de la pensée pour l'individu, pour passer de là à son autonomie religieuse ; autonomie, pour le dire en passant, qui resterait parfaitement conciliable avec un ensemble de vérités dogmatiques communes à tous, car elle ne peut s'entendre que de la vie intérieure de l'âme et non de la réalité objective de faits qui appartiennent à un autre domaine. Mais il n'est pas

(1) Cf. sur tous ces points l'ouvrage capital de STAMMLER, *Virthschaft und Recht nach der materialistischen Geschichtsauffassung* (Leipzig, 2º édit. 1906). Voir à ce sujet le compte rendu de KELLER dans la *Kritische Vierteljahrsschrift für Gesetzgebung und Rechtswissenschaft* (1897, t. XXXIX, p. 498 suiv.) — Voir aussi un résumé des idées de STAMMLER dans son étude sur l'obligation dans le code civil allemand (STAMMLER, *Das Recht der Schuldverhältnisse* (Berlin, 1897), p. 14-21).

(2) Cf. SABATIER, *la Religion et la culture moderne* (Paris. 1897).

douteux que cette autonomie n'est rien, et que toutes ces idées, magistralement, et, l'on pourrait dire, scientifiquement exposées, ne sont que des mots sans autre portée que celle d'une envolée tout idéale, s'il n'y a pas, pour lui correspondre, une autonomie de l'être sans laquelle tout le reste n'est qu'illusion et fiction de la pensée. Cette autonomie de l'individualité humaine, c'est ce que l'on doit entendre par l'idée de liberté : la liberté est la loi de ce qui échappe au domaine de la nature physique, comme la causalité est la loi de ce qui rentre dans le monde des phénomènes naturels. Elle est donc la personnalité elle-même dans la mesure où elle est capable de se dégager de l'organisme qui lui sert d'instrument, pour vivre de sa vie propre et agir sur ses propres impulsions, sur le fond de sa nature, sur les forces latentes qui sont en elle la réserve du bien et qui s'opposent au mal[1].

La liberté n'est plus forcément un acte. C'est un état, l'état de l'homme en pleine maîtrise de lui-même ; un état qui accepte et qui implique tout le déterminisme intérieur, pourvu que ce déterminisme psychologique se rattache, au bout de la chaine, à une cause vitale qui soit en nous, et qui soit nous. Dans la conception traditionnelle on conçoit le libre arbitre comme un principe de détermination qui vienne s'interposer entre les mobiles et l'acte lui-même. De telle sorte que ce serait le libre arbitre qui agirait et qui serait la cause efficiente immédiate de l'acte. Il y a dans cette manière de voir comme une sorte d'anthropomorphisme tiré des apparences extérieures de l'action, l'homme intervenant dans la mêlée des causes purement naturelles pour les diriger à son gré : c'est l'intervention du geste humain. Dans la mêlée psychologique interviendrait au moment de l'acte un facteur analogue, aussi indépendant des éléments psychiques qui s'agitent en nous que puisse l'être l'homme lui-même, en tant qu'il s'oppose aux éléments de l'ordre purement matériel.

(1) Sur la question de la liberté morale et de la responsabilité, voir surtout, en dehors des ouvrages déjà cités de M. Fouillée et de M. Fonsegrive, l'étude si suggestive de M. Lévy-Bruhl, *l'Idée de responsabilité* (Paris, 1884).

Ne faut-il pas dire plutôt que la liberté, si elle est quelque
part et si elle existe, n'est autre que l'individualité psychologique agissant sur elle-même, influant sur les motifs, sur les
mobiles, ou plutôt, puisque dans cette analyse de l'unité psychique il y a là encore un morcellement d'abstraction purement artificiel, sur le fond même du caractère, sur ce fond
de personnalité d'où dérivent motifs, mobiles et impulsions ;
agissant par conséquent sur les facteurs déterminants de la
volonté elle-même ? Dans l'observation psychique qui est du
domaine de la science, on ne voit que ces facteurs en fonctionnement, dans leur série d'actions et de réactions réci-
proques, jusqu'à l'ébranlement final qui décide de l'acte ;
mais lorsqu'il s'agit d'aller au delà et de remonter des causes
secondes à la cause première, la science ne peut plus que
raisonner par hypothèse, par voie de rattachement absolu à
l'organisme physiologique : hypothèse pour hypothèse, on
peut concevoir, à côté de cette interférence qui n'est pas
contestable, un élément d'une essence différente, dont 'es
lois ne tombent plus sous l'observation de nos instruments
scientifiques et dont le principe soit celui de la libre causalité. Mais précisément, parce que cette interférence n'est pas
contestable, cet état de liberté, en tant qu'état, implique
des degrés infinis ; en partant de la dépendance absolue de
l'individualité elle-même aux influences physiologiques qui
l'étreignent, jusqu'à cette pleine maîtrise d'elle-même par
laquelle elle se dégage, dans la mesure des lois qui régissent
la vie, de ce mécanisme biologique pour développer la libre
action de sa personnalité réintégrée et reconquise. Et cette
réintégration du moi, qui peut provenir d'un lent travail et
de longs efforts, de la correspondance à un milieu nouveau
et à des influences nouvelles, peut aussi se traduire, dans des
hypothèses plus ou moins fréquentes, par un mouvement de
réaction subite et profonde qui la fait ressembler à un acte,
et qui peut en effet donner l'illusion d'un acte de liberté au
sens de la doctrine traditionnelle. C'est l'individualité qui se
ressaisit et qui s'affranchit.

Il va de soi, s'il en est ainsi, que la liberté n'implique plus
cet imprévu et cette rupture de causalité qui devrait être la loi

du libre arbitre traditionnel[1] ; c'est le caractère développant tous ses effets normaux, sauf à l'individualité psychologique à rester maitresse, à un moment donné, de se ressaisir pour agir sur elle-même et modifier le courant des causes secondes qui fonctionnent en elle. Aussi peut-on dire avec raison qu'un homme agira toujours selon la loi de son caractère et peut-on prévoir du mauvais arbre de l'Évangile qu'il ne produira jamais que de mauvais fruits! Il en est du déterminisme psychologique par rapport à la liberté comme du déterminisme historique par rapport à la volonté. Que la volonté soit libre ou non, il est certain qu'elle apporte une part d'imprévu dans la suite des événements sociaux. Mais cette part est tellement infinitésimale que la sociologie peut n'en pas tenir compte et se constituer comme science ; d'autant qu'elle peut régler d'avance cette part d'imprévu en prévoyant les lois qui peuvent susciter telles ou telles volontés susceptibles d'intervenir dans la série des individualités automatiques dont se composent les foules et dont est faite l'histoire. Il en est de même du déterminisme psychologique de la volonté par rapport à la liberté; on peut toujours, dans la prévision de ce que fera telle individualité donnée, ne pas tenir compte de l'intervention de l'imprévu ; mais on peut escompter d'autre part les influences qui peuvent provoquer une réaction de l'individualité et une libre correspondance de sa part aux influences qui s'offrent à elle. Et l'on pourrait dire de cette correspondance aux influences du milieu ce que les théologiens disent de la correspondance à la grâce, qu'il n'y a plus absorption, ni compénétration, de l'une par l'autre, mais action réciproque, en réservant la libre essence, l'intégrité de nature, de l'individualité humaine.

La liberté, si elle existe, n'est donc plus que la force de résistance finale qui est en nous, le fond de réaction qui est capable de s'opposer aux influences extérieures; et cette force de résistance, tout en étant provoquée, suscitée, par ce qui vient du dehors, peut n'être pas forcément conditionnée et

(1) Cf. sur ce point un excellent chapitre dans PRINS, *Criminalité et Répression*, ch. II, § III.

déterminée, comme l'est par exemple l'ébranlement final de la volonté par l'impulsion qui est devenue prépondérante. L'individualité psychique, dans son essence, laquelle échappe à nos investigations, peut se donner à elle-même sa loi de causalité. Il n'est pas niable que tout se résoud en une antinomie. Mais l'antinomie est la loi de tout ce qui est ; et cette interruption de la loi de causalité, en passant d'un domaine à l'autre, n'est pas plus mystérieuse que son universelle application, à la façon d'une chaîne sans fin tournant sur elle-même, puisqu'il faudrait toujours supposer un premier ébranlement venant d'une cause indépendante et libre, qui eût suscité la première cause seconde, et par celle-ci, toutes les autres.

La liberté ainsi entendue, et considérée par rapport à chacun de nos actes pris en particulier, devient une virtualité, et non plus une actualité forcée. C'est par le fond de l'être, en influant sur nos sentiments, que nous pouvons agir sur nos actes ; et, grâce à ce mécanisme, on peut arriver à dire que tout acte est un acte de liberté virtuelle. Quant à savoir dans quelle mesure il a été réellement libre, c'est un point qui nous échappera toujours[1].

La question de la liberté est donc une de ces questions, comme celle de l'âme, dont elle n'est qu'une face un peu spéciale, comme celle de Dieu, que l'on ne démontre pas par des raisonnements, que l'on ne découvre pas par l'induction scientifique, et qui réclament d'autres modes de certitude ; modes de certitude d'ailleurs qui ne sont pas différents, après tout, de ceux qui servent à nous persuader de la réalité objective

---

(1) En réalité, toute cette conception diffère de la conception traditionnelle surtout par le mécanisme psychologique de la liberté, beaucoup plus que par le résultat. Si l'on veut, pour aller au point le plus extrême, se rendre compte de la pure doctrine des théologiens, et en particulier des théologiens catholiques, sur ce problème de métaphysique transcendante, on pourra se reporter à une thèse importante du P. Frins (S.-J.), *De actibus humanis ontologice et psychologice consideratis* (Fribourg-en-Brisgau, 1897), n° 97 et suiv., p. 116 suiv. Sur le terrain d'une philosophie plus moderne, empreinte de l'esprit scientifique le plus élevé, voir le beau livre de M. Fonsegrive, *Essai sur le libre arbitre* (Cf. également Desdouits, *la Responsabilité morale*, Paris, 1896). Mais les deux œuvres capitales sont l'ouvrage précité de M. Fonsegrive et la thèse, déjà un peu ancienne, de M. Lévy-Bruhl, *l'Idée de responsabilité.*

des choses extérieures que perçoivent nos sens. Car pour ces
dernières, il nous faut, pour y croire, le même acte de foi
sur les données de nos sens extérieurs que l'acte de foi exigé
de notre sens intime pour croire à d'autres réalités, disons à
d'autres idéalités, dont la liberté fait précisément partie [1].

Ces modes de certitude inhérents à notre nature, et qui
sont différents de la certitude scientifique, mais qui nous
sont tout aussi indispensables, ont cependant ceci de spécial
qu'ils ne sont pas susceptibles d'adhésion universelle qui
s'impose, de certitude objective si l'on peut ainsi dire, comme
les vérités d'observation scientifique. Il s'agit de certitude
plus particulièrement subjective et individuelle [2]. Et cela est
d'une importance capitale pour ce qui est du droit pénal. Il
suffit, sans doute, pour faire de la liberté le fondement du droit
pénal que l'idée de liberté soit susceptible d'une certitude
appropriée à notre nature ; rien ici n'est plus certain et
c'est chose que l'on peut considérer comme acquise. Mais
cette certitude, par sa nature, restant individuelle, alors
même qu'en fait on puisse la considérer comme absolument
générale, le droit pénal ne peut pas fonder son application
positive sur les conséquences pratiques d'une idée qui
échappe à l'investigation scientifique, et qui reste du domaine
de la conscience.

Nous arrivons ainsi par une autre voie à la formule capitale que nous avait fournie l'observation de l'histoire et de la
conscience populaire ; à savoir que l'idée de liberté justifie la
nature de la peine et que, sans elle, la peine ne peut être ni
une sanction, ni une mesure de réprobation sociale, et

(1) Voir sur tous ces points la belle préface de M. Brunetière à la
traduction du livre de M. Balfour, *les Principes de la croyance* et les
articles de M. Maurice Blondel : *Les exigences rationnelles de la pensée
contemporaine en matière d'apologétique et la méthode de la philosophie dans l'étude du problème religieux*, publiés dans *Annales de Philosophie chrétienne* (n° de janvier 1896), t. XXXIII, p. 337 suiv., et sur
ces articles l'étude du P. Laberthonnière (*le Problème religieux*),
même revue 1897. Cf. enfin le livre de M. Payot, *De la croyance* (Paris,
F. Alcan, 1896).

(2) Voir sur tous ces points une étude intéressante de Erich Adickes,
Wissen und Glauben, dans *Deutsche Rundschau* (janvier 1898), p. 86 suiv.
et principalement p. 93.

qu'elle devient forcément l'analogue des mesures de sécurité
brutale prises contre les bêtes fauves, contre les fous, ou
prises jadis, aux époques de vengeance privée, contre l'ennemi vaincu et terrassé. Nous revenons à la barbarie. Mais
d'autre part si cette conception idéale suffit pour garder à la
peine ses caractères spécifiques, il ne faut pas aller plus loin.
Cette peine, ainsi justifiée en tant que peine par l'état virtuel
de liberté, ne comporte plus, pour son application, d'investigations relatives à la mesure de la liberté. La mesure de la
peine n'est que nominalement et légalement dans la responsabilité du fait. Elle doit être effectivement et pratiquement
dans la criminalité virtuelle de l'individu. La conception de
la peine implique la responsabilité ; il faut que l'on croie à la
responsabilité pour qu'une mesure prise contre un malfaiteur
soit une peine. Mais l'application de la peine n'est plus affaire
de responsabilité, mais d'individualisation. C'est le crime que
l'on punit, mais c'est la considération de l'individu qui détermine le genre de mesure qui lui convient. La responsabilité,
fondement de la peine, et l'individualisation, critérium de son
application : telle est la formule du droit pénal moderne.
L'ère de la responsabilité est close, celle de l'individualisation
commence ; ce qui ne veut pas dire que l'on renonce à l'idée
de responsabilité, mais que l'on renonce à la fiction dangereuse et puérile qui consistait à en poursuivre l'application
positive et pratique[1].

Il semble que toutes ces idées nouvelles doivent apporter
aussi comme un regain de popularité à notre Code pénal
français de 1810, non pas le Code pénal défiguré par les faux
classiques modernes ; mais celui des classiques primitifs. Il

---

[1] Tout ceci au surplus a déjà été esquissé et fort bien dit dans un
article remarquable de M. Cuche, publié dans les *Annales de l'Université de Grenoble*, 1897, et dont l'autorité est précieuse à invoquer à
l'appui de la thèse qui est ici soutenue : Cuche, *De la possibilité pour
l'école classique d'organiser la répression pénale en dehors du libre arbitre*
(Grenoble, 1897). Les mêmes idées ont été reprises par M. Cuche dans
son *Traité de science et de législation pénitentiaires* (Introduction à la
science pénitentiaire, chapitre Ier : les fonctions de la peine, p. 36 et
suiv.. Voir également un compte rendu de M. Cuche, du Congrès
international de droit comparé, tenu à Paris en 1900 (*Revue pénitentiaire*, 1900. p. 1145 et suiv.). Je signale aussi une excellente thèse de
M. G. Maslile, *De la question de discernement relative aux mineurs de
seize ans* (Paris, 1898), dans laquelle je retrouve, non sans une certaine
satisfaction personnelle, le reflet de toutes ces idées. Elles y sont d'ail-

reste le modèle du genre : et comme il faudrait peu de choses pour le mettre au niveau des progrès qui se préparent ! Pour punir, il suppose l'état virtuel de liberté ; c'est le postulat impliqué partout. Mais cette liberté ainsi supposée, notre Code pénal ne la soumet nulle part à l'appréciation judiciaire. Il n'en prononce même pas le nom. Elle reste au-dessus du droit pénal, elle ne le pénètre pas. Elle plane et domine de haut, comme une conception qui l'enveloppe ; ce n'est pas une donnée positive susceptible de valeur juridique. Voilà pourquoi le Code pénal de 1810 est resté, ou est redevenu, la plus moderne des législations pénales, non pas le Code pénal mis au point des théories néo-classiques, mais le Code pénal sous sa forme simpliste initiale, qui était la bonne. Ce Code pénal de 1810, il avait assurément de graves défauts ; et le principal était que, non seulement il présumait l'état virtuel de liberté chez l'homme sain et adulte, mais qu'il présumait en outre, à raison de l'indivisibilité du libre arbitre, considéré comme une force neutre intervenant à chaque volition, l'identité de responsabilité, d'où pour chaque crime identique l'identité de peine. C'était une conception inacceptable. Le postulat de la liberté interdisait l'individualisation de la peine. Il y avait antinomie entre responsabilité et individualisation ; l'antinomie a été accrue encore dans la thèse néo-classique, qui a voulu faire pénétrer l'idée de responsabilité dans les procédés mêmes d'individualisation. C'est alors que la fiction devient inadmissible et cet état de choses ne peut plus durer. Il faut en revenir au Code pénal, non plus pour opposer individualisation à responsabilité, mais pour combiner responsabilité et individualisation : l'une étant ce qu'elle est dans le Code pénal, une conception en quelque sorte sous-jacente et comme enveloppante, qui donne sa caractéristique à toute intervention de la justice pénale, l'autre prenant la place qui lui est laissée pour devenir comme la force agissante et l'inspiratrice de toute l'organisation pratique et de l'application même de la peine.

Si la liberté est plutôt un état de notre personnalité qu'un acte de notre volonté, c'est cet état que la peine doit prendre pour base et pour mesure. Et ainsi, l'idée même de liberté,

leurs présentées avec une netteté de fond et de forme tout à fait remarquable (voir surtout p. 62 et suiv., et la conclusion p. 155). Cf. surtout les beaux livres du Dr GRASSET, déjà cités, p. 91, not. 1.

loin de s'opposer à l'individualisation fondée sur l'état de criminalité, impose au contraire ce procédé même d'individualisation toute subjective, puisque, ce qui fait désormais la responsabilité de l'individu, ce n'est pas sa volonté abstraite, telle qu'elle a existé lors du crime, ce n'est pas cette personnalité fictive de son être considéré à un simple moment de son existence; c'est sa personnalité tout entière, dans son unité et son intégrité, prise comme force agissante de l'être moral, considérée comme susceptible de moralité. Et la différence est capitale : en tant qu'elle est susceptible de moralité, elle devient susceptible, cette fois, d'appréciation précise par des méthodes de psychologie scientifique.

La conséquence de cette théorie n'est pas seulement que la peine, par ses caractères spécifiques, reste une peine au sens traditionnel du mot, en même temps qu'elle est un moyen de défense sociale; mais c'est aussi que le droit pénal garde encore par un certain point de vue son côté objectif. Il s'agit, non pas de substituer une appréciation purement subjective au système classique d'incriminations et de peines légales, mais de combiner les deux points de vue. Même, pourrait-on dire, le point de vue objectif est autre chose encore que dans la théorie de Liszt. Pour lui, ce n'est qu'une concession toute empirique, admise comme garantie de la liberté individuelle. Pour qui conserve le postulat de la liberté morale, l'idée de sanction subsiste; et le point de vue objectif reste la conséquence de l'idée de sanction. Avec l'idée de liberté on est sans doute responsable, au point de vue moral et religieux, de ce que l'on est, mais au point de vue social on n'est responsable que de ce que l'on fait; la liberté considérée comme une capacité de l'individu a son contre-coup sur la responsabilité des actes qu'il produit, puisqu'ils sont le résultat de son individualité morale et psychologique. Or, socialement parlant, c'est par ses actes que l'individu nuit à la société : la société n'a pas de prise sur ce qu'il est, car elle doit respecter sa liberté; elle ne conquiert de droit sur lui que par ce qu'il fait. Elle n'a de droit que sur ses actes. Il ne faut pas confondre, en effet, responsabilité individuelle, qui est purement morale ou religieuse, avec responsabilité sociale, laquelle n'est engagée que dans la mesure où la société a prise sur la liberté individuelle ; et ce droit ne lui est ouvert que par suite d'un acte qui lui nuit. Mais en même temps qu'un acte a été commis qui lui confère un droit d'intervention, la démonstration a été faite du danger que lui fait courir un de ses membres ; et, la sanction qu'elle a le devoir de tirer de l'acte réalisé, elle doit en outre l'exécuter de façon à en faire un préservatif du danger qui la menace à nouveau.

L'idée de sanction implique que la peine est l'expression de la réprobation sociale, l'expression d'un blâme public, fondée sur le trouble et l'émotion causés par le crime. Cela implique donc deux choses, d'abord qu'il y a crime ; mais cela implique aussi qu'il faut prendre en considération le côté social et, par suite, le côté abstrait du crime. Au point de vue social le crime ne compte que par ses conséquences, et non par ses antécédents et par ses causes : un meurtre, quelle qu'en soit la cause ou quel que soit le motif qui l'explique, pour la collectivité sociale qui en a été témoin, reste un meurtre, c'est-à-dire la violation suprême du droit individuel. Si donc on l'apprécie par le dommage réalisé, la considération du but et des motifs disparaît entièrement ; en tant qu'il peut devenir le centre d'une série de rayonnements imitatifs, pour reprendre la belle expression de M. Tarde, il ne vaut que par ses résultats et par sa définition abstraite. En tant que définition légale, il reste une entité juridique. La loi ne peut prévoir et définir les infractions que par leur côté abstrait, en les détachant de leur réalité concrète et des circonstances de fait qui les entourent dans la vie. Mais pour l'application de la peine, ce n'est plus le crime abstrait et l'entité juridique qu'il faudra considérer, ce sera le crime concret, dans son ensemble et la complexité de ses facteurs psychologiques, qu'il faudra reconstituer, juger et punir. En ce moment, nous ne parlons que de la responsabilité prise du point de vue social et de la sanction du dommage social : cela implique que le crime doit être défini par ses caractères abstraits, et tarifé à sa valeur sociale, c'est-à-dire d'après sa gravité objective pour la société. Cela ne veut dire qu'une chose, c'est que pour qu'un fait soit un fait punissable, justifiant une poursuite, il faut que par ses caractères abstraits il rentre dans une des cases légales : c'est l'entité crime qui seule peut permettre une poursuite, mais c'est le fait criminel, ou plutôt l'agent, auteur du crime, qui sera l'objet de la peine. Le côté objectif du crime détermine la poursuite et son côté subjectif détermine la peine ; telle est la part à faire aux deux points de vue. Mais il suffit d'avoir montré que le côté objectif subsistait et devait subsister.

Il subsiste, non seulement pour la détermination et la légitimation de la poursuite, mais pour la fixation également de ce que l'on appelle la peine légale ; et la peine légale, c'est d'abord un maximum : c'est une limite à l'arbitraire du juge. Nous n'admettrons jamais que cette limite soit supprimée ; nous voulons bien, comme dans le Code pénal hollandais, qu'on supprime tout minimum. Le système de l'ancien droit qui permettait au juge d'aller au delà du maximum légal, ou plutôt de choisir entre les peines légales, en prenant la plus sévère alors même que ce ne fût pas la peine afférente au crime, serait en contradiction avec tous les principes de notre droit public. Donc la peine légale est d'abord un maximum ; elle est autre chose encore. C'est une appréciation sociale du fait qualifié crime : c'est un tarif. Si le côté sanction subsiste, la sanction doit être proportionnelle à la gravité objective du fait. Il faut donc qu'il y ait un tarif légal, servant d'échelle pour mesurer l'intérêt qu'a la société à ce que le crime ne soit pas commis. Donc, il faut une réparation sociale proportionnelle, exactement comme en matière de réparation individuelle, l'indemnité se mesure au dommage causé.

Voilà pourquoi, en dehors même de toute nécessité de droit public, il faut encore un tarif des infractions avec maximum légal de la peine. Mais ce tarif n'est qu'une échelle de proportion, indiquant le maximum pour chaque crime, ainsi que la gravité proportionnelle que les peines devront présenter dans leur application judiciaire à chaque crime particulier. Ce n'est pas un dosage exact, susceptible de s'appliquer à la lettre : c'est un dosage proportionnel et purement nominal. Il ne fait qu'indiquer au juge dans quelle mesure et dans quelle proportion, pour chaque cas particulier, il doit tenir compte de la gravité sociale du crime. Il n'en reste pas moins acquis que cette considération de la gravité du crime n'entre en ligne de compte qu'après la considération primordiale, qui reste prédominante dans l'application de la peine, celle de la personnalité même de l'individu en cause, et de son degré de moralité subsistante. Comme on le verra plus loin, la considération subjective de l'individu déterminera la nature de la peine ; et la gravité objective du crime sera, d'autre part, à prendre en considération, comme l'un des éléments seulement, et à coup sûr ce ne sera pas le seul, qui devront concourir à fixer la durée de la peine.

La nature de la peine, c'est la nature de l'individu qui doit la déterminer : système d'adaptation individuelle, c'est la définition même de l'individualisation ; et les peines devront se différencier par rapport aux classifications de criminels et non plus par rapport aux catégories de crimes. Mais la durée de la peine dépendra encore, dans une mesure plus ou moins large, et conformément à l'échelle proportionnelle que fournit la loi pénale, de la gravité objective du crime. Telle est la conciliation qui s'impose désormais entre l'idée d'individualisation admise comme critérium d'application de la peine, et l'idée de proportionnalité objective qui subsiste.

On ne manquera pas de remarquer, la chose en vaut la peine, combien toute cette combinaison se trouve en pleine harmonie avec le point de vue qui semble bien devoir s'imposer en ce qui touche la question même de la liberté. Ce n'est plus une vérité d'expérience que l'on doive forcément accepter et sur laquelle on doive bâtir toute la construction pratique du droit pénal ; c'est une conception morale dérivant d'une certitude individuelle, un fait de conscience personnelle. Aussi n'influe-t-elle que sur la conception de la peine et l'idée que l'on doit s'en faire ; elle n'influe pas sur son organisation. L'organisation du régime vise les besoins sociaux, ceux qui s'imposent, quelles que soient les croyances. C'est un dérivé de la sociologie criminelle ; mais on a déjà vu que la sociologie criminelle n'opère que sous forme inconsciente ; ceux qui en appliquent les lois n'agissent que d'après des conceptions morales. Il faut donc adapter la peine à ces conceptions morales. Voilà pourquoi il faut réserver à la peine un revêtement rationnel et tout idéal, qui puisse se trouver d'accord avec les croyances individuelles. Il faut que, dans l'organisation des peines, rien ne puisse être exclusif de l'idée de liberté et de responsabilité ; mais il faut aussi que cette idée reste une idée, et qu'elle n'entrave pas les besoins de défense sociale. Ce qu'il faut organiser, c'est la défense-sanction, la défense sociale contre des responsables, et sanction de la responsabilité.

Mais il est un dernier point, de beaucoup le plus important encore. On sait toute la valeur qu'il faut attribuer au côté psychologique de la peine ; puisque, dans une certaine conception, on veut même réserver exclusivement l'idée de peine aux mesures qui peuvent encore agir sur l'individualité psychologique. La peine ne serait pas toute mesure de sanction fondée sur la responsabilité ; ce serait uniquement les mesures qui, tout en visant des responsables, viseraient des gens capables d'en subir l'effet psychologique. C'est assez dire tous les résultats qu'on veut attendre d'elle, et l'on a raison : c'est le point de vue de la correction et de la réforme qui date du droit canonique ; mais il y en a bien d'autres. Il y a aussi le point de vue de Feuerbach fondé sur cette idée bizarre de la coaction psychologique, la peine, en tant qu'elle est la menace d'une souffrance, devant être, dans l'esprit de celui que veut commettre un crime, le contrepoids exact du gain qu'il se promet d'en retirer. Mais il est encore un autre point de vue que l'on a beaucoup trop négligé : avant de savoir quels résultats produira l'exécution de la peine dans l'âme de celui qui va la subir, il faut savoir, car l'une des choses dépend de l'autre, quelle impression il va ressentir du fait même d'être condamné à une peine. Et cette question en soulève une autre, qui n'en est guère que la face externe : quelle impression va produire sur les autres la condamnation à une peine ?

Tout l'avenir de la réforme pénale est là, ou à peu près. Car, s'il est un point que la sociologie a définitivement démontré, c'est l'influence des similitudes sociales sur l'adaptation sociale. On ne s'adapte à un groupe socialement organisé que si l'on a le sentiment d'une certaine identité morale, identité que, juridiquement, nous traduisons par l'idée d'égalité, avec le reste de la communauté. Toute déchéance implique l'affirmation d'une dissimilitude, une sécession plus ou moins radicale, une mise à l'écart, donc une désadaptation sociale. L'effet interne de la déchéance qui frappe un membre du groupe social, c'est la perte du sentiment de dignité personnelle ; et souvent ce que l'on appelle la honte publique, et il ne faut pas confondre la honte avec le remords, n'est pas autre chose que la première révélation de cette déchéance individuelle et l'impression qui en résulte. Il n'y a pas de psychologie qui y résiste. C'est la société surtout qui peut à juste titre dire d'elle : Qui n'est pas avec moi est contre moi. Il y a le groupe de ceux qui sont pour et le groupe de ceux qui sont contre. Ce sont là, de part et d'autre, des organismes d'une structure différente, mais de force identique. On peut être du groupe des réfractaires par nature originelle, on peut en être par le sentiment du premier crime. C'est un point qui a été indiqué plus haut. Mais, s'il arrive que ni la conception antérieure au crime ni celle qui le suit n'aient suffi, reste une alternative qui se pose, une dernière chance de perte ou de salut, la chance de rester un membre utile de la société ou de passer au camp ennemi. Et cette chance dépend de l'impression psychologique de la peine : de quel côté vous classe-t-elle en tant que peine ?

Or, on peut signaler, sous ce rapport, trois ou quatre tendances correspondant aux différents aspects de la peine dans l'histoire. La première s'adapte à la théorie primitive du risque criminel ; ce que nous envisageons comme crime n'apparaissait guère que comme un phénomène de la vie normale, dont on payait le risque. Le crime ne déclassait pas. Le cycliste moderne qui renverse un passant et le blesse, plus ou moins légèrement, paie une indemnité et ne s'en trouve pas déshonoré : personne ne songe à le traiter en déchu. Il en était de même du batailleur de l'époque des guerres privées. Il venait à composition et payait le wergeld. A coup sûr, payer le wergeld ne déclassait pas. Le droit

canonique, au moment même où se répand l'idée de faute et
de responsabilité, nous offre une conception qui n'est pas,
avec d'immenses différences, sans un point de rapprochement avec la première. Le crime devient une déchéance,
mais une déchéance qui ne déclasse pas. C'est que le
christianisme a empreint le monde de la notion de péché,
dont il a fait l'état normal de l'humanité. Nous sommes tous
plus ou moins des pécheurs, et le péché, entre gens qui, au
fond, en sont tous à peu près au même point, ne peut provoquer
que commisération et pitié, il ne provoque pas de répulsion.
Le pécheur est un frère à secourir, ce n'est pas un exclu de
la communauté. Il n'y a que l'hérésie qui rompe le lien commun. Entre tous ceux qu'unit la même foi, la faute, même le
crime, ne déclassent pas. On doit châtier, et châtier rude-
dement ; mais la peine implique la certitude du relèvement,
et non la déchéance finale. Et rien n'est plus curieux à
signaler que ce sentiment de la tolérance pour le méfait, dès
que la foi reste sauve, dans les milieux qui ont gardé
quelque chose de cet esprit monastique. On citerait maints
exemples des duperies qui y trouvent leur compte; mais
cela même prouve la persistance de ce fait si curieux au
point de vue social : le crime ne déclasse pas.

Il faut, pour trouver ce déclassement par la peine, arriver à
la théorie rationaliste de la responsabilité : car est-elle donc
autre chose? Si chaque délit est le produit d'une liberté qui a
choisi le mal, la peine devient la grande indicatrice des
déchus de ce monde : c'est elle qui va servir de classement,
entre ceux qui ont voulu le mal et ceux qui sont censés vouloir le bien. A l'égard des premiers, la sanction s'offre
comme un poids de honte et d'infamie, qui doit s'égaler à
cette volonté criminelle qui est comme la libre apparition
du mal ici-bas, puisqu'elle résulte d'un choix fait en pleine
liberté métaphysique. Et comme le mal est envisagé du point
de vue social, et non plus comme péché, l'idée de fraternité
et de solidarité dans la faute disparaît pour faire place, avant
le Jugement dernier tel que nous l'ont peint les primitifs, à
l'idée d'une séparation entre les honnêtes gens et les autres,
ceux qui appartiennent à la société et ceux qui en sont

exclus. Voilà l'armée du mal qui se constitue comme organisme social ; un organisme à l'état diffus, mais d'autant plus fuyant, et par suite d'autant plus dangereux.

La théorie nouvelle de la témibilité n'est guère plus respectueuse de la dignité de l'homme déchu. Elle a, sans doute, ses classifications dans lesquelles nous voyons figurer le criminel honnête homme, celui qui est auteur de crime matériel sans être agent de criminalité ; les peines qui lui seront applicables seront, comme dans la loi salique, le prix d'un risque. Mais dans une théorie qui ne croit pas à la liberté sous aucune forme, il ne reste plus de place pour la dignité individuelle. Car il faut se sentir maître de soi pour garder le sentiment de sa propre dignité : il faut se sentir une volonté et une liberté. D'autre part, sans liberté plus d'espoir de retour au bien, et alors la tendance est de ne voir partout que des criminels à fond, d'une criminalité irrémédiable, à classer parmi les déchus : c'est l'armée du mal qui croît encore, et qui, pour l'effet moral, s'accroît de toute la désespérance qui caractérise la criminalité. C'est une tache indélébile ; le criminel est d'une autre race. C'est le sauvage qui ressuscite parmi nous, et qu'il n'y a plus qu'à traquer sans merci. Rien de plus antisocial, rien de plus contraire à toutes les exigences de la réadaptation sociologique.

Dans une théorie qui combinerait responsabilité et individualisation, toutes ces tendances de l'opinion seraient bien près de se modifier, pour donner place cumulativement aux différents systèmes que l'histoire nous a transmis. Déjà, les bénéficiaires du sursis, dans la condamnation conditionnelle, sont bien près de bénéficier aussi de la tolérance de l'époque du risque pénal : le sursis est précisément une condamnation qui ne déclasse plus ; il est fait pour cela. Il en serait de même, à plus forte raison, de toutes ces peines de pure intimidation et de pure sanction légale, réservées aux délinquants sans criminalité réelle. Reste sans doute à l'autre extrémité toute l'armée des exclus en tant qu'irrémédiables ; et nous ne pouvons nier qu'il y en ait, c'est un fait malheureusement qui s'impose de plus en plus. Mais il est vrai aussi que tant que nous croirons à la liberté et par suite à la possibilité de l'effort personnel, nous garderons encore l'espoir d'un relèvement possible. Nous ne fermons à personne la porte qui puisse permettre le retour aux conditions de la vie sociale. C'est un classement en principe définitif, mais qui, à l'exemple de certaines présomptions du droit civil, réserve la preuve contraire. Enfin l'important, c'est le gros de l'armée, tout le bataillon des vrais délinquants soumis aux peines de réforme. Voilà ceux qu'il ne faut pas désespérer, ni déclasser à jamais. Loin de tuer en eux le sentiment de la personnalité et de la dignité, il faut le faire revivre ; car c'est par mépris de soi-même qu'on tombe dans le vice. Le point délicat, il faut le reconnaître, est dans l'idée même d'individualisation : la peine brutale, sans que le juge sonde les consciences, est autrement respectueuse de l'individualité, mais respectueuse aussi du vice et de la criminalité. La société passe indifférente à ce qu'il y a de déjà corrompu et de déjà déchu dans ceux qui l'exploitent ou l'attaquent : Qu'ils paient et retournent à leurs aventures ! C'est un encouragement au crime ; un système fait pour les frondeurs et les fanfarons de vice. Ce n'est pas cette dignité-là qu'il importe de garantir. A l'inverse, il peut y avoir quelque chose qui révolte dans le fait d'un pouvoir social qui s'attribue de classer les gens par catégories psychologiques ; et très certainement la dignité personnelle qui consisterait dans la vanité du vice s'en trouverait terriblement atteinte. Comme en général les criminels, même amendables, de cette catégorie n'ont plus guère que celle-là, la perte n'en est pas à regretter. Mais l'autre, la vraie dignité, celle qui consiste à se croire, dans sa conscience, et bien au fond, l'égal des honnêtes gens, pour la relever, il faut faire revivre le sentiment de l'honnêteté, et ces gens-là ne l'ont plus. Ce n'est donc pas l'étiquette sous laquelle on les classe qui puisse rien compromettre dans leur psychologie morale ; mais c'est le régime de peine auquel on les soumet qui seul peut être efficace pour ce relèvement de l'idée du bien et de la confiance en soi.

Or une peine de réforme, faite pour des faibles, et peutêtre des victimes de notre civilisation à outrance, ne peut guère être empreinte que de ces sentiments d'austère commisération qui prédominaient dans le droit canonique. Un amendable n'est pas un exclu. C'est quelqu'un que l'on cherche à reclasser. On ne le destine pas à l'armée du mal. On veut le réadapter au groupe des honnêtes gens. Il faut donc bien que ceux-ci ne l'aient pas marqué d'un stigmate indélébile. Et voici en effet sur quoi reposera cette solidarité de pitié qui empêchera le déclassement et l'exclusion définitive. Dans un système de libre arbitre qui voit dans chaque crime une liberté en acte faisant un pacte avec le mal comme jadis on en faisait un avec le diable, tout crime est une note d'infamie qui ne s'efface plus. Mais avec un système de liberté diffuse qui ne peut affirmer la liberté concrète d'aucun acte en particulier, on est bien près de cette solidarité du droit canonique qui consiste à croire à l'égal entraînement de tous, tout en affirmant pour tous l'égale capacité d'être libres. L'idée de dissimilitude s'atténue. Il reste un lien de rattachement au groupe social, c'est le sentiment que, tout en étant un être fait pour être libre, on ne l'a peut-être pas forcément été dans le crime et dans ses causes immédiates. Pour faire revivre la liberté, il faudra s'attaquer aux sources mêmes de l'âme et affranchir l'âme elle-même par la peine. Le crime apparaît alors surtout dans son déterminisme final, quoique avec sa liberté initiale. C'est ce déterminisme final qui crée entre nous tous une communauté de misère morale, susceptible d'aboutir à une communauté de pitié. D'autre part, l'idée de liberté, fond de la nature et de l'être tout entier, fait reluire l'espérance d'un relèvement final. Et cette espérance, elle aussi, constitue un lien de rattachement à la société, qui punit, mais qui ne se ferme pas. C'est par là que la vraie dignité va renaître. La peine de réforme ne doit pas être avilissante. Celui qu'elle frappe doit sentir sa déchéance morale, mais non sa déchéance sociale ; et la société qui l'inflige doit manifester un blâme moral, sans expulsion ni déclassement définitifs. L'impression psychologique de la peine doit être avant tout dirigée vers l'avenir, sans rester obsédée du passé. L'obsession du remords, et plus encore celle de la honte, restent le plus grand obstacle au relève-

ment individuel : la foi dans l'avenir est bien encore le seul
germe de l'initiative et du progrès moral, même chez les
déchus, surtout chez eux[1]. C'est ce que seul peut produire ce
système de liberté diffuse dont nous parlons. Faute de
liberté concrète dans le crime, ce n'est plus l'éternelle et
obsédante vision du passé ; et grâce au ressort de la liberté
qui reste tout le fond de l'être psychologique, tout l'effort se
porte vers l'avenir. Telle est, et telle doit être, la psychologie
de la peine dans le droit pénal régénéré. C'est avant tout
une éducation de l'opinion qui est à refaire. Mais un
régime de peines, fondé sur une classification toute psychologique, y aidera puissamment ; et déjà la pratique de la loi
Bérenger ne nous y a-t-elle pas comme très heureusement
préparés ?

*
* *

Il est vrai que nous avions débuté par une promesse qui
n'a pas été tenue, celle de la garantie du droit canonique,
considéré tout au moins, et uniquement, au point de vue de
sa valeur et de son rôle historiques. Cette compénétration
de l'idée de sanction par l'idée de but social nous a été
fournie par l'analyse sociologique des conceptions populaires. Mais ne serait-ce pas celle aussi, en dépit de la contradiction des termes, ou plutôt à cause de cette contradiction elle-même, de tout le droit canonique ? Cette constatation n'importe pas seulement au point de vue de la vérité
historique. Il nous semble que le droit canonique aurait tout
à gagner à dégager ses origines d'une certaine philosophie
spiritualiste dont on veut le rendre solidaire, et qui n'est, au
fond, qu'une des faces du rationalisme[2]. Au surplus, c'est à
ceux qui ont qualifié officielle pour veiller sur la bonne

---

(1) C'est le cas d'appliquer le mot admirable de saint Paul : ἓν δέ,
τὰ μὲν ὀπίσω ἐπιλανθανόμενος τοῖς δὲ ἔμπροσθεν ἐπεκτεινόμενος, κατὰ
σκοπὸν διώκω εἰς το βραβεῖον τῆς ἄνω κλήσεως... (*Philippiens*, III, 13-
14), que l'on peut traduire approximativement ainsi : *Et désormais,
laissant de côté tout ce qui est en arrière pour ne poursuivre que ce
qui est devant, je vais au but qui est de conquérir le prix auquel je
suis appelé d'en haut...* On ne saurait mieux marquer le devoir où
nous sommes tous d'oublier le passé, pour ne songer qu'à l'avenir.

(2) Voyez à ce propos, et à titre d'indication, un curieux article de
M. l'abbé L. PICARD (du diocèse de Lyon), *De l'insuffisance du spiri-
tualisme*, publié dans *la Revue du Clergé français*, 1897, p. 481 suiv.

renommée du droit canonique de se prononcer sur ce point. Nous ne sommes ici qu'un témoin historique.

Et d'abord, en correspondance même avec cette conception toute populaire et toute historique que nous donnions de l'idée de liberté, comment ne pas se rappeler une allégorie de l'Evangile terriblement troublante ? Celle du grain jeté en bonne terre et qui croît tout seul, par la vertu même du sol qui l'a reçu, sans un effort personnel, et comme en pleine insconscience subjective ? Puis, vient un jour où la plante a grandi, où elle est devenue un arbre aux larges ramures où se reposent les oiseaux du ciel [1]. Où donc est l'effort de l'individu ? Où donc sa liberté, en tant qu'acte positif, entre-t-elle en jeu ? Où donc voyons-nous apparaître, en ce qui le concerne, la responsabilité du bien qui se fait en lui ? C'est la personnalité initiale qui seule explique tout, qui seule produit tout, par une force qui vient du fond de l'être et que n'interrompt aucune intervention d'un prétendu libre arbitre. Le sol est bien préparé ; il n'y a plus qu'à déposer en lui la semence qui doit fructifier. Le semeur a passé, le germe se développe par la vertu même des principes fécondants qui l'ont pénétré ; c'est une production tout organique. La liberté et la responsabilité sont donc, si elles sont quelque part, dans cette personnalité elle-même, prise en bloc et dans son unité, et prise aussi, il faut le reconnaître, avec ses variations et ses transformations successives. Mais nous ne les voyons pas dans chaque acte en particulier. Les actes pris individuellement sont les fruits de l'arbre, bons si l'arbre est bon, mauvais s'il est mauvais.

L'homme, dans une doctrine de ce genre, ne nous apparaît pas forcément comme libre dans ses actes, mais comme libre dans le développement de sa personnalité morale. Nous ne savons pas si la liberté est le pouvoir d'agir indépendamment de toute détermination antérieure ; mais c'est pour l'homme le pouvoir d'agir sur son être moral, et d'agir incessamment sur soi pour transformer, améliorer sa personnalité, et pour déterminer, par cette conditionnalité intermédiaire, tous les actes qui en naîtront. La liberté, ce peut être le pouvoir de préparer le sol, de le faire bon ou mauvais, et de conserver en soi ce dépôt du bien dont l'Évangile fait pour tout homme comme sa part d'atavisme, ou plutôt d'hé-

____

[1] Saint Marc, ch. iv, 8, 26-28, 31-32.

rédité divine[1]. Mais une fois le sol préparé, la nature reprend ses droits et avec elle la loi essentielle d'inconsciente causalité : la liberté a préparé la terre, le déterminisme y reçoit le grain et le fait fructifier. Voilà ce que nous entrevoyons tout d'abord.

Et tout ce qui apparaît de responsabilité dans l'Évangile n'est jamais attaché à un acte pris en particulier, considéré comme le produit d'une liberté de choix, mais à un sentiment, à un état, à ce que nous appelons aujourd'hui un état d'âme, et l'expression est déjà dans saint Bernard : *Et enim libertas habitus animi liber sui*[2]. De là la prédominance de l'état de foi. Et toute la prédestination des vocations apostoliques n'a pas d'autre fondement : c'est la récompense d'une foi latente[3]. Et de même pour les miracles de l'Évangile, c'est la récompense d'une foi devenue positive et agissante[4]. Et à cet état de foi que révèle l'Évangile correspondra l'état de grâce avec la construction dogmatique que lui a donnée saint Paul[5]. Partout des individualités à récompenser ou à punir, et non des actes ; et, si parfois l'acte apparaît comme objet de sanction, le péché plutôt que l'état de péché, ce n'est que comme manifestation et produit d'une individualité déjà corrompue et en révolte contre l'Esprit qui agissait en elle. La doctrine théologique sera-t-elle donc autre chose que le développement de toutes ces idées ? État de grâce, état de péché, c'est là ce qui constitue la séparation des justes d'avec les autres ; et quant aux œuvres, les bonnes comme les mauvaises, elles ne valent que comme expression de notre correspondance à ce qui est le fond de notre nature. Le péché pris en lui-même, disent les théologiens, sépare de Dieu ; il consomme la mort. Sans doute ; mais qui donc a suffisamment analysé, même du point de vue théologique, l'élément sub-

(1) Saint Jean, I, 4, 9.

(2) V. *suprà*, p. 40, note 2.

(3) Saint Jean, I, 35-49 ; III, 19-21, v, 38-44 ; cf. VIII, 34 ; saint Marc, II, 5 ; v, 34 ; vii, 29 ; x, 52 ; saint Mathieu, VIII, 10-11 ; IX, 2, 29.

(4) Saint Luc, V, 5, 12-13 ; saint Jean, IV, 50 ; saint Mathieu, IX, 22, etc , etc. Voir la note précédente.

(5) Voir toute l'Épître aux Romains et spécialement chapitre VI.

jectif qui est requis pour opérer cette séparation, et qui est, beaucoup moins la libre adhésion à la matérialité du fait, que la révolte ouverte et consciente contre cette part d'hérédité divine, cette humanité de régénération dont parlait saint Paul, agissant et vivant en nous, et dont l'âme se sépare, par un acte décisif, pour vivre de l'humanité de péché qui est en elle[1] ? N'est-ce pas tout le fond de la théologie en cette matière ?

C'est du moins sous cette forme, et comme impression générale, que les choses apparaîtront, non pas peut-être pour qui serait un théologien de profession se plaçant au point de vue de la réalité objective des vérités théologiques[2], mais pour quiconque envisagera la théologie du point de vue de l'histoire, dans sa correspondance avec le mouvement des idées et par l'influence qu'elle a produite sur l'évolution même des sentiments populaires ; et ce sont là·des éléments que personne, au point de vue de la science sociale, n'a le droit de négliger.

Si d'ailleurs nous sortons de la théologie, c'est-à-dire pour le cas particulier, de ce qui constitue une sorte de psychologie spirituelle, pour passer à ce qui est d'organisation positive et sociale, nous verrons que le droit canonique n'est que le développement de toutes ces idées. Le droit primitif de l'Église se trouve renfermé dans des recueils appelés pénitentiaux[3] et qui ressemblent terriblement à la loi salique, avec cette différence qu'au lieu de wergelds, ce sont des années de pénitence qui se trouvent correspondre à chacun des faits prévus : tant d'années de pénitence, comme on disait, dans les tarifs des lois germaniques, tant de sous d'or.

(1) Saint Paul, Épître aux Romains, ch. vii, 18-24.

(2) Comme expression de la doctrine théologique envisagée sous ce rapport, c'est-à-dire prise en elle-même, et telle qu'elle se présente comme doctrine d'école, voir la thèse citée plus haut du P. Frins, *De actibus humanis*, p. 116 suiv.

(3) Sur ces Livres pénitentiaux, voir surtout Viollet, *Histoire du droit civil français* (dernière édition) ; Schmitz, *Die Bussbücher und die Bussdisciplin der Kirche* ; Charles Lea, *History of auricular confession and indulgences in the latin Church* (Philadelphie. 1896) et une étude remarquable de M. A. Boudinhon, au sujet de l'ouvrage précédent, sur *l'Histoire de la Pénitence à propos d'un ouvrage récent*, parue dans *Revue d'histoire et de littérature religieuses*, t. II, 1897 p. 306 et p 496

L'un à la place de l'autre. Et l'on sait que plus tard, avec la pratique des indulgences, les sous d'or ont à nouveau remplacé les années de pénitence. On s'en est scandalisé. Du point de vue rationaliste du libre arbitre, c'est possible. N'est-ce pas au contraire toute une lumière très vive jetée sur le caractère purement de surface de ces tarifs pénitentiels ? Ce n'est là qu'un tarif tout objectif et purement proportionnel, par suite purement nominal, c'est-à-dire représentatif et comme symbolique uniquement de la gravité objective du fait et du scandale qu'il peut produire. Donc, que l'on paie pour réparer le scandale, et comme indication que l'on reconnaît le scandale que l'on a causé, tout cela n'a pas d'autre but. Mais pour ce qui est de la conscience, et pour ce qui est de la valeur morale du fait, c'est tout autre chose. Pris de ce point de vue, le fait n'est plus qu'un élément secondaire ; ce qui prend le pas sur tout le reste, c'est la moralité à restaurer, l'état de grâce à substituer à l'état de péché ; et pour cela il faut que la peine agisse comme un remède, c'était l'expression canonique elle-même, nous dirions aujourd'hui comme un instrument de réforme. Ce que l'on veut atteindre, c'est la réforme morale du pécheur ; et dans la primitive Église on comptait, pour opérer cette réforme, sur l'effet psychologique de la pénitence. Puis, le jour où, par suite de l'attiédissement des mœurs, on crut trouver des équivalents et des substitutifs de plus sûre valeur, on ne garda le tarif que pour mesurer la gravité proportionnelle du fait, à l'état presque nominal, et on le remplaça par des prières, des pèlerinages en terre sainte et des aumônes. Plus tard viendront les indulgences, en guise de reconnaissance symbolique de la sanction objective initiale.

Prenons un exemple qui montre bien ce qu'il y avait de secondaire dans ce point de vue objectif et l'influence prédominante des considérations individuelles subjectives. Il s'agit de l'infanticide. On répète presque partout que ce fut un progrès de la philosophie du XVIIIᵉ siècle d'en avoir fait un crime spécial, et fortement atténué, lorsqu'il s'agit de la mère naturelle qui s'est laissé entraîner au crime pour cacher sa faute. Tendance moderne, et purement moderne, dit-on.

Tout le droit antérieur inspiré du christianisme ne voyait que la protection de l'enfant, qu'il fallait défendre dans sa faiblesse, et défendre à l'égal de tout être humain, parce que l'enfant, aux yeux de Dieu, c'est une âme qui a sa destinée ici-bas. De là la conception du meurtre aggravé devenue prédominante. Tendance moderne, sans doute. Nous la trouvons cependant dès le IVᵉ siècle dans un concile d'Ancyre de 314; et de là elle inspire tous les pénitentiaux qui nous sont parvenus[1]. Assurément, au début, on avait frappé fort, et très fort; on avait assimilé l'infanticide à l'homicide, parce qu'il fallait réagir contre des habitudes païennes invétérées[2]. Mais au concile d'Ancyre on se préoccupe de la mère illégitime qui veut cacher sa faute; et, pour ce qui est d'elle, et pour elle seulement,—on voit que c'est le point de vue moderne,— au lieu de la pénitence à vie, qui était la peine de l'homicide, on réduit la peine à dix ans, par raison d'humanité, disent les textes. Depuis, tous les pénitentiaux répètent cette disposition. Ils nous révèlent même un point de vue encore plus humain et plus profond. Ils parlent des mères qui se sont laissé aller à ce que l'on appelait le péché de chair et qui ont fait disparaître l'enfant. Or, ce meurtre n'est plus que la suite de la première faute, il se confond avec elle. Il n'entraîne pas de pénitence spéciale et distincte. On juge le tout en bloc : c'est la femme coupable de s'être laissé séduire que l'on envisage. Le reste est la suite presque inévitable de la séduction. On réduit sa peine par humanité, disent les textes[3]. Et en effet quel point de vue plus humain pourrait-on concevoir, plus individuel, plus subjectif? Ce n'est plus le point de vue du crime, c'est uniquement celui du criminel. Individualisation subjective sous le couvert d'un tarif légal tout objectif : nous ne demandons pas autre chose. Individualisation subjective dérivant de l'idée même de responsabilité et de liberté : c'est la formule même à laquelle nous étions arrivés.

(1) Voir les textes dans Schmitz, *Loc. cit.*, p. 259, p. 356, p. 412, etc., etc., et Hefele, *Concilien Geschichte*, I, c. 1, 240.

(2) Voir sur ce point une bonne thèse de M. R. Bouton, sur l'*Infanticide* (Paris, 1897), p. 33 suiv.

(3) Schmitz, *Loc. cit.*, p. 624, p. 629.

Et cette formule s'impose dès qu'on s'en tient à cet état de liberté virtuelle et diffuse, inspiratrice, et non plus créatrice, de chaque acte pris en particulier. Lorsqu'on ne voit que l'acte de liberté, il faut bien que la sanction s'en tienne à cet acte lui-même; toute la peine est dominée par l'obsession du fait réalisé, elle est orientée vers le passé. Mais lorsqu'on ne sait plus ce qu'a été l'acte commis, et que la liberté recule jusqu'aux couches profondes de l'individualité psychologique, sans que l'on puisse en démontrer l'intervention certaine pour chaque acte en particulier, la valeur morale et subjective du fait s'atténue terriblement; et l'on ne voit plus que la moralité à restituer et à relever. La liberté ne s'envisage plus dans le passé, mais dans l'avenir. Rien ne prouve qu'elle ait directement inspiré le crime, mais l'on sait qu'elle seule pourra inspirer l'effort contre la criminalité qui est dans l'âme; et puisque la peine a encore en vue la liberté, c'est cette liberté, germe de l'avenir moral du condamné, qu'elle doit viser beaucoup plus que l'autre, celle qui l'aurait entrainé vers le vice. Il y en a une qui est certaine et sur laquelle on peut compter : c'est un levier de régénération. L'autre, on ne peut pas la saisir sur le fait : que l'on y croie, mais qu'on n'y touche pas. La peine, dans une théorie de ce genre, ne vise plus que cet état de responsabilité que connait seul l'Évangile, et non plus l'acte de responsabilité, qui est une création de la raison abstraite et non de l'observation des faits et de la réalité. Si elle vise l'état de responsabilité, elle s'individualisera d'après cet état lui-même; et c'est ainsi que la responsabilité de l'Évangile, loin d'être en contradiction avec l'idée d'individualisation, en impose la pratique et le régime, comme la conséquence forcée des contatations toutes de réalité et de vie, qui sont à la base du système, en dehors de toute abstraction purement rationnelle et purement doctrinale. Toute la pratique des pénitences et des peines ecclésiastiques n'a jamais visé d'autre but; l'idée de *castigatio* s'allie à celles de *disciplina* et de *remedium*[1]. Depuis les

---

(1) Sur les *Pænæ medicinales* du droit canonique, voir Vargha, *Abschaffung der Strafknechtschaft* (Graz, 1897), II, p. 151, et p. 217, 218.

Pénitentiaux jusqu'à la fondation de l'hospice San Michele à Rome par le pape Clément XI, on a pu dire en toute sincérité, en observant, sinon toujours la pratique[1], mais l'esprit du droit canonique : *Parum est coercere improbos pœna, nisi probos efficias disciplina*[2].

.·.

Au surplus, si la combinaison paraît étrange et que des esprits doctrinaires, purement épris de logique déductive, se refusent encore à concilier ces deux idées de responsabilité et d'individualisation, au moins ne sera-t-il pas inutile de montrer que cette antinomie est celle de toute notre école française actuelle. Cette école française est-elle à proprement parler l'école classique ou non, est-ce l'école pénitentiaire ou toute autre encore ? La chose se laisse mal préciser ; ce qui est certain, c'est qu'elle est une école qui recueille la vérité partout où elle la rencontre, sans trop s'attacher aux systèmes, une école de mesures pratiques et de solutions heureuses, une école de bon sens et de belle clarté française, qui a donné naissance aux trois institutions suivantes : une classification de peines spéciales pour les crimes politiques, la condamnation conditionnelle, représentée par la loi du sursis, et la relégation des récidivistes, appliquée par la loi de 1885. Une

(1) Il faut en effet faire cette réserve entre la pratique et la théorie, et ne pas confondre les principes dont on s'inspirait et les compromis auxquels on arrivait dans la réalité, à raison du point de vue des nécessités sociales qui finissent toujours par avoir le dernier mot. Et tout cela fut en effet très visible au début du droit canonique, lequel cherchait en effet ses inspirations positives dans le droit romain, c'est-à-dire dans la législation la plus rigoureusement organisée au point de vue social qui existât alors. C'est à l'aide de ces distinctions que l'on pourra comprendre les idées, qui à priori semblent presque un peu paradoxales, par lesquelles Hinskius (*Kirchenrecht*, t. V, § 265, p. 123 suiv.) cherche à contester la conception traditionnelle que l'on s'était faite de la discipline pénitentiaire du droit canonique (cf. sur ce point Günther, *Geschichte des Strafrechts* dans la Revue de Liszt, z. f. d. g. Str. R. W. t. XV (1895), p. 166). Il y a là également le résultat d'une observation plutôt unilatérale, et un peu inexacte, pour n'avoir pas suffisamment tenu compte de tous les aspects du problème.

(2) *Motu proprio* du pape Clément XI du 14 novembre 1703.

école qui a ces trois créations à son actif est une école d'individualisation hardiment subjective.

Examinons d'abord la distinction qui existe chez nous, dans l'échelle des peines criminelles, entre des peines de droit commun et des peines politiques. C'est, à première vue, le renversement de tous les principes traditionnels. Le crime politique, jadis crime d'État ou de lèse-majesté, était le plus grave de tous au point de vue général, et en ce qui touche la sécurité de l'État, identifié sous tous les régimes avec le gouvernement. Il fallait être impitoyable et frapper fort, sans égard pour l'individu. L'objectivité du crime absorbait et dominait tout le reste. Et même, pourrait-on dire, plus l'individu était intéressant, sympathique, honnête homme, plus il devenait dangereux comme criminel politique ; plus en effet son influence était à craindre, plus l'exemple de la révolte venant de lui était grave, plus son crime par sa matérialité était colossal. Par conséquent, plus il fallait frapper. Dans toute l'antiquité classique, comme dans tout l'ancien droit, depuis le Moyen âge primaire jusqu'aux années les plus sombres de la Révolution française, c'est le crime politique que l'on a toujours puni des peines les plus rigoureuses ; et l'on était d'autant plus impitoyable pour les victimes qu'elles pouvaient présenter plus d'intérêt et susciter plus de sympathie.

Mais au sortir des hécatombes de nos guerres civiles, on vit surgir une idée nouvelle. Elle naissait de toute l'horreur du sang versé, comme si ce fût un souffle de paix et surtout comme un besoin d'oubli qui l'inspirât. Cette idée, c'est que le crime politique, par son côté objectif, est sans doute le plus grave de tous ; mais au point de vue subjectif, il n'a aucun rapport avec le crime de droit commun. Celui qui le commet n'est pas un criminel ordinaire. Ce n'est pas forcément un malhonnête homme, ce n'est pas un ennemi de la société, un être inassimilable au point de vue social. Ce peut être un adversaire politique, ce n'est pas un réfractaire à l'idée de société. L'anarchiste est un antisocial ; mais l'anarchiste n'est pas un criminel politique. Il faut donc se garantir contre le danger dont le criminel politique menace l'État, et l'État a le devoir de se défendre contre lui. Mais il n'y a pas à vouloir le réformer par la peine ; il n'y a pas à agir psychologiquement sur lui par la réprobation sociale dont la peine est l'expression, encore moins par l'effet de l'éducation pénale. Ce n'est pas un être pervers. La peine n'aura pas de prise sur lui. Elle peut sans doute l'intimider, elle peut l'effrayer, à raison de la privation de liberté dont elle le menace. Quant à lui refaire une conscience nouvelle et à réformer ses idées, c'est une prétention ridicule. Il faudrait une conversion politique, et non une conversion morale ; et, au point de vue politique, la prison ne convertit guère que ceux dont les convictions sont faciles à ébranler. C'est la peur qui agit, ce n'est pas un effet de moralisation. Donc, la peine politique ne doit pas ressembler aux peines de droit commun.

Le jour où cette idée se fit accepter, ce fut toute une révolution dans nos lois. C'était le point de vue subjectif et l'idée d'individualisation qui allaient se substituer au point de vue objectif de la gravité matérielle du crime. C'était la prédominance de l'idée toute moderne de la différenciation du régime des peines d'après la classification des criminels ; et nous verrons par la suite toutes les conséquences logiques que l'on veut tirer aujourd'hui de cette double échelle des peines criminelles. En tout cas, l'idée très directe qui en résultait était qu'à côté de peines qui visent le malhonnête homme et qui le désignent à la réprobation publique, il doit y avoir des peines faites pour les honnêtes gens, c'est-à-dire des peines pour l'honnête homme qui, par sa façon d'agir, devient un danger public ; et ces sortes de peines ne doivent être ni déshonorantes, ni éducationnelles, ni réformatrices. Elles doivent être purement et simplement des peines d'intimidation ou des peines de sécurité publique, sans autre prétention.

La preuve, du reste, que ce point de vue était exactement celui du Code pénal français est qu'aux deux extrémités de l'échelle nous trouvons deux peines d'emprisonnement qui ont le même caractère, qui n'impliquent pas le travail forcé, considéré comme une marque de servitude pénale, et qui écartent toute idée d'infamie légale. C'est la détention, peine politique des plus graves, puisqu'elle peut durer en principe

de cinq à dix ans, et, à l'autre extrémité, l'emprisonnement
de simple police pour contraventions, peine qui n'a rien de
déshonorant, et qui n'a d'autre caractère que d'être la sanction d'une disposition légale, un moyen de contraindre les
citoyens au respect de la loi, peine d'ailleurs fort légère,
puisque son maximum est de cinq jours. Au point de vue du
régime qu'elles comportent, ce sont des peines de même
nature, de pures sanctions légales, et non des mesures de
réprobation sociale. Il s'agit de dettes à payer, et comme de
risques à courir. Cela n'a pas d'autre valeur pénale.

Voilà donc toute une catégorie de peines que l'on enlève
au domaine des peines de droit commun. Il faut arriver à
l'année 1885 pour trouver une autre peine, toute spéciale,
soustraite également au stock des peines ordinaires. C'est la
relégation pour les incorrigibles ; il y a là comme une inspiration directe de l'école italienne. L'une des idées les plus
chères à l'école italienne est qu'il y a parmi les criminels, et
pour elle c'est la grande majorité, une classe absolument
réfractaire à la peine ; ce sont des inassimilables, criminels-
nés ou criminels de formation ultérieure, peu importe. Ce
sont les professionnels du crime. Il ne faut pas songer à les
punir, la peine n'a plus d'effet sur eux. Il faut les mettre à
l'écart et en débarrasser la société. Avant tout, c'est la métro-
pole que l'on a voulu purger de toute cette lie sociale. Que
l'on sacrifie donc pour cela une colonie destinée à recevoir
ces réfractaires à la vie sociale et qu'on les y envoie ! Peut-être
arriveront-ils à faire, en dépit de tout, de la colonisation utile,
et ce sera tout profit pour la société. Le danger est écarté,
et peut-être même y a-t-il là-bas, aux tropiques, un bénéfice
au bout. Voilà une peine de politique criminelle au vrai sens
du mot ; mais à coup sûr ce n'est pas une peine de droit
pénal. Ce n'est qu'une mesure de politique sociale.

Assurément, les auteurs de la loi de 1885 ont encore été
retenus par certains scrupules qui leur ont fait commettre
quelques fautes lourdes. Ils partaient de cette idée que la
relégation n'était pas une peine ; que c'était la liberté hors
de France, donc un simple exil surveillé et réglementé. Et
alors, comme une infraction avait été commise, il fallait

qu'une peine fût subie et que la dette fût acquittée. Aussi le relégable doit-il payer sa peine en France avant d'aller jouir de la rélégation aux colonies. C'est une double erreur. La relégation, sans doute, n'est pas une peine au sens classique du mot ; c'est cependant encore une mesure répressive, qui doit être organisée comme la transportation, avec étapes progressives. C'est la peine de l'incorrigibilité, ou, si l'on préfère, d'une suite d'infractions démontrant l'incorrigibilité. Assurément elle cadre mal avec l'idée d'une série de dettes à régler : le compte une fois achevé, tout est fini. Elle cadre fort bien au contraire avec l'idée d'une criminalité à dompter et à réduire. Sans doute c'est une mesure préventive avant tout. Mais cette mesure préventive reste la sanction d'une série d'actes de criminalité, qui ont fait la preuve, chez celui qui les a commis, d'un état de révolte irréductible ; et c'est cet état de révolte qui appelle, lui aussi, sa sanction spéciale. Si donc on applique au relégué un véritable régime pénitentiaire, pourquoi lui faire subir en France une peine préalable, une peine à l'ancienne mode, une peine du genre éducationnel, alors qu'il est présumé réfractaire à la peine ? Ce qu'il faut, c'est utiliser ses bras le plus vite possible aux colonies, au lieu de l'anémier une fois de plus par la pratique de la prison et de la cellule[1]. Il y a eu là une double erreur et une double faute. Cela provenait de ce que l'on croyait faire de la relégation une sorte d'exil avec liberté théorique, alors que la relégation est une peine, une peine différente des autres, une peine de sécurité sociale, beaucoup plus que d'amendement indivi-

(1) Voir sur tous ces points une excellente étude de M. Leveillé dans *les Institutions pénitentiaires de la France en 1895* (Paris, au siège de la Société générale des Prisons, 1895), p. 284 suiv. Il y a eu bien d'autres fautes commises encore dans cette loi de 1885, et dont ce n'est pas le lieu de parler ici ; il suffira d'indiquer la plus grave de toutes, l'idée d'un critérium d'incorrigibilité purement légal, dépendant d'une façon forcée du nombre et de l'espèce des délits, sans réserver l'appréciation du juge. On verra cependant, par les discussions du congrès de Saint-Pétersbourg de 1890, combien ce critérium d'incorrigibilité est délicat. C'est toujours notre système français de vouloir tout laisser à la loi et rien aux juges : c'est un esprit de défiance malheureux. D'autre part, la loi sur la libération conditionnelle admet que celle-ci puisse s'appliquer à la peine subie par les relégables, si bien que si le libéré se conduit bien pendant dix ans, il n'y a plus de relégation

duel. Mais elle est une peine par son fondement juridique,
qui est encore l'idée de responsabilité, tout autant que par le
régime qu'elle implique. L'incorrigible, en tant que juridiquement responsable de son incorrigibilité, subit la peine que
son état comporte ; c'est la formule exacte.

Le Code pénal avait créé des peines de pure intimidation
pour des délinquants qui ne fussent pas des criminels de
nature. La loi de 1885 a créé à son tour une peine d'élimination pour les incorrigibles. Voilà donc très nettement établie
en législation française une triple classification des criminels, avec peines correspondantes : des délinquants sans perversité criminelle, des incorrigibles, et, entre les deux, toute
l'immense catégorie des délinquants avec révélation d'une
perversité de nature plus ou moins profonde, mais présumés amendables. Telle est la triple classification du droit
français actuel. Mais l'école française est allée plus loin.

Dans toute cette masse intermédiaire qui forme la catégorie de droit commun, celle des délinquants qui psychologiquement sont des criminels, mais supposés amendables et
sensibles à la peine, que de distinctions à faire ! Il y a les
primaires et les autres ; puis dans les deux groupes, dans le
premier surtout, il y a ceux qui, tout en ayant cédé à un
sentiment mauvais, violent ou malhonnête, sont cependant
tombés par surprise ; puis, il y a ceux dont la nature est
vicieuse, qui peut-être ont déjà pris l'habitude du délit, mais
qui cependant ne sont pas encore désespérément perdus et
qu'il y a chance de relever. La loi, en tant que loi, ne fait
entre eux aucune différence. Et cependant, avant d'arriver
même à loi de 1891 sur la condamnation conditionnelle, que
de réformes dues la plupart à l'administration, et toutes dans
le sens de l'individualisation ! C'est un point qui a déjà été
indiqué. Beaucoup de ces réformes, il est vrai, et il est bon

possible. Mais comme c'est l'administration qui prend l'initiative de
la libération conditionnelle, et non pas le juge, il se trouve qu'en
réalité la sélection et l'appréciation sont remises aux mains de l'administration et non au pouvoir judiciaire (loi du 14 avril 1885, art. 12) ;
ce qui d'ailleurs est une solution assez heureuse, puisque c'est par
l'épreuve de la liberté sous la surveillance de l'administration que la
démonstration d'incorrigibilité pourra se faire.

d'y revenir, comme conclusion de toute cette construction juridique, ont eu pour cause directe des nécessités budgétaires. L'effet n'en a pas moins été excellent.

Ainsi, par exemple, le Code pénal avait admis des peines de nature différente suivant les diverses catégories d'infractions. Ceci était surtout sensible pour ce qui est de l'emprisonnement pris au sens large du mot. Il y en avait de quatre sortes. Et en particulier l'emprisonnement, par son régime, devait différer suivant qu'il s'agissait de crimes ou de délits. On aurait dû mettre dans des établissements distincts les condamnés pour crimes et les condamnés pour délits. Il fallait que la rigueur du régime fût proportionnée à la gravité du fait. Les ressources budgétaires n'ont pas permis de faire ces distinctions, et d'avoir ainsi des établissements différents. La sélection s'est faite sur une autre base, non plus d'après la nature de l'emprisonnement, mais d'après sa durée ; de sorte qu'en fait on distinguait surtout entre les courtes peines et les peines à long terme. Les premières s'exécutaient dans les prisons départementales, et les autres dans les maisons centrales, sans distinguer s'il s'agissait de réclusion ou d'emprisonnement correctionnel. C'était une violation directe de la loi ; mais cette violation en soi produisait des effets excellents. Car les courtes peines, presque toujours, ne s'appliquent qu'aux délinquants primaires. Il est rare qu'un récidiviste ne soit frappé que de quelques mois de prison. On mettait à part tous les délinquants d'occasion ; et les professionnels étaient réservés aux maisons centrales. Cela revenait à assimiler le régime des récidivistes de délit à celui des primaires en matière de crime ; et rien n'est plus juste. Celui qui en est à son second ou à son troisième vol, en s'en tenant au vol simple, est autrement corrompu, la plupart du temps, que celui qui en est à son premier crime. Ce n'est pas par la gravité du fait que peut s'apprécier la criminalité de l'individu ; loin de s'identifier, les deux choses sont le plus souvent en rapport inverse.

Cette distinction a fini par être légalement consacrée par la loi de 1875 sur le régime cellulaire, lequel n'est appliqué que pour les courtes peines. Et l'on a compris en outre que,

toute question de criminalité subjective à part, le régime des
courtes peines, par cela seul que la durée ne permet pas ici les
visées à long terme et les étapes d'une éducation progressive, devait être soumis à une organisation toute différente,
ne serait-ce qu'au point de vue du travail, même là encore où le
régime d'isolement n'est pas appliqué. C'est en se plaçant à
ce point de vue qu'a été rédigé un important décret du
11 novembre 1885 sur le régime des prisons de courtes peines
affectées à l'emprisonnement en commun. Il en résulte que,
depuis 1875, tous les condamnés à moins d'un an d'emprisonnement devraient subir leur peine en cellule ; et, comme
il s'en faut que nos maisons départementales aient été
toutes reconstruites et aménagées en vue de cette disposition
matérielle, ils sont soumis tout au moins à un régime de vie
en commun très différent de celui des maisons centrales. A
l'inverse tous les condamnés à long terme, c'est-à-dire à plus
d'un an, qu'ils aient commis un crime ou un délit, qu'il
s'agisse de réclusion ou d'emprisonnement correctionnel, vont
dans les maisons centrales. Depuis la loi de 1875, l'assimilation entre l'emprisonnement correctionnel à long terme et
la réclusion est devenue un fait légal, consacré par la loi.

Cette distinction est excellente ; elle est bien supérieure à
celle du Code pénal fondée sur la distinction entre crimes et
délits. Elle a pour base un principe d'individualisation, la
distinction entre le délinquant d'occasion et le délinquant
par nature et par état psychologique. Tout cela ne suffisait
pas encore, et nous nous acheminons ainsi vers la loi de
1891, celle qui fait si grand honneur à M. Bérenger. Il est juste
qu'elle reste connue par son nom ; de cette façon la postérité
rendra un permanent hommage à ce très grand homme de
bien, qui, en dépit de tous les préjugés et de tous les partis
pris, s'est toujours mis à la tête, très courageusement, de
tout ce qui s'est fait de bon chez nous en matière de réformes
morales et pénitentiaires. La loi de sursis aura marqué comme
un tournant nouveau dans l'orientation du droit pénal. C'est
enfin l'abandon définitif des idées de justice absolue, pour
accepter l'idée de politique criminelle, au meilleur sens du
mot. La meilleure justice est celle qui sauve les gens; et la

condamnation conditionnelle n'a pas d'autre but. Cette fois, c'est presque le dernier degré de l'individualisation ; on n'ira pas beaucoup plus loin. Tout ce que nous demandons, en effet, c'est de différencier les peines suivant la nature des individus ; nous ne demandons pas la suppression de la peine. Ici la peine est supprimée, du moins son exécution matérielle. Et cependant, au point de vue de l'idée de justice, une infraction avait été commise, une peine était due. Il fallait une sanction. La société va donc agir comme un créancier qui accorderait une remise de dette à son débiteur ; elle le fait à raison de l'intérêt que présente l'individu. Ce bénéfice, d'ailleurs, ne peut être accordé qu'aux délinquants primaires. Cette fois, la distinction entre les primaires et les autres va se trouver légalement consacrée : il s'agit de prévenir la récidive. La loi Bérenger est une arme préventive contre la récidive.

Mais tout cela avait été préparé de longue main. En 1875, on avait distingué les courtes peines des autres. La pensée était de rendre aussi moralisateur que possible le régime des courtes peines. On sentait bien, et il n'y a plus aujourd'hui un seul criminaliste qui ne soit de cet avis, que les courtes peines sont comme la plaie vive du régime pénitentiaire. Tous les reproches accumulés par des criminalistes comme Mittelstädt ou Vargha[1] contre les peines privatives de liberté s'adressent surtout à la prison considérée comme première peine, et fractionnée en fragments de durée à peu près insignifiante. Une peine de ce genre ne dure pas assez longtemps pour moraliser, et elle dure déjà trop pour ne pas corrompre. Même pratiquée en cellule, et sans aucune promiscuité, la prison, par son premier contact, est corruptrice par elle-même, parce qu'elle fait perdre le sentiment de la dignité individuelle[2]. Aussi, depuis 1875, on sentait que sur ce terrain il y

<hr>

(1) Mittelstädt, *Gegen die Freiheitsstrafen* (2° édit. Liepzig, 1879) et Vargha, *Die Abschaffung der Strafknechtschaft* (2 vol., Graz., 1896 et 1897).

(2) Tout cela est trop connu, et malheureusement trop certain, pour qu'il soit besoin de s'appuyer sur aucune référence. Il est intéressant cependant de recueillir le témoignage, non plus d'un criminaliste et d'un homme du métier, mais celui d'un psychologue d'un très grand cœur et d'une analyse absolument pénétrante, qui avait passé par là,

avait autre chose à faire. En 1885, on fit un pas de plus, on introduisit d'une façon générale, et non plus seulement pour les mineurs envoyés en colonie pénitentiaire, quelle que fût par conséquent la nature de l'emprisonnement, la libération conditionnelle, qui n'est pas du tout une grâce administrative, mais une façon, pour le condamné, d'exécuter sa peine en liberté, sous une sorte de patronage et de surveillance morale. Pourquoi donc ce mode d'exécution d'une peine qui se subit en liberté ne pourrait-il pas commencer dès le début même de la peine ? A coup sûr, dans le système progressif, la libération conditionnelle n'est que la récompense de la bonne conduite ; elle suppose une partie de la dette payée et de la condamnation exécutée. Mais, pour ceux qui n'auraient pas besoin de prison mais de tutelle, pourquoi ne pas commencer dès le début ce régime de liberté surveillée, et moralement protégée[1] ? C'est par cela que Vargha veut remplacer d'une façon générale toutes les peines d'emprisonnement et de servitude pénale ; ainsi présentée la proposition est une pure utopie[2]. Mais admise partiellement, pour certains délinquants que l'on ne veuille pas enlever à leur travail ni à leur profession, ce serait excellent : la peine s'exécutant en liberté. Il est très probable qu'il y aura là dans l'avenir un large substitutif de la prison. Comment ne pas le croire, puisque par la condamnation conditionnelle on va plus loin encore ? On admet la liberté pleine et entière sans tutelle, ni surveillance, sans que la peine soit censée s'exécuter. Elle est écartée. La peine est suspendue, conditionnellement supprimée. Quoi qu'il en soit, il n'y a pas de doute que l'exemple de la libération conditionnelle n'ait servi de transition et

Dostolewsky. On sait ce qu'il pensait du régime du bagne; or, il ne pensait pas différemment de la cellule. Voir DOSTOIEWSKY, *Souvenirs de la Maison des Morts*, p. 17 et 18. Cf. également PAUL HYMANS, *la Lutte contre le crime* (discours de rentrée), Bruxelles, 1892, spécialement p. 58 suiv. Voir cependant ce que dit des peines à long terme un ancien prisonnier, M. MONTGOMERY, dont l'article a été cité *suprà*. p. 125, not. 1.

(1) Cf. ASCHROTT, *Strafensystem und Gefängniswesen in England*, p. 92 suiv.; et comme précédents de la condamnation conditionnelle, MUMM, *Die Gefängnisstrafe und die Bedingte Verurtheilung*, p. 25 suiv.

(2) Voir ce qu'en dit OPPENHEIM dans son compte rendu de la *Kritische Vierteljahresschrift*, t. XXXIX (1897), p. 571.

d'acheminement à l'idée d'une condamnation purement conditionnelle.

Au surplus, lorsqu'on a voté cette loi de 1891, on a très peu discuté les principes. Ce qui vaut beaucoup mieux, on s'en est tenu aux faits. Et, ce que démontraient toutes les statistiques, c'est que les courtes peines, et, pour tout dire, le simple contact de la prison, avec ou sans cellule, suffisait à faire de celui qui l'avait subi un récidiviste à peu près assuré pour l'avenir. Quel profit y avait-il donc pour la société à faire subir la prison à un délinquant primaire lorsqu'on pouvait croire que l'on eût affaire à un égaré qui ne retomberait plus à l'avenir ? Le seul moyen de le sauver était peut-être de lui éviter sa peine ; et tout est là, sauver les gens. D'ailleurs, partout où existe une autorité disciplinaire, que ce soit dans la famille au profit du père ou dans les administrations au profit des supérieurs hiérarchiques, la première loi de la bonne discipline, si l'on veut en effet faire de la bonne discipline, c'est presque toujours, à moins de cas absolument graves, le pardon pour la première faute. La société serait donc seule à ne jamais pardonner[1] ! Uniquement par suite de cette idée, d'une logique égalitaire et radicale qui a fait son temps, que la loi est la loi, et que, pour en supprimer l'application, il faudrait l'intervention de ceux qui ont droit de la faire. Ceux qui ont droit de la faire n'ont qu'à déléguer à d'autres le pouvoir d'en suspendre ou d'en régler l'application. C'est ce qu'on a fait en 1891 au profit du pouvoir judiciaire. On a voulu donner aux magistrats le moyen de sauver ceux qui pour la première fois comparaissent devant eux. Mais pour cela il faut que les juges puissent sonder les reins et les cœurs ; c'est à eux d'apprécier et de juger. Et la loi ne leur trace du reste aucune règle, même approximative. La loi de 1891 ne distingue même pas suivant la gravité de l'infraction. Il suffit qu'il s'agisse d'emprisonnement correctionnel, quelle qu'en soit la durée, fût-elle même du maximum légal, c'est-à-dire de cinq ans, et cela même s'il s'agissait de

(1) Voir sur ce point quelques précédents datant du moyen âge et de l'ancien droit, rapporté par CHIARONI, *La condanna condizionale* (Trévise, 1897, p. 21). Cf. ce que j'ai dit ailleurs, à propos de la loi de Pardon, dans le livre de M. OCTAVE AUBRY, *L'indulgence et la loi* (Paris, 1906), p. 190 suiv. et spécialement p. 196-197.

trime puni de peine correctionnelle par l'effet d'une excuse ou de circonstances atténuantes.

On s'est indigné de cette possibilité d'accorder le sursis, même pour un emprisonnement de cinq ans. On s'en indigne encore aujourd'hui, et de plus en plus. Aussi dans le projet de revision du Code pénal français on a cru qu'il y avait lieu de faire droit à ces réclamations et l'on a terriblement réduit le domaine d'application de la loi Bérenger [1]. C'est en somme ne rien comprendre à la loi Bérenger elle-même ; c'est en faire une sorte de grâce et de faveur qui dépende de la gravité du délit, et pour laquelle il faille prendre en considération le fait commis. C'est dénaturer du tout au tout l'esprit de la loi. Le législateur a voulu que le magistrat pût prendre en considération, non pas la gravité objective du fait, mais les chances de relèvement de l'individu ; et alors qu'importe le fait ? On peut supposer un jeune voleur qui ait le tempérament d'un vrai malfaiteur ; il commet son premier vol, ou plutôt c'est la première fois qu'il est pris la main dans le sac. Le fait, pris en lui-même, ne mérite pas plus de trois mois : d'après le projet de revision, il serait dans les conditions de la loi Bérenger. Mettons en regard un employé de commerce honnête, fidèle et rangé, qui se laisse entraîner dans une vie irrégulière ; il fait des dettes, puise dans la caisse avec la très ferme conviction que, d'ici à quelques jours, il sera à même de rembourser ce qu'il a pris. Il est découvert avant de l'avoir fait. C'est une infraction grave ; à supposer qu'elle ne soit passible que d'emprisonnement, on serait cependant dans l'impossibilité d'accorder le sursis. On l'accordera au petit voleur qui n'en a pas besoin ; lui laisser la liberté, c'est le rendre à son milieu et aux tentations qu'il comporte. Ce qu'il lui faudrait, ce serait une peine de réforme et d'éducation qui pût l'enlever à sa vie de vagabondage et lui refaire d'autres habitudes. Et au contraire, parce que la condamnation dépasserait trois mois de prison, on le refusera au caissier qui a succombé à la tentation d'un moment, qui, au

(1) Voir ce que dit très justement à ce sujet M. Le Poittevin dans son étude sur *Le projet de réforme du Code pénal* (Revue pénitentiaire, 1893, p. 174-175).

fond, n'est pas devenu pour cela un malhonnête homme, qui se repend, qui a rompu avec sa vie irrégulière, et dont on est sûr qu'il ne recommencera pas. On va le condamner et lui faire exécuter sa peine. Qui peut prévoir ce qui en résultera et ce qu'il sera devenu en sortant de prison ? Situation et avenir perdus, carrière à jamais brisée, reclassement à peu près impossible, la misère et la honte en perspective. C'est un homme réservé presque fatalement aux métiers louches et interlopes des escrocs. Il ne s'associera pas à une bande de voleurs ; ce n'est pas dans son tempérament. Mais il ne trouvera à exercer que ces professions suspectes d'intermédiaires véreux qui s'ouvrent aux gens perdus d'honneur et de dignité. Il y a neuf chances sur dix pour qu'il en soit ainsi. Le sursis aura permis à l'un de reprendre un peu plus tôt ses habitudes d'oisiveté et de vice, et le défaut de sursis aura fait de l'autre un demi-escroc pour la vie : trouve-t-on qu'une réforme qui puisse aboutir à de tels résultats soit vraiment heureuse ?

Si nous voulons parler de la loi Bérenger, prenons-la telle que l'a voulue et comprise l'homme éminent qui en a pris la très noble initiative, telle qu'on l'a admise en 1891, et non telle que la voudraient des gens uniquement imprégnés encore de l'idée prédominante et presque exclusive de la gravité objective du fait. Or, la loi de sursis est une loi d'individualisation pénale purement et simplement, pour laquelle il faut regarder à l'individu et non au fait. De toutes les formes de l'individualisation, c'est sinon peut-être la plus extrême, tout au moins la plus souple et la plus flexible, et cela pour deux raisons : la première, parce qu'on ne trace aucune règle au juge et qu'il n'a guère à se laisser guider que par son impression personnelle ; et la seconde, parce que, sous prétexte d'individualisation, ce n'est même plus d'une conversion de peine qu'il s'agit, mais d'une suppression en fait de la peine elle-même[1]. Sauf pour ce qui est de la loi de pardon, on ne saurait aller plus loin.

[1] C'est en effet comme mesure d'individualisation de la peine, que la condamnation conditionnelle doit être envisagée ; et, comme telle, elle se distingue de toutes les autres institutions dont on a pu la rapprocher. Voir pour le mouvement qui se produit à cet égard en Allemagne et les critiques qui ont été formulées sur ce point, les deux brochures de BAGMEN, *Die bedingte Verurtheilung* (2ᵉ édit., 1895) et *Bedingte Verurtheilung oder Bedingte Begnadigung?* 1896. Voir également ment LISTZ et les ouvrages auxquels il renvoie (éd., 1905, § 15, texte et note 3, p. 75.

Ce qu'il faut en conclure, c'est qu'une législation, et c'est la nôtre, qui, sans s'occuper de la matière du délit, admet la distinction légale des courtes peines et des peines à longue durée, celle des peines de droit commun et des peines politiques, qui accepte une peine d'élimination telle que la relégation pour les présumés incorrigibles, et à l'inverse une condamnation purement conditionnelle pour les primaires dont on croit pouvoir être sûr, et qui, en dépit d'un premier délit, peuvent encore rester classés parmi les honnêtes gens, une législation de ce genre est une législation à base subjective, qui a en vue surtout l'individualisation de la peine, qui l'applique et qui la pratique. Seulement, tout cela s'est fait un peu de pièces et de morceaux ; il s'agit de réformes cousues successivement à la contexture de notre vieux Code pénal. Il y aurait lieu aujourd'hui de remettre toutes ces innovations au point et d'en développer les conséquences logiques. Ce sont ces réformes de 1875, de 1885 et de 1891 qu'il fallait prendre pour base de la construction nouvelle. Au lieu de cela, le projet qu'on nous prépare en atténue les effets, il revient en arrière. C'est à peine une façon de rajeunir le vieux Code pénal de 1810. Ce dernier valait mieux, dans sa raideur un peu brutale, que sous le revêtement de minuties légales qu'on s'apprête à lui donner. Ce qu'il y aurait à faire, ce serait une construction neuve, élevée encore sur les fermes assises du Code pénal de 1810, et prenant pour orientation les lois de 1875, de 1885 et de 1891, dont il suffirait de développer certaines conséquences très simples pour avoir une législation excellente, appliquant l'individualisation sur le fondement de la responsabilité.

C'est cet essai dont il va falloir maintenant tracer les grandes lignes : il ne s'agit plus d'entrer dans les détails. Tous les principes sont posés. Il n'y a qu'à entr'ouvrir quelques horizons pour montrer comment sur certains points particuliers pourrait et devrait se faire l'application de ces idées nouvelles [1].

(1) L'institution du sursis a, depuis notre loi du 26 mars 1891, été adoptée dans le canton de Genève (loi du 29 octobre 1892), en Portugal (loi

du 6 juillet 1893), dans le grand-duché de Luxembourg (loi du 10 mai 1892), en Italie (loi Ronchetti du 26 juin 1904). En Allemagne, nous l'avons déjà dit, un mouvement en faveur du sursis s'est produit depuis un certain nombre d'années. Si le sursis n'a pas encore été admis pour tous les délinquants primaires, en revanche on a été plus loin que le sursis et jusqu'au système du pardon, avec admonition à l'audience, remplaçant la condamnation pour les mineurs de 18 ans, délinquants primaires ; et cela, en vertu d'une loi du 2 juillet 1900 (Voir sur cette loi LISTZ, *id.*, 1905 § 15, note 4, p. 75). En Russie, la condamnation conditionnelle fait l'objet d'un projet de loi récent (Voir le rapport de C. SACHAROFF, de Moscou, sur la réforme de la justice en Russie (*Bulletin de l'Union intern. de droit pénal*, 1907, pag. 275, 297 et 371).

En France, il convient de signaler la proposition de loi de M. EMILE MORLOT ayant pour objet d'introduire dans notre législation le système du pardon pur et simple, sans réprimande (Voir le texte de la proposition avec le rapport qui le précède au *Journal officiel*, annexe au procès-verbal de la séance du 19 décembre 1907).

CHAPITRE VII

INDIVIDUALISATION LÉGALE ET INDIVIDUALISATION JUDICIAIRE

En prenant les choses un peu de surface, on pourrait à la rigueur concevoir trois sortes d'individualisation : l'une qui serait légale, faite comme à forfait et par avance par la loi; l'autre, et c'est la bonne, qui serait judiciaire, et faite par le juge; et enfin la troisième, faite en cours de peine par l'administration, ce serait l'individualisation administrative.

En réalité, il n'y a pas d'individualisation légale. La loi ne peut en effet prévoir que des espèces, elle ne connaît pas les individus. Tout ce que l'on a pu prendre pour des cas d'individualisation légale sont des causes d'atténuation ou d'aggravation de peine fondée sur le plus ou le moins de gravité du crime, donc sur le degré de responsabilité. Il s'agit d'individualisation fondée sur la responsabilité; et cela rentre dans la thèse de l'école néo-classique. C'est une fausse individualisation. On peut très bien concevoir que la loi admette des causes d'atténuation de peine, c'est lorsque le délit par sa matérialité est moins grave : c'est un changement de tarif, et rien n'est plus légitime. Il y a beaucoup de cas où cela pourrait se concevoir, par exemple dans l'espèce célèbre de ce que l'on appelle encore quelquefois le dol éventuel, le cas de transformation accidentelle du délit[1]. On avait voulu porter des coups et ne faire qu'une blessure; peut-être, il est vrai,

(1) Sur le dol éventuel consulter un rapport de Liszt très suggestif au XXIV⁰ Congrès des juristes allemands (*Verhandlungen des XXIV⁰ᵗᵉⁿ deutschen Juristentages*, 1897, I, p. 107 suiv.). Cf. la thèse de M. Raoul Duval (Paris, 1900).

avait-on prévu qu'au cours de l'agression un accident pourrait survenir ; et en effet il survient. C'est un meurtre. Comme il a été éventuellement prévu, on peut soutenir que c'est encore un meurtre intentionnel. Seulement ce n'est plus le même délit que celui qui avait été directement voulu. Il devrait y avoir transformation objective du délit ; et cela se traduirait par une atténuation légale de la peine. De même pour un fait d'imprudence qui cependant a été accompagné de la prévision éventuelle du crime qui pût en résulter ; le fait du chasseur qui a pu se douter qu'un passant était à portée de son fusil et qu'en tirant il risquait de le tuer. Le gibier part, le chasseur tire, courant le risque d'un meurtre, et le meurtre se produit. On peut soutenir que ce n'est plus un homicide par imprudence, mais un meurtre intentionnel. Seulement ce devrait être un meurtre atténué. De même pour le complice qui fait acte de son métier sachant fort bien à quel crime il prête son concours, le cas du pharmacien vendant sciemment la substance vénéneuse, celui du serrurier se prêtant à fabriquer de fausses clés[1]. Même dans la théorie classique sur la complicité, on peut soutenir, et on a soutenu, qu'il n'y aurait plus identité de délit[2]. Ce devrait être le délit qu'avait en vue l'auteur principal, mais atténué. Une atténuation de peine absolument forcée pour tous les cas de complicité repose sur une présomption qui n'est pas défendable, sur l'idée d'une moindre criminalité chez le complice. C'est souvent le contraire. Mais laisser au juge, comme dans l'avant-projet suisse, le soin d'atténuer la peine lorsqu'en fait il n'y a plus identité de délit, c'est parfait[3]. Ce sont là quelques exemples d'atténuation tout à fait justifiée ; il n'y a là qu'une atténuation de responsabilité. Cela n'a rien à voir avec l'individualisation proprement dite.

---

(1) Cf. sur tous ces points la thèse très remarquable de M. THIBIERGE, *La notion de la complicité (Etude critique)*. Paris, 1898, *passim*, et principalement p. 45-46, p. 53, p. 65, p. 73 suiv.

(2) Voir sur ce point la théorie très fine et très séduisante de M. GARRAUD, *Traité théorique et pratique du droit pénal français* (éd., 1888). t. II, p. 390 suiv.

3) *Avant-projet de Code pénal suisse* (rédaction de 1903, art. 22).

Cependant on pourrait comprendre une sorte d'intervention de la loi en vue d'organiser l'individualisation de la peine au vrai sens du mot. Il s'agirait de fournir les éléments d'une classification légale des criminels, en indiquant à quel critérium se reconnaîtrait chacun des types prevus ; et il y aurait lieu, par suite, d'organiser le régime de peine adapté à chacun d'eux. Assurément, tout cela rentre dans le rôle de la loi ; et c'est dans cette voie que devront s'orienter les législations pénales de l'avenir. Mais reste une distinction possible. Ou bien la loi ne fournit que des bases très larges et des éléments d'appréciation très élastiques, s'en remettant au juge du soin de faire un classement strictement individuel d'après une étude spéciale de chaque individu ; et alors ce n'est que l'organisation par la loi de l'individualisation judiciaire. Il n'y a rien de mieux. Ou bien c'est la loi qui prétend fournir elle-même le critérium forcé du classement, comme notre loi de 1885 sur la relégation pour les incorrigibles, et c'est le plus mauvais de tous les systèmes. Il repose sur une présomption toujours douteuse et souvent trompée, car on ne peut trouver que dans le caractère du délit commis l'indication que l'on cherche sur la nature du criminel, et c'est tout à fait insuffisant. C'est ainsi que l'on dit très souvent que l'infanticide implique une perversion du sentiment de la maternité et qu'il faut être une femme perdue pour en arriver là. Et cependant nous avons vu déjà, par l'exemple même du droit canonique, que c'est souvent le fait de pauvres malheureuses qui perdent la tête. Aussi aurait-on grand tort de les juger au fond par le crime odieux qu'elles ont commis. Ce ne sont jamais là que des présomptions des plus contestables. Faire de la classification individuelle par voie automatique d'application légale serait, en effet, une façon d'individualisation légale, et notre loi du 27 mai 1885 nous en fournit un très fâcheux exemple. C'est de l'individualisation de hasard, faite avec l'espoir que sur le nombre on tombera juste ; et en effet c'est ce qui arrive pour la loi de 1885. La relégation s'impose dès que l'individu se trouve dans l'une des catégories de la loi. Il y a, en effet, beaucoup de chances pour que son casier judiciaire garantisse son incorrigibilité. Mais pourquoi ne pas en laisser au juge l'appréciation définitive ? Lui seul devrait avoir le dernier mot en pareille matière : car la loi n'opère que sur des entités abstraites, seul le juge opère sur des réalités. Donc, la loi ne peut que fournir au juge des bases d'individualisation, elle ne doit pas avoir la prétention de faire elle-même l'individualisation.

Il pourrait en être ainsi par exemple en ce qui touche l'influence du motif sur le dosage de la peine[1]. On a souvent proposé de faire dans la loi une classification des motifs qui peuvent avoir déterminé le crime ; de telle sorte que la loi d'après le motif présumât la nature de l'agent et fît varier la peine en conséquence. C'est ainsi qu'un meurtre peut avoir été inspiré par des motifs très lâches et très pervers, le vol, ou peut-être une impulsion passionnelle. Mais il pourrait été inspiré par des motifs susceptibles d'être éprouvés même par de très honnêtes gens, un mouvement d'indignation, un accès de colère légitime. La loi devrait donc prévoir ces motifs divers, elle les classerait avec soin, et, suivant leur caractère et leur nature, elle atténuerait ou aggraverait la peine. C'est ce qu'avait fait le premier avant-projet suisse, celui de Stooss. Il y aurait là une sorte d'individualisation légale reposant sur une présomption tirée du motif. Mais la question est précisément de savoir si le motif doit vraiment servir de base à l'individualisation même de la peine, ou si plutôt ce ne serait pas le vrai critérium à admettre désormais pour la mesure de la responsabilité. Mais c'est une question à examiner à propos des pouvoirs du juge ; car c'est le juge qui serait appelé à apprécier cette mesure de la peine. Toutes ces questions seront plus à leur place à propos de l'individualisation judiciaire. Nous en revenons ainsi à cette formule déjà énoncée que toute individualisation légale n'est qu'une fausse individualisation fondée sur le fait de la responsabilité, et qui n'est pas prise de la nature réelle de l'agent.

(1) Voir surtout Holtzendorff dans son beau livre *Das Verbrechen des Mordes und die Todesstrafe : die psychologie des Mordes.* Cf. Garçon, dans son compte rendu du livre d'Alimena sur *Lc Primeditasione,* dans *Nouvelle revue historique du droit français et étranger,* 1889, p. 792 suiv Cf la thèse déjà citée de M. Legrand sur la *Préméditation* (Paris, 1898, et celle surtout de M. Rigaud, *De l'influence du motif en matière criminelle* (Paris, Rousseau, 1898).

Voyons en quelques exemples empruntés au Code pénal italien.

C'est ainsi qu'il atténue la peine au cas de tentative, au cas de complicité, au cas de délit commis à l'étranger[1]. Il va de soi que toutes ces causes d'atténuation ont en vue uniquement une modification dans la matérialité objective du fait et que cela ne vise en rien le plus ou moins de criminalité psychologique de l'individu. Ainsi l'atténuation au cas de tentative provient de ce que l'agent a été arrêté à temps et qu'il n'a pas été jusqu'au bout, bien malgré lui du reste ; c'est un fait de hasard. En quoi cela atténue-t-il sa culpabilité ? Le dommage n'a pas été réalisé ; mais la peine n'a pas en vue l'expiation du mal matériel, sinon il faudrait la supprimer complètement au cas de simple tentative. Elle a en vue de châtier la faute, et ici la faute est la même ; quant à ce que vaut l'individu, et, pour ce qui est de la peine qu'il mérite de ce chef, nul ne prétendra que le fait d'avoir été arrêté en cours d'exécution influe sur la question. L'atténuation au cas de complicité provient de ce que le fait du complice n'est qu'accessoire et dépendant d'un fait principal auquel il se rattache. Mais n'arrive-t-il pas tous les jours que dans une bande d'associés on se partage les rôles ? Les uns vont frapper et porter le coup, les autres feront le guet ou rempliront tout autre rôle accessoire. En quoi est-on sûr que ces derniers, même en ne les considérant que par rapport au crime commis, soient moins coupables que les autres ? Il peut se faire que ce soient eux qui aient inspiré le crime. Celui qui a frappé, on peut l'avoir poussé, peut-être grisé, pour lui donner de l'assurance. Les autres se contentent de garantir l'exécution. Leur rôle extérieur est purement accessoire, c'est possible. Mais c'est d'après leur rôle intérieur et psychologique qu'il faudrait les juger et les frapper. Le Code italien en atténuant forcément la peine décide par avance que leur criminalité n'est que secondaire ; c'est une prétention toute fictive et insoutenable. De même pour un délit commis à l'étranger. On propose d'atténuer la peine sous prétexte que le fait n'a causé

_____

[1] *Cod. pén. italien*, art. 61-62, art. 63-66, art. 3-6.

aucun trouble dans le pays, aucune émotion. Mais qui sait si le seul fait de la présence du criminel ne produit pas déjà une émotion suffisante? Puis, on se fonde sur ce que le danger ou le dommage du crime n'est pas pour les nationaux, ou du moins pour le pays dont ressortit l'agent. Mais le danger n'est pas dans le crime et il n'est pas dans le passé; il est dans l'avenir et dans la personne du criminel. C'est le criminel une fois rendu à la liberté qui deviendra un danger pour les autres. Qu'importe le lieu où il ait commis son crime? Il faut le traiter d'après ce qu'il est, de façon à atténuer le danger que comporte sa personne elle-même. Même, en se plaçant au seul point de vue de la responsabilité, en quoi la séparation des frontières diminue-t-elle la culpabilité?

Prenons un dernier exemple, celui de la prétendue responsabilité atténuée. C'est le cas de tous les névropathes. Ils sont d'autant plus dangereux que leur tendance au crime est purement pathologique. Ils ne sont pas pleinement irresponsables, donc on les laisse soumis à la peine. Mais, comme leur responsabilité est moindre, la peine sera très courte, et alors on les rendra d'autant plus vite à la liberté; ce qui est un danger de plus, puisque ce sont des impulsifs. Comme ils sont plus dangereux que d'autres, on les remet plus vite en liberté! La vraie question est de savoir si, au lieu de les punir, il ne vaut pas mieux les traiter dans un asile spécial. Que l'on fixe un minimum d'internement correspondant à l'idée de responsabilité, rien de mieux. Mais, avant tout, il faut permettre à la justice de prolonger l'internement, si la sécurité publique l'exige et si l'individu approche de la démence.

Comme on le voit, tous les prétendus cas d'individualisation légale ne sont que des cas de fausse individualisation. Abandonnons le domaine de la loi et abordons celui de l'individualisation judiciaire.

*
* *

Que le juge soit seul capable de connaître l'agent et de se

rendre compte de ce qu'il est, c'est un point qui est acquis et qui n'a plus besoin de démonstration. Mais cette idée de l'arbitraire du juge, car, même en le prenant en bonne part, il n'y a pas d'autre nom à lui donner, ne va pas sans soulever de très graves difficultés. M. E. Carnevale en a jadis abordé l'un des points les plus délicats, dans une série d'articles fort remarquables, publiés par la *Rivista penale*[1]. Mais il y a là un obstacle de plus dans les pays qui ont le jury et qui admettent ainsi un partage d'attributions entre des juges professionnels et des juges improvisés. A laquelle de ces deux catégories confier les questions relatives à l'individualisation de la peine ?

Et, d'abord, il faut bien se rendre compte du genre de questions que le juge aurait désormais à résoudre. Si l'individualisation doit avoir surtout pour effet de mettre à la disposition du juge des peines de nature différente suivant la nature des criminels, le juge aurait deux ordres de problèmes à trancher : l'un, et ce serait le plus grave, relatif au choix de la peine, et l'autre relatif à sa durée. Ce dernier ne saurait différer beaucoup de celui qui lui appartient aujourd'hui dans notre droit français, surtout avec notre système de circonstances atténuantes. Nos magistrats possèdent déjà sur ce point des pouvoirs très élastiques. Assurément, on pourrait les souhaiter encore plus étendus, comme dans le Code pénal hollandais par exemple[2]. Rien de mieux. Mais à les prendre tels qu'ils sont, il y a déjà une question de tarif des plus délicates; et il ne semble pas, même si l'on permettait au juge de descendre plus bas encore, que la difficulté doive en être plus grande. On pourrait presque dire que ce serait le contraire ; car ce qui est difficile, ce n'est pas de reconnaître les cas extrêmes, la moindre criminalité comme la plus intense, c'est de se reconnaître dans les cas douteux et intermédiaires. Il serait facile au juge d'être fixé sur l'individu

---

(1) E. CARNEVALE, *L'arbitrio del Giudice nell'applicazione della pena* dans *Rivista penale*, 1897, p. 109 suiv., p. 333 suiv. (Voir sur cette étude un article de M. C. DE VENCE dans *Revue pénitentiaire*, 1898, p. 507.)

(2) *Cod. pén. des Pays-Bas*, art. 10 et suiv.

pouvant bénéficier de ce que nos propositions de loi appellent des circonstances très atténuantes; ce qui lui est difficile, même maintenant, c'est, pour les cas intermédiaires, de trouver le degré exact qui dût convenir et qui pût répondre aux exigences d'une saine justice. Déjà aujourd'hui, c'est l'arbitraire, si l'on entend cela non pas d'une justice inégale et partiale, mais d'une justice livrée à elle-même sans critérium légal. Telle qu'elle est, personne ne s'en plaint, et il peut sembler que nos magistrats, sinon le jury, aient fait leur preuve. Ils sont à la hauteur de leur mission. Quels qu'ils soient, on peut encore souhaiter mieux, ce n'est pas douteux. Mais ce que l'on peut et ce que l'on doit souhaiter, ce n'est pas de revenir à des procédés de limitations et de restrictions légales, ces sortes de lisières ne servent qu'à couvrir de prétextes de légalité la plus mauvaise et la plus odieuse des justices, c'est d'organiser une préparation et comme une éducation des futurs magistrats[1]. On ne songe qu'à leur éducation juridique ; si on entend cela de la simple connaissance des textes et de leurs combinaisons plus ou moins subtiles, c'est un point qui devient bien secondaire pour le juge pénal. C'est la connaissance des hommes qui prime tout. A la méthode de flair purement naturel qui sert aujourd'hui dans la profession judiciaire, il faudrait substituer, comme M. Carnevale le demande, une véritable méthode scientifique. Cependant, tant qu'il s'agit de la mesure de la peine au point de vue de sa durée, peut-être peut-on supposer que la technique et la préparation actuelles restent suffisantes ; car on verra que la durée devra dépendre encore, comme par le passé, de l'appréciation du fait et de sa gravité subjective. Il semble, à ce point de vue du moins, que tout homme qui ait un peu de pratique judiciaire soit compétent pour en juger.

Reste la question si grave, et c'est là le point nouveau, du choix de la peine en corrélation avec le classement psychologique de l'agent. Ici encore une réglementation organique de l'individualisation ne rendrait pas la mission du juge beau-

(1) On trouvera sur ce point, par voie d'allusion discrète, quelques pages très fines dans le livre de M. Cruppi, *la Cour d'assises*, p. 123 suiv.

coup plus délicate qu'elle ne l'est chez nous par exemple pour l'application de la loi Bérenger; qu'elle ne le serait également au point de vue des incorrigibles, si on laissait à l'appréciation judiciaire, comme le fait l'avant-projet suisse, le critérium de l'incorrigibilité. Ce qui ne veut pas dire qu'actuellement, dans les cas rares, comme celui du sursis, où les magistrats aient à faire de l'individualisation pénale, tout se passe de la meilleure façon du monde. Leur éducation les a portés à voir surtout le fait, et c'est d'après le fait qu'ils peuvent être tentés d'accorder ou de refuser le sursis. Non pas que ceci résulte de nos statistiques judiciaires ; elles ne nous révèlent pas les mobiles qui ont guidé les tribunaux dans l'application qu'ils font de la loi de 1891 ; mais ceci peut s'induire des quelques critiques faites surtout par les magistrats contre l'extension de la loi Bérenger à certaines infractions graves[1]. Cela peut s'induire aussi d'une certaine confusion qui tend à s'établir entre les circonstances atténuantes et le sursis, les unes étant considérées comme un premier degré d'indulgence nécessaire pour que l'on pût passer à l'autre. Il y a dans tout cela une confusion d'idées et de points de vue ; il ne serait pas du tout impossible qu'un fait pris en lui-même ne méritât aucune circonstance atténuante et que l'agent fût digne du sursis. Ce sont des points de vue tout à fait différents ; et c'est sous ce rapport qu'une éducation nouvelle pourrait être nécessaire. Mais, de ce que la transition peut paraître délicate et les débuts un peu difficiles, est-ce une raison pour abandonner une voie qui est excellente et revenir à des errements qui ont donné leur mesure ? Nous avons en France une faculté d'assimilation qui rend l'éducation professionnelle très souple et très maniable. De ce qu'une quinzaine d'années n'ont pas suffi pour obtenir une règle vraiment scientifique d'application du sursis, cela ne prouve pas que nos magistrats soient incapables de faire de la bonne individualisation. Cela prouve qu'il y a une voie à chercher et à découvrir ; et cela ne se trouve pas en un jour. Nos magistrats, avec leur impartialité à toute épreuve,

____

(1) Cf. dans la *Revue pénitentiaire*, 1897, p. 491.

leur honnêteté incontestée, et leur science professionnelle très profonde, sont plus aptes que personne à se tracer une ligne de conduite qui soit la bonne ; mais encore faut-il accepter une période de tâtonnements inévitables.

Au surplus, ce qui est particulièrement difficile pour l'application du sursis, parce qu'il n'y a là aucune idée directrice, ni aucun point d'orientation, et que c'est, comme pour les circonstances atténuantes, l'absence absolue de principes scientifiques, le deviendrait beaucoup moins avec un système de réglementation organique de l'individualisation. Nous avons aujourd'hui l'individualisation inorganique, parce qu'elle est inorganisée. C'est l'individualisation organique et scientifique qu'il faut créer. Lorsqu'il en sera ainsi, les magistrats sauront fort bien ce qu'ils auront à faire, et ils le feront. Si par exemple on met à leur disposition des peines pour les incorrigibles, ils sauront fort bien qu'ils n'ont pas à s'occuper du dernier fait commis, mais de l'ensemble de la vie de l'individu et de tout ce qui peut éclairer sur son caractère et son tempérament. Et de même, si on leur offre des peines de pure intimidation sans prétention à l'éducation correctionnelle, ils sauront qu'ils n'ont qu'une chose à se demander : l'individu a-t-il besoin ou non d'éducation correctionnelle ? Et c'est déjà quelque chose d'être en face d'un problème nettement posé ; on peut presque dire que tout est là.

Reste à savoir comment ce problème, les magistrats deviendront capables de le résoudre. Peut-être leur faudra-t-il une éducation psychologique, tout autant que juridique. Mais pourrait-il en être autrement dans une matière qui touche aux réalités de la vie, dans un domaine où il s'agit de manier des hommes et de régler des destinées et non plus de combiner des syllogismes ? Est-ce que les magistrats, par profession, ne font pas tous les jours de la psychologie ? Qu'ils le veuillent ou non, ils ne font que cela, un peu par instinct, tout d'abord, puis par flair professionnel ensuite ; mais ils en font et ne peuvent pas ne pas en faire. Seulement on a le tort de ne pas leur dire ouvertement, professionnellement, que c'est là leur rôle principal. Nous demandons désormais qu'on le leur dise et que ce soit chose acquise devant l'opinion[1]. Lorsqu'il en sera ainsi, ils en feront d'excellente, parce qu'ils auront un terrain sûr. Ils ne seront plus aux prises, en quelque sorte, entre leur éducation d'école toute abstraite, qui leur fait un devoir de regarder le fait sans se laisser influencer par la considération de l'individu, et leur instinct de justice humaine, qui est aussi un instinct de justice sociale, qui les oblige à juger l'homme plus que le fait. Ils font aujourd'hui comme des transactions et des combinaisons, à peine déguisées, entre ces deux tendances, et pour aboutir à des résultats qui ne satisfont personne. Il suffira, pour qu'ils fassent de la bonne justice humaine et de la bonne justice sociale, de faire la part très nette et très franche de ces deux domaines et de ces deux tendances. Qu'ils raisonnent en droit, en tant qu'il s'agira de la qualification du fait et de son appréciation objective ; qu'ils commencent un peu plus à tenir compte de l'élément subjectif, en tant qu'il s'agira d'en apprécier la gravité subjective elle-même, et en tant qu'il y aura lieu de mesurer la quotité de la peine. Tout cela se fera par l'appréciation du mobile combiné avec le point de vue de la gravité objective du fait. Ce sera le terrain de transaction pour les combinaisons du genre de celles qui se font aujourd'hui entre l'esprit d'abstraction juridique et l'esprit d'observation psychologique. Mais, sur un troisième terrain, lorsqu'il s'agira de faire choix de la peine, qu'ils ne regardent qu'à l'individu et à ce qu'il est ; lorsqu'ils sauront que c'est leur devoir, et quand la loi, par la façon même dont elle aura organisé la peine, le leur aura dit, ils se trouveront en pleine franchise. La question sera nettement posée. Nous pourrons avoir pleine confiance, ils sauront la résoudre. Il suffit de la poser.

La question deviendra autrement délicate, il est vrai, lorsqu'il s'agira de régler le partage d'attributions entre la cour et le jury ; et il faut reconnaître que tous les auteurs et tous les projets, ou presque tous, qui ont parlé d'individualisation, ou tenté d'en réaliser une première forme légale, ont omis de se préoccuper du jury. Ils ont raisonné comme s'il n'existait pas, ou comme s'il ne devait pas exister. A première vue,

<hr>

(1) Voir ce que j'ai dit à ce sujet dans ma « *Lettre à M. Paul Desjardins sur l'enseignement du droit* », dans *Correspondance mensuelle de l'Union pour la vérité* (Cahier annexe formant post scriptum à la troisième série des « *Libres entretiens* » : Sur la réforme des institutions judiciaires, ann. 1908).

c'est là un système judiciaire difficilement compatible avec l'idée d'individualisation. Il est inadmissible, à priori tout au moins, que les décisions à intervenir sur ces questions d'analyse psychologique soient livrées à cette justice purement sentimentale et instinctive. Et d'autre part, si on enlève ces décisions au jury, comme on l'avait fait en 1824 pour les circonstances atténuantes, il acquittera par sentiment de défiance. Ce sera le conflit latent entre les deux éléments judiciaires de la cour d'assises. Peut-être la solution la meilleure serait-elle d'associer aux magistrats, un peu comme dans les tribunaux d'échevinage en Allemagne, un second jury, composé de professionnels, destiné à décider du choix de la peine. Il serait composé de médecins et de directeurs d'établissements pénitentiaires principalement, d'éducateurs de profession, de gens qui par qualité et par métier aient pu manier les hommes et les connaître. Ce serait un jury, non pas de juristes, mais un jury technique, de sorte que nous arriverions par voie d'élimination à une série de sélections successives : le jury ordinaire, pris au hasard comme aujourd'hui, donnant la représentation de l'opinion, avec le défaut d'aptitude technique qui la caractérise, restant juge du fait, c'est-à-dire du rapport de causalité matérielle, de la question d'intention et de la démence ; puis un jury technique se prononçant sur le choix de la peine, le jury d'individualisation ; la cour enfin fixant la durée comme elle fait aujourd'hui[1].

Mais tout cela suppose une première solution admise, à savoir que le jury ordinaire, à lui seul et livré à lui-même, n'est pas juge, et ne peut pas être juge, des questions d'individualisation. Ce n'est pas qu'il y ait lieu de démontrer longuement qu'il doive en être ainsi. Le système du jury n'a d'autre valeur que de fournir une garantie approximative au point de vue de la liberté et de l'honneur individuels. Il a aussi un second but. Puisque nous sommes enfin convaincus qu'il ne s'agit pas ici-bas, et au point de vue social, de rêver de justice absolue, et que toute justice sociale n'est qu'un procédé d'ordre social, il faut que cette justice soit, non pas celle qui se rapprocherait le plus de la justice idéale, celle

(1) Voir note 1, page 265, à la fin du chapitre.

qui jugerait d'après la conscience de l'individu et la somme de liberté dont il a pu jouir — nous savons que c'est une prétention ridicule qui n'aboutit qu'à des résultats lamentables : la justice des hommes ne devant pas usurper la place de la justice divine, — mais celle qui donnerait satisfaction de la façon la plus complète et la plus impartiale à l'idée que le peuple se fait de la justice, et aux conceptions idéales qu'il peut en avoir au sujet de l'affaire en cause. Car il faut que la justice sociale confirme et affermisse l'idée de justice dans la conscience de l'opinion et ne risque pas de se trouver en désaccord avec elle. Voilà pourquoi c'est une fraction de l'opinion, jugeant en tenant compte, non pas certes de l'opinion sur le fait, mais des conceptions de l'opinion sur l'idée de justice, qui doit se faire juge de la condamnation et de l'acquittement ; se faire juge, par conséquent, non seulement de la preuve du fait, mais de la question générale de culpabilité. Cela suffit pour donner satisfaction au double rôle qui vient d'être décrit. Si le jury, jugeant au nom de l'opinion, affirme la culpabilité, il n'y a plus d'autre garantie à réclamer au nom de la liberté individuelle ; et en tout cas il a été reconnu que la justice, une justice conforme à l'idée que le peuple s'en est faite, veut une condamnation. C'est tout ce que l'on avait à demander au jury ; les questions de choix et de durée de la peine sont choses qui ne sont plus de sa compétence. Le jury, représentant de l'opinion, veut une condamnation, il l'aura. Quant à savoir quelle sera cette condamnation, cela soulève des questions techniques qu'il est incapable de résoudre et au sujet desquelles l'opinion publique n'a pas à intervenir. Elle n'a elle-même pour résoudre le problème aucune des aptitudes requises. Tout au plus peut-il être question d'associer le jury à la cour, chargée de fixer la peine.

Il est vrai qu'il reste, dans le système actuel, la crainte des acquittements par hostilité ou défiance. C'est la raison qui, en 1832, a fait remettre au jury la décision relative à l'admission des circonstances atténuantes ; et peut-être y aurait-il lieu alors de procéder, là aussi, par voie de transaction. Mais le procédé admis en 1832 reste encore utilisable, surtout si jamais il doit exister un jury intermédiaire d'individualisation. Le jury ordinaire garderait le droit, comme aujourd'hui, de déclarer l'admission des circonstances atténuantes, soit sous la forme indéterminée actuelle, soit sous forme précisée, suivant le système proposé dans l'avant-projet suisse, et cette déclaration aurait effet sur l'atténuation de la peine, en ce qui touche le maximum à fixer par la cour. Pourquoi donc, si la cour devait avoir à sa disposition plusieurs peines de nature différente et que le choix ne lui en fût pas imposé par la nature même de l'infraction, ce qui arriverait cependant dans certains cas, pour les délits politiques et autres délits tels que le duel par exemple et délits d'imprudence, le jury ne pourrait-il pas faire une déclaration analogue en ce qui touche, non plus la durée, mais la détermination même de la peine ? Assurément, il ne faudrait pas qu'il pût imposer le régime. Ce serait le rendre maître de la question d'individualisation. Mais il faudrait, s'il y avait un jury intermédiaire chargé de se prononcer sur ce point, qu'il pût obliger la cour à renvoyer la question devant ce jury spécial. Rien d'ailleurs ne serait plus simple, si l'on admet seulement trois groupes principaux de peines spécifiques. Au cas de non-déclaration du jury, ce serait la peine de droit commun qui s'imposerait, peine de correction ou de réforme. Si au contraire le jury pensait qu'il pût y avoir doute sur le choix de la peine, soit parce qu'on se trouve en présence d'un délinquant d'occasion resté honnête et auquel on dût appliquer une peine d'une autre nature, soit parce qu'il s'agirait d'un incorrigible à éliminer, il n'aurait qu'à déclarer qu'il y a lieu de renvoyer devant le jury spécial pour le choix de la peine. Ce serait un partage d'attributions qui offrirait toutes les garanties suffisantes. Mais ce n'est là qu'un procédé possible ; il peut y en avoir d'autres. Et le plus simple serait peut-être encore, comme on le propose aujourd'hui, d'associer le jury et la cour dans le prononcé de la peine. Que l'on accepte donc ce dernier procédé, celui-ci ou tel autre qui semblera préférable, ce qui est certain, c'est que l'obstacle n'est pas là. L'application pratique se trouvera d'elle-même. Il en est ainsi de toutes les idées justes que l'on veut réaliser. Elles se créent leurs organes, et la réalité les fait surgir. Le tout est d'être convaincu de la nécessité d'une réforme et de vouloir l'appliquer. Arrivons donc à la question qui domine tout. Comment cette réforme devrait-elle s'organiser, quelles en seraient les bases essentielles ?

*
* *

Il s'agit de tracer ici quelques brefs aperçus indiquant

sur quelles bases devrait se faire l'individualisation judiciaire. Cette question ne peut pas se résoudre d'une façon
indépendante. Elle se relie à toute une autre série de problèmes qui s'y rattachent indissolublement. Ce sont ceux
relatifs au régime même de la peine. Puisque l'individualisation doit consister à établir des peines de nature différente
pour des catégories différentes de criminels, il est certain
qu'il y a une double question à résoudre. La première doit
consister à établir la classification des criminels et la seconde
à déterminer les peines devant correspondre à chacune de
ces catégories. Voyons donc maintenant les principaux procédés que l'on a proposés en vue de permettre au juge
de faire une application plus individualisée de la peine.

Le premier en date, si l'on peut ainsi parler, est celui
qui consiste à faire dépendre l'atténuation ou l'aggravation
de la peine des motifs mêmes du crime. C'est la théorie ou
le système des motifs [1], déjà plus ou moins vaguement
esquissé dans plusieurs législations ou projets modernes,
et qui a reçu une réglementation précise et savante dans
l'avant-projet suisse, surtout dans sa première rédaction [2].

L'avant-projet suisse n'admet pas le système français des
circonstances atténuantes purement indéterminées, et
laissées uniquement à l'appréciation du juge. On a considéré que c'était faire servir les circonstances atténuantes à
un double rôle, dont le second, qui serait de permettre une
réduction de la peine légale uniquement parce que la loi
pourrait paraître trop sévère, était inadmissible en présence
d'un code pénal nouveau, remis au point, et dont la rigueur
ne dépassât pas, en quelque sorte, les exigences de l'opinion.
On pourrait répondre, il est vrai, que les codes, une fois
faits, ne varient plus, alors que l'opinion varie ; et les conceptions populaires en matière de criminalité peuvent se
trouver assez vite en désaccord avec le tarif du code. Ce tarif
est fondé sur la gravité sociale de chaque infraction ; suivant

(1) Voir à ce sujet l'ouvrage déjà cité de HOLTZENDORFF, *Das Verbrechen
des Mordes und die Todesstrafe.*

(2) *Avant-projet suisse* (1ʳᵉ rédaction), art. 37 et art. 39.

les temps et les mœurs, on peut s'en faire une conception différente. Si donc la peine doit rester en harmonie avec la conscience populaire, de façon à pouvoir toujours lui donner satisfaction, sans être au-dessus ni au-dessous, il faut ménager un moyen de ramener la peine au point ; il faut pouvoir jeter du lest, il faut une soupape de sûreté. Les circonstances atténuantes sous forme indéterminée sont faites pour jouer ce rôle, et c'est excellent. Sinon, il arrivera, le jour où pour certains délits la peine légale sera jugée trop sévère, même à défaut de motifs excusables, que l'on acquittera de parti-pris. L'avant-projet suisse, confiant dans son tarif de pénalité, n'a pas jugé les choses de ce point de vue ; il n'admet que des circonstances atténuantes spécialisées. Il considère que la loi doit classer par catégories très larges les différentes causes d'atténuation ou d'aggravation. Dès lors, il faisait, surtout dans sa première rédaction, une classification légale des différents motifs qui ont pu inspirer le crime. Suivant que ces motifs impliquent un certain degré d'honnêteté subsistante, ou au contraire un degré plus profond de perversité, le motif devient une cause, soit d'atténuation, soit d'aggravation.

Que la considération du motif doive influer sur la durée, et par conséquent sur la mesure de la peine, c'est une idée excellente. Mais, à s'en tenir là, le système n'est pas suffisamment charpenté. Avant de mesurer la durée de la peine, il faut en effet en déterminer la nature ; et la question précisément est de savoir si le motif est un critérium suffisant pour fixer la nature et le régime de la peine. Il faut pour cela établir la véritable notion du motif et voir ce qu'il faut entendre par là. Liszt s'est livré sous ce rapport à une analyse psychologique très fine et très pénétrante de l'idée de motif[1]. Il n'y a guère qu'à s'inspirer plus ou moins directement de l'exposé qu'il en a fait.

(1) Liszt, *Die psychologischen Grundlagen der Kriminalpolitik* dans sa revue (*Zeit. f. d. ges.* str. *R. W.*, 1896, p. 477 et spécialement p. 483 et suiv.) et Kraus, *Das Motiv. zur psychologischethischen Grundlegung des Strafrechts* (même revue, 1897, p. 467 et suiv.). Cf. la thèse déjà citée de M. Legrand, *De la préméditation*, p. 186 suiv. et celle de M. Rigaud, *De l'influence du motif*, p. 7 et suiv.

Tout d'abord, dans un premier sens, très usité, le motif se confond avec le but poursuivi, le but pour lequel on a voulu le résultat criminel. Voici un individu qui en tue un autre pour voler. On déclare que le vol est ici le motif du meurtre. Ou bien ce sera un héritier qui empoisonnera celui dont il doit hériter; le motif du crime est de recueillir prématurément un héritage. Un individu mettra le feu à sa maison pour se faire payer une indemnité d'assurance. Un voleur puisera dans la caisse d'une maison de banque pour payer ses dettes de jeu. Cela peut varier à l'infini. Le motif est donc le résultat que l'on a voulu atteindre en commettant tel crime ou tel délit. Pris dans ce premier sens, le motif n'a pas de valeur propre en droit pénal, si ce n'est une valeur purement symptomatique. Il sert à compléter l'ensemble du fait voulu par le délinquant, il en éclaire la portée, il le montre dans tout son jour; il donne au crime sa véritable situation par rapport au but que l'agent avait en vue. Car le crime n'est jamais un but en soi et par lui-même. Il est presque toujours un moyen pour atteindre un résultat plus éloigné. A moins d'être animé d'une véritable passion maladive, on ne tue pas pour tuer. Le meurtre est un moyen en vue d'un but déterminé, et ce but est le véritable objectif de l'agent. C'est lui qui donne la dominante du fait. Car l'intention criminelle, le fait de volonté qui a consommé le crime, si on s'en tenait la, ne donneraient du crime qu'une idée absolument inexacte. L'intention, prise du point de vue juridique, consiste à isoler le crime de la volonté vraie de l'individu pour en faire une volonté à part, alors qu'elle n'est qu'un élément dans un bloc indivisible ; et, dans ce bloc, l'idée maitresse, c'est le but final. Voici un voleur surpris dans ses opérations ; pour n'être pas arrêté ou dénoncé, il tue. A-t-il voulu tuer ? De volonté voulue, absolument pas. De sang-froid, il eût été incapable de se faire assassin. Il a voulu échapper à la police et à la cour d'assises. Pour y échapper, il a voulu se débarrasser d'un témoin et pour cela il a fallu tuer : il a tué. Cela s'est passé, pour lui, dans l'éclair d'un moment ; dans une vision rapide, ces trois volontés successives ont pris corps et ont fait bloc. Mais il n'y a, dans tout cela, qu'une volonté ; le reste sont des volitions déterminées par le but entrevu et voulu. Elles ont suivi. Pour comprendre et apprécier le crime, il faut donc en reconstruire l'ensemble et le replacer dans son milieu psychologique. Il faut envisager l'acte de volonté dans sa totalité et voir quelle place le crime s'y est faite, quelle place il y occupe. Le but est la dominante de l'acte. Tout cela est exact ; et cependant l'indication du but ne suffit pas, à elle seule, à révéler la nature de l'agent. Elle serait tout à fait insuffisante, si l'on voulait la faire servir de base à une classification psychologique des criminels, du moins à s'en tenir là. Mettons la chose plus en relief.

Voici, par exemple, un individu qui a empoisonné celui dont il devait hériter. Cela prouve que c'était un cupide, dévoré de la passion de l'argent. Mais il y a, de par le monde, beaucoup de gens qui ont la passion de l'argent, et qui, grâce à Dieu, seraient incapables de commettre un meurtre pour s'en procurer. Il faut donc, pour en pénétrer la nature, aller au delà de ce désir de lucre et de gain. Et on peut en dire autant de tous les motifs identifiés avec le but même du crime. Prenons l'exemple du caissier infidèle qui puise dans sa caisse pour payer une dette de jeu. C'est un abus de confiance. Ce qui résulte du motif du vol, c'est que cet individu était obsédé de ce sentiment qu'une dette de jeu est une dette d'honneur, qu'il faut payer à tout prix. La plupart des joueurs partagent ce sentiment sans être pour cela de malhonnêtes gens. Vouloir payer ses dettes, même s'il ne s'agit pas de dettes de jeu, c'est un sentiment fort honorable. Pour que ce sentiment aille jusqu'à inspirer un acte d'indélicatesse, il faut aller plus avant dans la série des motifs. Et alors on s'aperçoit bien vite que même ce désir de payer ses dettes n'est pas le but définitif que l'on poursuivait. Car, si ce sentiment a été assez puissant pour faire commettre un vol, c'est qu'au delà du désir de se libérer d'une dette, il y avait un but plus lointain ou plus immédiat, qui était d'éviter une saisie, la ruine, le déshonneur. Et alors c'est ce but final qu'il faut voir. Mais même ce but final, en quoi nous éclaire-t-il sur la criminalité de l'agent ? Tout le monde, même les plus honnêtes gens, désirent éviter la ruine et le déshonneur ; et cependant la plupart seraient incapables de commettre un vol pour écarter le danger qui les menace. Pour qu'ils soient capables de voler, il faut qu'un autre sentiment entre en scène, que ce but ait fait surgir un sentiment d'improbité, comme dit Garofalo, improbité purement passagère et accidentelle peut-être, ou bien tirée du fond même du caractère. Un désir violent, celui d'échapper à la ruine, a fait surgir une idée malhonnête, ou bien peut-être a-t-il trouvé au fond de l'âme une couche latente d'improbité prête à monter à la surface ; et maintenant c'est ce sentiment d'improbité qui a tout envahi, qui est devenu obsédant. C'est lui qui va faire son œuvre. C'est de là que va sortir le crime. Et cependant, ce qui est certain, c'est que, ce sentiment malhonnête, le but poursuivi ne le révèle en aucune façon.

Par là aussi, le motif, dans le second exemple qui vient d'être exposé, semblerait bien se distinguer du motif considéré dans les cas précédents, celui du meurtre entre autres. Dans le cas de l'individu qui tue pour voler, le but du meurtre, à l'apparence au moins, est un but de cupidité, et on pourrait dire ici que le motif révèle un sentiment ou un instinct psychologique. Mais que l'on y prenne garde. Ce n'est encore qu'une apparence. Car il faudrait savoir pourquoi ce meurtrier a voulu voler. Ce pouvait être pour la même raison que le caissier dont nous parlions, pour payer une dette de jeu, ou pour éviter une saisie et la ruine. De sorte qu'ici, pour nous édifier complètement, il faut rechercher le motif du motif et encore n'arrivons-nous pas à l'indication d'un motif qui soit un critérium suffisant de la criminalité subjective de l'agent. Nous nous trouvons, au contraire, en présence de deux résolutions criminelles successives, qui, toutes deux, exigeraient, pour en expliquer la genèse, l'intervention de nouveaux mobiles que le but final ne laisse pas apercevoir. Ainsi, le but final est d'éviter la saisie et la ruine. Pour cela on a voulu voler ; il faudrait expliquer par suite de quel instinct on a pu se résoudre au vol. Puis, en outre, pour voler, il a fallu tuer. Il faudrait expliquer par suite de quel instinct on a pu se résoudre à tuer ; et cet instinct, qui expliquerait le meurtre, ne serait plus du tout le même que celui qui expliquerait le vol. Or, cette complexité d'instincts, il est bien certain que le but final, qui est d'éviter une saisie en trouvant de quoi payer ses dettes, ne la laisse absolument pas deviner. Donc, ici encore, le but final, par lui-même, reste un motif neutre au point de vue de l'idée de criminalité. Il ne révèle rien en ce qui touche la criminalité de l'agent.

Pour qu'il en fût autrement, il faudrait arriver à un motif qui fût révélateur d'un instinct ne laissant pas de prise au doute. Par exemple, au cas de vol, chez le voleur de profession ; ici le but est de voler pour voler, c'est un métier. Le but est de gagner sa vie au détriment des autres. Il est ici parfaitement évident que le prétendu motif n'a de valeur que comme symptôme et comme révélation du défaut de probité et de l'instinct anti-social de l'agent. Or, ce qui importe au point de vue pénal, c'est cet instinct, c'est cet état de criminalité latente. C'est là le vrai motif dont il faille tenir compte. L'autre, le but poursuivi, n'est à prendre en considération que comme manifestation d'un état d'âme criminel.

Donc, le motif, pris dans ce premier sens, n'a pas de valeur propre au point de vue pénal, et cela pour deux raisons ; la première est que le plus souvent, par lui-même, il ne révèle rien de criminel : et la seconde que, lorsqu'il est révélateur d'un instinct criminel, c'est cet instinct qui constitue à lui seul l'essence et le fond de la criminalité. Ce n'est pas le but poursuivi. Nous arrivons donc à une seconde conception du motif ; et c'est celle, en effet, de l'avant-projet suisse.

Il faut partir de cette idée que le but poursuivi, à lui seul, n'est pas un facteur essentiel de criminalité ; par exemple le désir d'avoir de l'argent pour se sauver de la ruine. Pour que ce but aboutisse au crime, il faut qu'il réveille en nous, ou qu'il inspire, une impulsion, un instinct, et comme une force latente, qui nous pousse à user d'un moyen criminel. Un individu poussé à bout sentira naître en lui le désir du vol. Il saura très bien qu'il va commettre un acte malhonnête. Or, du moment où la pensée du vol s'est emparée de son esprit, le but qu'il avait en vue s'est déplacé. Avant, il ne voyait qu'une chose, trouver de l'argent. Désormais, ce but vague et lointain s'est spécialisé, il a pris une forme précise, il se présente à l'esprit sous la conception d'un but plus immédiat, qui est de voler. Tout l'effort de sa pensée se porte sur cette image qui l'obsède, voler; et alors ce nouveau travail cérébral met en jeu de nouveaux instincts et de nouveaux facteurs psychologiques, qui n'entraient pas en ligne, tant qu'il ne s'agissait que de trouver de l'argent par des moyens honnêtes. Ce qui va désormais se présenter à l'esprit, c'est la lutte contre l'instinct de probité et d'honnêteté et la représentation de son contraire, l'idée que ce devoir d'honnêteté peut être enfreint, et, en même temps que cette idée, comme une première sensation de corruption insconsciente, qui déjà envahit tout le fond de l'âme et qui va devenir le facteur grossissant, et, s'il l'emporte, le facteur décisif et déterminant du fait. Donc, ce qui est la cause immédiate et psychologique de l'acte criminel, ce n'est pas le but final que l'on poursuivait, c'est un instinct, une impulsion de nature à se traduire par un sentiment plutôt que par l'idée d'un acte positif. Ce sont ces sentiments, ou ces instincts, qui sont le véritable mobile de l'acte. Si le but que l'on avait en vue n'avait pas éveillé un de ces sentiments criminels ou simplement malhonnêtes, jamais l'acte criminel n'aurait pu avoir lieu. Prenez un honnête homme qui a un besoin d'argent extrême, et qui en cherche par tous les moyens permis, jamais ce but poursuivi ne suggérera en lui l'idée du vol. Pour que cette idée surgisse, il faut donc faire appel à autre chose, à un sentiment latent de la nature, ou à un sentiment qui naisse sous l'oppression du besoin, sentiment qui est un instinct de malhonnêteté ou de criminalité.

Ce facteur psychologique constitue le motif au second sens du mot. Au lieu de voir le but qui a mis en éveil et suscité dans l'âme un facteur psychologique de criminalité, c'est ce facteur psychologique, ainsi suscité par le but poursuivi, qu'il faut prendre en considération et qualifier de motif[1]. Le motif, dans ce second sens, peut donc se définir le sentiment sus-

(1) Liszt, *Die psychol. Grundlagen der Kriminalpolitik* (L. c., p. 496).

cité par le but final que l'agent avait en vue, et qui a été la cause immédiate et la cause psychologique de l'acte criminel. C'est évidemment dans ce sens, au moins à l'apparence, que l'avant-projet suisse entend l'idée de motif. Le premier projet cite par exemple, comme cause d'aggravation de la peine, le fait d'avoir agi par bassesse de caractère, par méchanceté, brutalité, ruse, vengeance, cupidité, joie de nuire, ou simple plaisir criminel. Il est vrai que ces motifs ont été retranchés du second projet comme causes générales d'aggravation. Mais ils se retrouvent à propos de certains crimes ou délits particuliers, à propos du meurtre par exemple, article 52, ou encore à propos des dommages à la propriété, article 79. Comme motifs atténuants, l'avant-projet suisse se contente de parler de motifs honorables ; le premier projet parlait de mobiles élevés. On a trouvé que l'expression était un peu excessive, s'appliquant à un crime ou à un délit. Il a paru difficile de parler de crime suscité par des mobiles nobles et élevés. On s'est contenté de parler de mobiles honorables. Peut-être eût-il mieux valu, comme on l'avait proposé dans la commission, employer une forme négative, et parler de mobiles n'ayant rien de déshonorant, ou n'impliquant aucun sentiment de perversité. Quoi qu'il en soit, il est très visible que, dans tous ces cas, ce que l'on a en vue, ce n'est pas le but final que poursuivait l'agent, c'est le sentiment ou le facteur psychologique que ce but a révélé ou inspiré, et qui est devenu la cause déterminante du crime.

Cette fois il n'est pas douteux que nous ne soyons en présence d'un fait psychologique ayant une valeur réelle au point de vue pénal. Mais quelle est exactement cette valeur ? Ce point reste encore assez délicat. Tout d'abord, on a objecté qu'il en était ici encore comme du but final, que c'étaient là des sentiments qui pouvaient exister en dehors de toute manifestation criminelle et qui, par suite, ne pouvaient pas être considérés comme contenant forcément en germe une activité criminelle. On peut avoir le caractère bas, être animé de sentiments de vengeance ou de cupidité sans pour cela devenir forcément criminel. Tout ceci est parfaitement exact. Et, si la peine n'avait d'autre but, comme le veut l'école italienne, que de prévenir le renouvellement du crime, il ne suffirait pas d'avoir constaté l'existence d'un sentiment de bassesse ou de cupidité pour être certain que ce sentiment deviendra la source de crimes futurs. Il y aurait deux autres preuves à faire. La première consisterait à savoir si ce sentiment est assez intense, d'abord pour produire à nouveau l'action du crime, et, en le supposant, s'il peut engendrer l'habitude du crime, ou bien, s'il n'a été qu'une sorte d'explosion passionnelle toute accidentelle, sous l'empire d'un fait extérieur indépendant de l'individu. La seconde serait de savoir si ce facteur psychologique, à le supposer assez puissant pour produire l'habitude du crime, était inné ou tout au moins préexistant au fait commis, ou s'il a été inspiré uniquement par le but passager que l'on a eu en vue. Dans un cas il y a chance pour que ce facteur psychologique ne se renouvelle plus ; dans l'autre au contraire il fait corps avec la nature de l'individu : il faut le traiter comme un danger permanent. Ces deux preuves ne ressortent nullement de la seule constatation d'un sentiment de cupidité ou de passion malsaine comme cause efficiente du crime.

Si l'on s'en tient là, cette seconde notion du motif reste encore impuissante à fournir une classification scientifique des criminels, tout au moins une classification qui soit de nature à indiquer quelle sorte de peine convient à l'individu. Il faut bien reconnaître, en effet, que, pour servir à qualifier le régime pénal et par suite pour servir à déterminer la nature de la peine, cette seconde conception du motif doit être creusée encore plus à fond. En voici la preuve. Il peut très bien arriver que de fort mauvais sujets commettent, par accident aussi et sous forme occasionnelle, un crime inspiré par des mobiles honorables, pour employer le langage du projet suisse. Un criminel de profession, supposons-le, qui est un voleur, et qui peut-être a déjà un assassinat sur la conscience, se trouve amené à commettre un meurtre motivé uniquement par le désir d'empêcher une mauvaise action. Il est témoin, par exemple, d'une dispute au cours de laquelle un de ses compagnons de vice s'apprête lui-même à commettre une lâche agression, mettons qu'il projette de s'attaquer à une femme. L'autre, qui est présent, éprouve un sentiment de révolte morale à la pensée de ce qui se prépare. Étant donné l'individu, c'est évidemment un sentiment de générosité. Il pourrait donc très bravement prendre la défense de la victime menacée et attaquer de front son adversaire ; si au cours de la lutte il lui portait un mauvais coup qui le tuât, il pourrait très bien y avoir là un cas de légitime défense. Mais, au lieu de cela, il le surprend par derrière et le tue net, sachant très bien que c'est un meurtre qu'il va, et qu'il veut, commettre. Donc il n'y a ni état de nécessité, ni état de légitime défense, qui puisse justifier le crime. Il y a meurtre très nettement caractérisé. Que l'on tienne compte en pareil cas de ce sentiment de générosité pour atténuer la peine, rien de mieux. Mais supposez que le juge ait à sa disposition plusieurs catégories de peines suivant les individus, les unes destinées aux gens de nature honnête qui n'ont pas besoin d'amendement, les autres destinées aux pervertis dont il faut essayer de refaire l'éducation. Il pourrait être souverainement imprudent, à raison du mobile qui explique le crime, d'appliquer ici à ce délinquant, qui est un professionnel et au fond un malfaiteur, un régime fait pour les délinquants d'accident, chez qui il n'y a rien à réformer. Ce serait donc une grave erreur de faire fonds sur ce sentiment de générosité, comme s'il constituait la nature, habituelle de l'individu, et de traiter celui-ci comme un être étranger à tout instinct criminel.

A l'inverse, on peut supposer un individu resté honnête et qui, par accident, se laisse aller à un sentiment de nature basse et perverse. L'avant-projet suisse, par exemple, range assez volontiers la cupidité parmi les instincts de nature grossière qui aggravent la peine. Nous pouvons donc revenir à l'exemple du caissier qui, après une longue carrière d'honnêteté, se laisse entraîner à un abus de confiance sous la pression de circonstances qui aient éveillé en lui un sentiment de cupidité momentanée, mais irrésistible. Rien de mieux, si le sentiment est mauvais, que l'on aggrave la peine et que l'on en prolonge le maximum. Mais serait-il juste, si le juge est convaincu d'avoir affaire à un égaré d'un moment, resté honnête au fond de sa nature, de lui appliquer une peine faite pour les pervertis, et qui ne convienne qu'aux pires natures? Une peine de ce genre le déformera et le déprimera au moral plutôt que de le relever.

On voit donc que ce motif, au second sens du mot, excellent à coup sûr pour servir de critérium au dosage de la peine, reste encore insuffisant pour en déterminer la nature et le régime [1]. Il ne vise qu'un sentiment pris à un moment de l'existence de l'individu, il ne qualifie que l'état d'âme existant au moment du crime ; et cette vue passagère, momentanée, et toute artificielle, ne suffit pas à qualifier l'individu dans l'ensemble de sa nature et sous son vrai jour. Le sentiment dont il a fait preuve au moment du crime peut être un état d'exception chez lui, et en le traitant d'après ce que dénote cet état transitoire, on s'expose à se tromper du tout au tout.

On peut même aller plus loin. Très souvent, en effet, il serait tout à fait inexact de juger de la moralité du fait d'après le sentiment auquel a donné naissance le but à réaliser, et sans tenir compte de ce dernier. On a vu que le but à poursuivre ne peut aboutir au crime que si à ce désir du résultat se joint un sentiment de nature criminelle, susceptible d'inspirer le crime. C'est ainsi que la pression du besoin ne suffit pas à créer le voleur; il faut que cette pression soit de nature à substituer, au moins momentanément, un sentiment d'improbité au sentiment d'honnêteté qui, jusque-là, pour l'agent faisait le fond de sa nature. Cela est parfaitement vrai, mais ce qui serait souvent très faux, ce serait de qualifier le fait uniquement d'après ce sentiment d'improbité, sans tenir compte de la pression extérieure et du but final qui lui a donné naissance. Et il faut, pour cela, revenir encore à l'exemple du caissier infidèle. Il a volé pour couvrir ses dettes. Evidemment, il a fallu qu'à un moment donné le sentiment d'honnêteté eût été remplacé chez lui par un sentiment contraire, par l'adhésion à un moyen frauduleux, l'acceptation de devenir un instrument de fraude. Mais dira-t-on que ce sentiment, qui, en lui-même, est bas et pervers, est celui qui doive donner sa caractéristique, et comme sa quali-

____

(1) Cf. cependant KRAUS, *loc. cit.*, p. 481.

fication morale, au fait réalisé ? Pour employer les termes du projet suisse, dira-t-on que cet individu a volé par cupidité ? Cela paraît bien impossible ; parce qu'ici ce qui a prédominé, c'est le but à réaliser. Et, sans cette nécessité d'échapper à la ruine coûte que coûte, jamais ce sentiment de fraude ne fût entré dans l'âme de ce malheureux. Il n'en serait autrement. que si l'instinct de la fraude et de l'improbité eût préexisté à l'événement extérieur qui lui a fourni l'occasion de se préciser et de se manifester.

De sorte qu'en réalité, même lorsqu'il s'agit de qualifier le fait criminel, indépendamment de toute détermination du régime pénal, l'instinct qui a présidé au crime n'est à prendre en considération que s'il était lui-même antérieur au crime, à l'état latent chez le criminel, et qu'il eût été la cause dominante du fait, tandis que le but final n'en aurait été que la cause occasionnelle. Il faut donc, pour faire du motif, considéré en tant qu'instinct criminel, l'élément dominant de la criminalité du fait, celui qui lui donne sa caractéristique criminelle et lui assigne son rang dans l'échelle de la criminalité subjective, retourner les termes de la proposition qui nous avait servi de formule.

Le but final, disions-nous, détermine l'instinct criminel et cet instinct à son tour détermine le crime. Or, le plus souvent, c'est l'inverse. C'est l'instinct pervers qui détermine le but à réaliser et qui l'inspire ; et c'est le but qui devient l'occasion immédiate du crime. Ainsi, pour l'individu qui devient incendiaire pour toucher l'indemnité d'assurance, ce n'est pas le besoin qu'il a de toucher cet argent qui fait naître en lui un sentiment de cupidité. C'est ce sentiment déjà existant chez lui qui le pousse à vouloir s'approprier une somme d'argent au moyen d'un crime. Et de même dans la plupart des cas de vol. De même enfin au cas de meurtre, là où l'on parle de brutalité, de sentiments de cruauté et de vengeance, il s'agit de sentiments préexistants au but que l'on poursuit. Ou plutôt ce but tendait précisément à donner satisfaction à ces sentiments. Or, c'est dans ces hypothèses seulement, lorsque le sentiment de perversité qui concorde avec l'idée du crime a inspiré le but à poursuivre, que l'on peut dire de ce sentiment qu'il a été vraiment le motif déterminant du crime. Il n'en est plus de même lorsque, au contraire, il n'est qu'un sentiment réflexe, né après coup et accidentellement du but poursuivi. Pour que le motif, pris au second sens du mot, puisse être qualifié de cause déterminante, il faut qu'il se confonde avec le but poursuivi et que le crime n'ait eu d'autre objet que de donner satisfaction à ce sentiment d'improbité, de perversité ou de passion cruelle et sauvage, préexistante au crime, au moins à l'état latent, et, sous cette forme, faisant corps avec le fond même de l'individualité de l'agent.

Nous arrivons ainsi à une troisième conception du motif. Ce motif n'est plus le facteur psychologique suscité par le but à atteindre et devenu la cause immédiate du crime ; c'est la qualité essentielle de l'individualité psychologique dont la satisfaction a servi de but final au crime réalisé. Et peut-être est-ce là, en effet, tout ce qu'a voulu dire l'avant-projet suisse. En parlant de meurtre inspiré par cruauté ou vengeance, il entend que c'est pour donner satisfaction à cet instinct de cruauté et à ce désir de vengeance que le meurtre a été commis. Tout ceci n'est guère douteux.

Nous aboutissons ainsi à cette conclusion que le motif dont il faille surtout tenir compte au point de vue du droit pénal, c'est celui qui s'incarne dans un facteur psychologique qui ait inspiré le crime et qui lui ait donné sa note en quelque sorte dominante. C'est ce motif ainsi précisé qui servira presque toujours à qualifier la criminalité subjective du fait ; c'est lui qui fournira au juge un des éléments les plus sûrs d'appréciation en vue de mesurer l'intensité de la peine, et par suite sa durée.

Dans une théorie qui n'admet pas d'individualisation fondée sur la responsabilité, il faut une individualisation fondée sur la criminalité subjective du fait, c'est-à-dire sur l'acte criminel pris dans son ensemble, avec toutes ses causes psychologiques, et apprécié dans son unité et son indivisibilité. La peine, au point de vue de sa durée, doit avoir deux unités de mesure, une mesure objective et légale, d'après la gravité sociale du crime, pris du point de vue abstrait ; et une mesure subjective, tirée de la criminalité mise en quelque sorte dans l'acte, et par suite déterminée pour la plus grande part, il faut bien le reconnaître, par la nature du sentiment ou du facteur psychologique qui a inspiré le crime.

On voit donc quelle est la valeur du motif pris comme critérium de la criminalité subjective du fait. Mais ce qu'il faut dire aussi, c'est que, même pris au troisième sens que nous avons indiqué, ce motif n'est pas l'élément exclusif à prendre en considération; et en voici une preuve très sûre. On peut supposer un meurtre inspiré par un motif qui ne soit pas un instinct pervers, mettons un sentiment de colère légitime. La cruauté n'y est pour rien, comme inspiratrice du meurtre ; et cependant ce meurtre a pu être accompli dans des conditions qui dénotent une cruauté profonde. C'est bien ici la colère qui a fait surgir la cruauté, non seulement cette cruauté qu'implique tout homicide volontaire, celle qu'il faut supposer pour que l'on ose tuer, mais une cruauté spéciale, tout à fait inutile comme cause déterminante et entièrement étrangère, à l'apparence au moins, à la génération du fait, mais se manifestant dans les détails de l'exécution, et par les raffinements de souffrance infligés. Dira-t-on, si l'on s'en tient au motif, que la criminalité subjective du fait n'existe qu'à un très faible degré ? Parlera-t-on de ces motifs honorables qu'admet le projet suisse ? Et pour tout dire, à côté du motif n'y a-t-il pas pour caractériser, non seulement la matérialité du fait, mais sa criminalité subjective, à tenir compte des moyens ? Le meurtre le plus honorable, en expliquant cet accouplement par l'interprétation qui en a déjà été donnée, devient l'acte d'une vile et basse créature, dès qu'il a été exécuté au vitriol.

De sorte qu'à ce point de vue encore le motif, pris à lui seul, reste tout à fait insuffisant à caractériser la criminalité subjective du fait. Ce qu'il faut envisager, si l'on veut caractériser le fait par le sentiment qui le domine, c'est toute la complexité d'instincts révélés dans l'acte, et dont l'ensemble en constitue l'unité psychologique. La criminalité subjective du fait, c'est l'acte considéré dans sa genèse psychologique, et en même temps dans la manifestation des sentiments qui ont présidé à son exécution ; c'est la psychologie du crime, d'un crime en particulier, appréciée dans sa genèse et dans son exécution [1].

* *

Le résultat cependant auquel nous sommes arrivés n'aboutit encore qu'à nous fixer sur le calcul de la peine, et ce n'est là que le côté aujourd'hui absolument secondaire de la pénalité. Mais la grosse, très grosse, question est de savoir d'après quelles bases différencier les peines applicables, et comment fixer le genre de peine qui convienne à l'individu.

On a proposé, pour y arriver, une théorie extrêmement séduisante, qui consisterait à remettre aux mains du juge plusieurs catégories de peines, différentes par leur caractère et leur régime ; de telle sorte que le juge aurait, pour un fait quelconque, deux peines de catégories diverses à appliquer suivant les individus. Il y aurait ainsi deux échelles de peines ; et, suivant la nature de l'agent, le juge puiserait dans l'un ou l'autre des deux groupes. C'est ce que l'on appelle le système des peines parallèles [2].

Que les exigences de l'individualisation moderne nous conduisent à admettre un système de peines parallèles, rien n'est plus certain. Mais ce qui est délicat, ce serait de savoir d'après quelles bases d'appréciation le juge devrait appliquer l'une ou l'autre catégorie. Or, tous ceux qui ont admis l'idée n'ont guère vu d'autre critérium possible de différenciation que celui tiré du motif ; de sorte que le motif, pris au sens qui a été indiqué, servirait à la fois de mesure pour la durée de la peine, et de critérium de différenciation pour en fixer la nature et le régime. C'est cette conséquence qui demande à

(1) Cf. Stooss, *Das Motiv im Entwurf zu einem schweizerischen Strafgesetzbuch* (dans *Revue pénale suisse*, 1896, p. 167 et suiv.).

(2) Le document capital sur ce point est le savant rapport de M. Garçon, à la Société générale des Prisons : *Les peines non déshonorantes*, dans *Revue pénitentiaire*, 1896, p. 830 suiv. Voir l'enquête faite sur la question auprès d'un grand nombre de criminalistes dont les opinions ont été reproduites dans la *Revue pénitentiaire*, 1896, p. 1099 suiv.; p. 1407 suiv. ; et *Année 1897*, p. 144 suiv. Cf. la thèse précitée de M. Rigaud, p. 49 suiv.

être examinée avec soin. Voyons donc en quoi consisterait exactement cette théorie des peines parallèles.

Les savants criminalistes qui en ont eu la première idée ont pris comme point de départ un précédent que nous avons déjà mis en relief, l'existence d'une double échelle des peines en matière criminelle, l'une applicable aux crimes politiques, l'autre visant les crimes de droit commun. Il y avait là comme le premier germe d'un principe extrêmement fécond qu'il n'y avait plus qu'à développer. Crimes politiques et crimes de droit commun, ce sont des faits dont la gravité sociale peut être identique. Souvent même le crime politique apparaît objectivement comme autrement grave que le crime de droit commun, lequel, après tout, ne cause jamais, au moins directement, qu'un dommage individuel. Et cependant comme les crimes politiques révèlent des instincts tout à fait différents, on a jugé que les peines, par leur nature même, devaient être différentes. Si d'ailleurs on veut se rendre compte de ce que produirait le mélange dans la même promiscuité de tous ces délinquants de natures si différentes, on n'a qu'à lire la *Maison des morts* de Dostoiewsky. On y verra réunis, dans le même bagne, criminels politiques, indisciplinés militaires et criminels de droit commun. C'est le meilleur plaidoyer que l'on puisse faire en faveur de la théorie des peines parallèles.

Donc lorsqu'on a établi des peines différentes pour les criminels politiques et les autres, ce que l'on a eu en vue, c'était le criminel, et non pas le crime. On a considéré qu'il serait injuste d'appliquer au criminel politique une peine de même caractère que celles destinées aux malfaiteurs ordinaires. Les peines qu'on réserve aux malfaiteurs sont des peines que la loi qualifie d'infamantes. On a voulu que les peines politiques fussent une mesure d'intimidation, qui, par sa rigueur et sa durée, effrayât les conspirateurs, ou encore qu'elles constituassent une mesure d'ordre public destinée à mettre en sûreté les fauteurs de troubles ; mais on n'a pas voulu qu'elles fussent déshonorantes. Voilà le principe. Et lorsqu'on parle ici de peines déshonorantes et non déshonorantes, cela ne fait allusion qu'aux caractères attribués au régime et à ceux que la peine doit avoir devant l'opinion ; cela ne vise pas forcément certaines incapacités qui sont l'occasion de la peine, qui subsistent même après son exécution, et qui sont considérées comme de véritables déchéances, soit politiques, soit privées. Cela n'a rien à voir avec l'idée de déshonneur ; il s'agit d'un danger à écarter. Que la peine soit déshonorante ou non, un condamné apparaîtra toujours comme un individu qui s'est mal conduit, comme un incapable par certains côtés. Lui confier une tutelle et le charger de l'éducation morale des autres, ce serait un danger public ; et de même en serait-il, s'il s'agissait de lui rendre, sans autre épreuve, l'exercice de ses droits politiques. De ce que l'idée d'infamie serait enfin rejetée, cela n'entraînerait pas forcément comme conséquence que toutes les incapacités accessoires dussent être supprimées ; et la preuve en est que les peines politiques, qui cependant ne sont pas considérées comme infamantes, gardent certaines incapacités accessoires. On le voit bien encore par la condamnation conditionnelle, qui a surtout pour but d'éviter toute marque d'infamie, et qui cependant enlève au condamné, au moins pendant le délai d'épreuve, l'exercice de ses droits politiques. Donc qu'on n'aille pas faire de confusion sur ce point.

Nous venons de poser le principe. Mais n'y a-t-il donc, parmi les délinquants, que les criminels politiques qui puissent susciter quelque intérêt ? Même parmi les criminels de droit commun, il y en a qui n'inspirent pas les mêmes répulsions, il y en a dont le crime ne révèle même aucune perversité antérieure. L'avant-projet suisse suppose bien qu'il y ait des crimes commis pour des motifs honorables ! En tout cas, parmi les crimes que nous appelons passionnels, il y en a quelques-uns, pas tous à coup sûr, qui n'impliquent chez l'agent aucun degré de perversité. Il y a des homicides qui se rapprochent fort, au point de vue moral, des cas de légitime défense. On ne défend pas sa vie, on défend son honneur. C'est un père, par exemple, qui défendait l'honneur de sa fille ; il y en a des exemples dans nos annales judiciaires. La justice, même en pareil cas, est obligée d'appliquer la loi : strictement cela devrait être. Mais est-il admissible de

confondre tous ces gens-là avec de vulgaires meurtriers ?
Leur appliquera-t-on une peine identique, — et il ne s'agit
pas de la durée, mais du régime? Cela révolte tous nos sentiments de justice.

L'une des premières tentatives ayant eu pour objet d'établir
ainsi, au point de vue de l'application de la peine, des distinctions parmi les délinquants, fut faite lors de la préparation du
Code pénal italien ; et ce fut là l'une des idées neuves les
plus fécondes acceptées et développées par le Code de 1889.
Il faut lui rendre sur ce point la plus complète justice [1]. Dans
l'un des nombreux projets et avant-projets, on proposa deux
échelles de peines d'emprisonnement. Dans l'une des catégories l'emprisonnement comportait un régime plus rigoureux et tout à fait différent par son caractère spécifique.
Mais, au lieu d'appliquer cette double échelle comme chez
nous, uniquement d'après la gravité objective du fait, on
voulait en régler l'application d'après la criminalité subjective que le fait pût laisser présumer. C'est ainsi que la relégation et la détention étaient réservées aux infractions politiques et aux infractions dites passionnelles : « *I reati politici
e d'impeto* [2]. » Ceci se trouvait dans un projet de 1866.
Ce projet subit le sort de tout travail légistatif parlementaire ; il subit les transformations les plus diverses et fut remplacé par d'autres projets successifs. Le principe des peines
parallèles survivait à toute cette navette parlementaire.

Dans un projet de Mancini, il prit même une forme tout
à fait intéressante. On permettait au juge de tenir compte
des motifs pour substituer une peine à une autre. Et, dans
cette substitution, il ne s'agissait pas, comme chez nous pour
les circonstances atténuantes, de passer d'un degré à un
autre, mais bien de substituer un régime de peine à un autre
tout différent, régime de peine considéré comme étant
d'une nature et d'un caractère tout autres que ceux de la
peine fixée comme peine légale. Ainsi chez nous, d'après

<hr>

(1) Pour tout ce qui va suivre, voir l'étude si fouillée et si intéressante
de Ugo CONTI (*Supplemento alla Rivista penale*, vol. V, fasc. 3-4). *I
moventi a delinquere e il Codice penale italiano.*

(2) Voir CONTI, *Loc. cit.* (tirage à part, p. 10-11).

notre système de circonstances atténuantes, on passe bien
sans doute d'un régime à un autre, des travaux forcés par
exemple à la réclusion, ou de la réclusion à l'emprisonnement correctionnel. Mais pour opérer cette substitution la loi
ne tient compte que de la sévérité présumée du régime. Elle
a cru les travaux forcés plus rigoureux que la réclusion, elle
oblige donc, au cas de circonstances atténuantes, à passer
d'un régime à un autre. Au fond, elle s'est trompée, et les
intéressés se permettent souvent, en effet, d'être d'un avis
différent. Ils préfèrent le travail au grand air dans une
colonie, et dans un milieu tout nouveau, où l'écho de la vie
normale qu'ils ont menée et que mènent les autres ne pénètre
pas, au travail à l'atelier dans une prison d'où l'on ne sort
jamais. Il faut dire aussi que le Code pénal, en statuant sur
les travaux forcés, et lorsqu'il fixait l'échelle proportionnelle
des peines, ne visait que les anciens bagnes ; et en effet le
régime des bagnes devait être autrement dur que celui de nos
maisons centrales. Depuis 1854, l'application de la transportation a changé tout cela ; si bien qu'en fait, et en dépit des
décrets de 1891 et autres encore, qui ont essayé de rétablir
la proportion légale, l'ordre est interverti : les intéressés
préfèrent encore aujourd'hui les travaux forcés à la réclusion.
Cela nous montre bien dans quel esprit ont été établies chez
nous ces différences de régime ; nullement pour sérier les condamnés par groupes de natures criminelles, mais pour punir
les crimes par ordre de gravité. Aussi peut-on dire que travaux forcés, réclusion et même emprisonnement correctionnel sont faits pour des gens de même espèce ; et même trou-
verait-on parmi les transportés et les réclusionnaires beaucoup
plus de natures intéressantes que parmi les condamnés cor-
rectionnels. Ceci n'est pas douteux. Donc lorsque la loi, par
suite des circonstances atténuantes, impose un changement
de régime, c'est uniquement afin de rendre la peine moins
rigoureuse, parce qu'elle considère le crime comme moins
grave ; ce n'est pas pour offrir au condamné un régime mieux
adapté, et plus approprié, un moyen de le sauver plus sûrement au moral, ou une garantie de plus contre la corruption ambiante qui l'attend. C'est presque le contraire.

Il en était autrement dans les différents projets italiens auxquels nous faisons allusion. En permettant au juge de substituer une peine à une autre, on ne visait pas seulement un adoucissement de régime, mais une orientation différente dans le régime et dans la nature de la peine. L'une des peines n'était pas seulement plus douce : c'était une peine faite pour des gens qui ne fussent pas absolument pervertis, et qu'il fallait frapper sans cependant compromettre leur reclassement social, donc sans les déshonorer aux yeux de leurs concitoyens. Il fallait surtout les enlever à la promiscuité des malfaiteurs de race. Il n'y a pas à décrire ici toutes les vicissitudes subies par ces projets italiens. Rappelons seulement, et très en raccourci, ce que la proposition est devenue dans le texte définitif.

On a adopté une sorte de système mixte ; et sous ce rapport les délits sont classés en trois groupes. Il y a ceux pour lesquels la seule peine fixée par la loi est la réclusion, peine de droit commun ; ceux pour lesquels la loi n'admet au contraire que la détention, peine spéciale ; et ceux enfin pour lesquels la loi donne au juge le choix entre réclusion et détention. Donc le Code pénal italien, en ce qui touche le critérium de différenciation, adopte parallèlement deux systèmes très différents, celui de l'application légale et celui de l'application judiciaire. Pour les délits pour lesquels la peine est fixée invariablement par la loi, c'est celle-ci qui s'est réservé le choix et qui applique l'une des peines parallèles suivant le caractère du délit. Mais, au contraire, pour les délits pour lesquels le choix est laissé au juge entre les deux peines, c'est celui-ci qui applique l'une ou l'autre suivant l'intérêt que présente l'individu. C'est un système en somme qui n'est qu'ébauché. Il faut en dire autant du système des peines parallèles dans le Code pénal allemand. L'article 20 nous montre bien que, dans certains cas, qui doivent être prévus par la loi, le juge a deux peines d'emprisonnement à sa disposition et que, pour appliquer la plus rigoureuse, il faut que le sentiment qui ait inspiré le crime ait été tout à fait vil. Mais en fait la loi n'admet, puisque c'est à elle à prévoir et à en permettre l'application, le parallélisme de ces deux peines alternatives que dans des cas qui ne s'étendent guère au delà du domaine des crimes politiques et de certains délits de fonctionnaires [1].

Depuis, la question a été reprise et étudiée à fond à la suite d'un rapport magistral de M. Garçon présenté et discuté à la Société générale des prisons. Ce rapport a même été suivi d'une sorte de consultation générale auprès de tous les hommes compétents ; et nous avons ainsi sur ce point l'avis de tous les spécialistes [2]. C'est un système d'information scientifique excellent, d'une forme très heureuse et dont l'application pourrait se renouveler plus souvent.

Il faut dire aussi que le terrain avait été déjà fortement préparé par les idées émises au congrès de Stockholm dans la discussion sur l'unité de peine ; ce système de l'unité de peine avait fait depuis des progrès toujours croissants. Les projets et Codes récents s'en rapprochaient de plus en plus, et c'est l'une des innovations les plus heureuses de notre projet de revision d'en avoir à peu près adopté le principe. Ce fut l'une des conquêtes dues à l'influence de M. Leveillé. On avait fini par voir que toutes ces diversités de régime destinées uniquement à des variétés de torture, en employant le terme sous la forme la plus adoucie, ne menaient à rien. C'était un reste, et c'est pourquoi ce mot de torture n'était pas inutile à rappeler, de la riche variété de supplices de nos anciennes justices criminelles. Proportionner la souffrance au mal réalisé, c'est la forme traditionnelle de l'idée de sanction, et cette équivalence était restée la règle idéale. Ceux qui admettent encore aujourd'hui cette idée de sanction ont rejeté cette conception barbare du mal pour le mal, dans des conditions surtout où l'équivalence ne peut jamais se réaliser et où elle crée entre les individus les plus criantes inégalités. L'idée de sanction implique l'idée de responsabilité et l'aveu d'un mal moral ; elle implique l'idée d'un effet moral, d'une action morale, de la peine, et c'est en cela qu'elle se confond encore avec l'idée d'expiation : c'est

(1) Cf. OLSHAUSEN, *Kommentar zum Strafgesetzbuch*, I, p. 97.
(2) Voir *suprà*, p. 229, note 2.

la régénération par la souffrance. Sans doute, c'est là une souffrance imposée ; mais on espère que, pour quelques-uns, et on le voudrait pour tous, ce sera la souffrance acceptée. C'est cette idée que le mot de sanction implique, ce but que l'idée d'expiation poursuit. Mais quant à établir une proportion chimérique entre le mal infligé et le dommage moral réalisé, c'est une idée qui peut être acceptée comme théorie religieuse distributive lorsque la destinée de l'âme humaine est censée définitivement fixée et qu'il n'y a plus pour elle qu'à payer pour son passé. Pour celui, au contraire, qui a encore l'avenir devant lui, le passé n'est rien en considération de sa destinée à sauvegarder et de sa vie à réformer. Les idées de sanction et d'expiation ne valent même que comme moyens d'actions pour l'avenir en vue d'une réforme morale ; et nous sommes en droit de nous demander comment ces idées de justice distributive ont pu se concilier, à des époques de foi religieuse, avec la conception chrétienne qui est tout orientée en vue de l'âme à sauver, tant que dure la vie, et qui ne voit dans les fautes commises et les pénitences qui s'y rapportent que des étapes successives pour remonter d'un degré dans la vie morale. A plus forte raison, toute conception de ce genre ne serait plus aujourd'hui qu'un retour, plus ou moins éloigné, à la vieille conception de la loi du talion : œil pour œil, dent pour dent. Moralement, c'est inacceptable. Pratiquement, cela devient de plus en plus irréalisable. On l'a bien vu pour la distinction à faire chez nous entre l'emprisonnement correctionnel et la réclusion ; depuis longtemps tout cela est à peu près confondu. Sans doute, il faut encore une différence dans la peine, corrélative à la différence dans le crime, mais qui doit se traduire par la durée. C'est par là que la peine gardera le principe de proportionnalité qui subsiste, et qui subsistera, tant qu'il y aura une échelle objective des incriminations. On ne s'exposera plus ainsi à des méprises d'appréciation comme celle qui existe aujourd'hui au sujet des travaux forcés, et l'on pourra orienter la peine unique, la peine destinée à tous les criminels, en vue d'un régime de réforme par étapes progressives, dont l'Angleterre, depuis longtemps, nous offre le modèle. Par suite, la seule distinction qui subsiste, c'est celle des peines susceptibles d'être aménagées en vue de ce régime et de celles qui ne le seraient pas, ce qui correspond à la distinction entre les peines à long terme et les courtes peines. Ce sont là des points aujourd'hui considérés comme acquis.

Mais voici ce qui en résulte très logiquement : c'est que, s'il n'y a plus qu'une peine unique et que le régime n'ait plus à varier d'après le fait, il est cependant inadmissible que l'on mette tous les délinquants, comme c'est l'expression consacrée, dans le même paquet. Tout ce pêle-mêle choquerait tout autant les idées les plus courantes et les plus actuelles, celles dont il est impossible de ne pas tenir compte, que ne pourrait le faire la plus extrême variété de régimes. Si donc les peines ne varient plus d'après la matérialité du crime, il faut bien les classer en prenant une autre base de distinction ; et ce ne peut être que la considération de l'individu : classification subjective des peines, substituée à la classification objective qui existe ; de sorte que le système de la peine unique nous conduit insensiblement à l'idée de l'unité de peine dans chaque groupe de peines individualisées.

On voit la transition ; il était important de la bien noter. Mais ce qui pourrait bien se réaliser aussi, c'est que le système des peines parallèles ne fût aussi qu'une transition, l'une suivant l'autre. Et, en effet, ce qui, dans ce système du parallélisme des peines, combiné, comme on vient de le voir, avec celui de la peine unique, devient extrêmement délicat, c'est de déterminer le critérium d'application des différentes peines parallèles ; peine unique au point de vue de l'objectivité du crime, mais variable d'après sa subjectivité. Sur quelles bases établir la distinction ?

Il n'y a plus que deux systèmes possibles, comme on l'a vu pour le Code pénal italien : celui de l'application légale ou celui de l'application judiciaire. Le système de l'application légale est proposé par les novateurs les plus timides. Il consisterait uniquement à mettre à part dans la loi certains crimes ou délits ayant un caractère moins déshonorant et auxquels on appliquerait, des deux peines d'emprisonnement, celle qui ne serait pas considérée comme déshonorante. C'est ce que l'on propose, par exemple, pour le duel. Il faudrait en dire autant, bien entendu, des délits d'imprudence et des contraventions. On devrait également classer dans cette catégorie privilégiée tous ces délits mixtes, tenant le milieu entre les délits intentionnels et les délits d'imprudence, et dans lesquels l'intention n'a pas porté directement sur le résultat réalisé, tout en l'ayant prévu comme une éventualité possible : le cas du chasseur par exemple qui tire sachant fort bien qu'il y a des passants à portée. Il a eu l'idée qu'un accident pourrait survenir, mais cette perspective s'est présentée à son esprit comme une chance à courir et en tout cas assez peu probable ; il a tiré et l'accident s'est produit[1]. C'est plus qu'un délit d'imprudence, c'est un délit d'intention, en ce sens que l'intention a porté au moins éventuellement sur le meurtre possible, c'est un délit éventuel. Il faut le punir plus qu'un simple délit d'imprudence, mais autrement qu'un délit d'intention ordinaire, dénotant une véritable volonté criminelle. Ce serait le cas de lui appliquer une peine spéciale, et non plus une peine de droit commun[2].

En d'autres termes, il y aurait là purement et simplement comme une extension à quelques délits de droit commun de ce qui existe pour les délits politiques. La loi assimilerait aux délits politiques, au point de vue du genre de peine applicable, certains délits de droit commun, n'impliquant plus par eux-mêmes, et objectivement, une véritable criminalité subjective.

Mais ceci n'est encore que de l'individualisation légale, tout à fait insuffisante. Il faut aller plus loin : accepter, sans doute, l'application légale de la peine spéciale pour les délits qui viennent d'être indiqués, mais en outre laisser au juge, pour tous les autres délits, le choix d'application entre les

---

(1) On peut citer l'exemple du chef de gare qui donne le signal du départ alors que la voie n'est pas libre, prévoyant qu'une rencontre pourrait peut-être se produire, bien qu'il y ait neuf chances sur dix pour que cependant il n'y ait pas collision. Il a prévu : c'est un délit éventuel. De même le cas du médecin, qui, par passion scientifique, inocule à un patient. dans un hôpital, le microbe d'une maladie presque sûrement mortelle, en vue de suivre les effets du mal et d'essayer d'un nouveau traitement, mais avec la prévision, très nette cependant, que le sujet peut en mourir. Il y a plus qu'imprudence ; il y a intention et dol éventuel.

(2) Sur toute cette théorie du dol éventuel, voir *suprà*, p. 201, note 1.

deux peines, suivant la caractéristique morale du délit. Ce serait un système d'application judiciaire. Mais ce système d'application judiciaire peut se comprendre lui-même de deux façons, avec ou sans détermination légale. La loi peut avoir laissé toute liberté au juge : elle ne guide pas, elle ne dicte pas son choix. C'est donc au juge à se faire lui-même son critérium d'application; et dans ce cas ce critérium pourra être la considération de l'individu pris dans l'ensemble de sa personnalité, au lieu d'être l'individu envisagé uniquement par rapport au fait commis. Ce serait excellent. Mais, en général, ce n'est pas ce que l'on propose. On veut bien que le juge ait le choix entre deux peines parallèles, quel que soit le crime ou le délit. Mais on veut que la loi fixe les bases du choix à intervenir. La loi déterminerait donc ainsi le critérium qui dût servir d'indication au juge pour appliquer l'une ou l'autre des deux peines ; et ce critérium serait précisément celui dont nous avons déjà longuement parlé, le motif. Bien entendu, ce serait le motif, au sens qui a été analysé et précisé, considéré comme le sentiment ou le facteur psychologique qui ait inspiré, soit le but poursuivi par le crime, soit le crime lui-même comme moyen d'atteindre le but poursuivi; c'est donc le facteur psychologique qui a eu le rôle déterminant dans le crime.

Cela revient à dire que la nature et le régime de la peine doivent dépendre du motif, c'est-à-dire du sentiment révélé par le crime, ou plutôt qui s'est révélé comme la force agissante et le facteur du crime. Il y aurait des peines différentes pour ceux dont le crime eût été inspiré par des sentiments bas et pervers, et des peines différentes pour ceux dont le crime eût été inspiré par des sentiments n'ayant par eux-mêmes rien de déshonorant. Partant de là, les partisans des peines parallèles proposent de classer les peines en deux catégories, l'une qui correspondrait aux peines déshonorantes, comme la réclusion du Code pénal italien, et l'autre correspondant aux peines non déshonorantes, comme la détention, telle qu'elle se présente dans le Code pénal italien. Tel est l'ensemble du système. C'est un pas en avant. Il montre bien le mouvement d'idées qui se produit un peu partout dans le sens d'un droit pénal subjectif, c'est-à-dire, enfin, d'un droit pénal plus humanisé et moins indifférent à l'homme. Il y a trop longtemps qu'on a mis sur les yeux de la justice le bandeau qui l'empêche de voir ceux qu'elle pèse. Aussi n'a-t-elle rien vu, et le monde trop souvent a été couvert d'injustices. C'est ce bandeau qu'il faut lui enlever complètement. Non seulement il faut qu'elle voie et qu'elle regarde ; il faudra, en outre, qu'elle aille jusqu'au fond des consciences, non pas pour y chercher la trace de la liberté — elle n'a pas les instruments nécessaires pour l'y découvrir — mais pour y sonder la moralité foncière ; et de cela nous pouvons facilement, presque scientifiquement, nous rendre compte. Le système des peines parallèles, c'est déjà une protestation contre cette justice abstraite, cette justice d'indifférence, qui a été l'idéal de nos pères, et dont nous ne voulons plus, parce que nous savons ce qu'elle a produit : des criminels de race qui se moquent d'elle, ou des égarés qu'elle écrase, et dont elle fait des gens à jamais perdus. La justice aux yeux bandés a fait le salut des pervertis et la ruine des égarés d'un jour. Elle est la garantie et comme la joie des uns, mais l'écrasement des autres. Nous voulons une justice qui y voie clair, qui traite les pervertis en pervertis et les égarés en égarés, dont on puisse refaire encore des membres utiles de la société. Le système des peines parallèles est un premier pas fait dans ctte voie. Mais il est encore insuffisant.

Il reste trop à la surface, et cela à deux points de vue : soit quant au régime des peines, c'est-à-dire au point de vue pénitentiaire, soit quant à son critérium d'application, c'est-à-dire au point de vue psychologique.

Quant au régime des peines, on ne semble préoccupé que de deux choses : on veut rendre la peine moins déshonorante, et on veut la rendre moins sévère, donc moins intimidante. De ces deux points de vue, l'un peut paraître très mauvais, et l'autre tout à fait insuffisant. La question du caractère déshonorant de la peine est une de celles en effet qui ne devraient plus se soulever. La peine ne devrait jamais avoir pour but de faire perdre l'honneur, mais de le faire recouvrer. Ce qui fait le déshonneur, c'est la corruption révélée par le crime et qui fait du criminel un être hors cadre. La condamnation le déshonore en ce qu'elle révèle officiellement et judiciairement sa criminalité psychologique et qu'elle fixe son attitude et comme sa position par rapport au groupe social. Or le sentiment de l'honneur est un des instincts les plus indéfinissables à la raison, parce qu'ils sont purement d'origine sociologique. Cela tient aux rapports inconscients de l'individu avec son groupe social ; aussi n'est-ce pas un sentiment susceptible d'analyse consciente et raisonnée. C'est le fait de se sentir membre d'un groupe où l'on soit d'égal à égal, c'est l'analogue de l'idée de normalité sociale. Le crime vous classe hors cadre et fait de vous un anormal : on est hors rang, on est un dissemblable. De là le sentiment du déshonneur avec sa double face interne et externe ; et ce qu'il faut bien remarquer, à l'encontre des opinions reçues, c'est que c'est par son côté interne qu'il débute, par la conscience que l'on a soi-même de sa propre anormalité et du déclassement que le crime a produit : est-ce de la honte, est-ce du remords ? Cela peut n'avoir aucun rapport avec l'idée de remords, qui est une idée très haute et très morale, encore qu'on la comprenne souvent très mal et qu'on en fasse une sorte d'obsession du passé, alors qu'elle devrait être uniquement comme un ressort d'énergie pour la régénération de l'avenir. Cela se rapproche davantage de la honte, bien que cette conscience de l'anormalité qui vous envahit puisse devenir aussi comme la conscience d'une individualité plus profonde et d'une énergie plus sombre et plus puissante. On passe d'un groupe à l'autre avec tous les honneurs de la guerre ; ou du moins on se les donne. Que de criminels ont la fierté de leur crime [1] ! Tenons-nous-en donc à l'élément simple que révèle l'analyse psychologique et sociale, et qui est la conscience d'un déclassement social.

Or, ce qui est plus curieux encore à observer, c'est que par son côté externe le déshonneur est très lent à se produire. Il ne suffit pas du tout, pour ce qui est de sa réflexion dans le milieu ambiant, que l'on s'aperçoive de l'anormalité criminelle et sociale de l'individu, pourvu que lui-même ne laisse pas soupçonner son déshonneur intime et qu'il paie d'audace. On le sait un malhonnête homme, on continue à lui rendre

(1) Voir à ce sujet et à un point de vue assez analogue le livre récent de SIGHELE, *Littérature et criminalité.*

honneur et considération ; c'est qu'il fait encore partie du groupe, il n'a pas été expulsé, il n'a pas été excommunié. Ce n'est pas sur l'idée de moralité que repose le déshonneur, mais sur l'idée de parité sociale. Tant que le malhonnête homme, pourvu qu'il se tienne bien, reste du groupe de ses pairs, on ignore ce qu'il est. L'individu à lui seul ne se croit pas qualité pour excommunier l'individu, tellement l'idée de conscience sociale, d'unité sociale, et par suite de pouvoir social, est profondément ancrée dans notre nature ; il faut, pour que le déshonneur vienne des autres, que l'organe social, ici le pouvoir judiciaire, ait prononcé le déclassement. Voilà cette fois ce qui déshonore, et comment, à l'inverse du vers célèbre, c'est l'échafaud, et non pas le crime, qui fait la honte. Et, socialement parlant, il ne peut pas en être autrement. Ne confondons pas l'honneur et l'estime : l'estime va d'individu à individu, l'honneur va uniquement de société à individu. Il importait ici de rappeler toutes ces notions.

Voilà donc quel est l'effet social de la condamnation : c'est une sorte d'excommunication sociale, et c'est en cela qu'elle déshonore. Mais la peine qui la suit, pourquoi et en quoi déshonorerait-elle ? Le déshonneur est acquis ; et c'est le contraire qu'il s'agit maintenant de reconquérir. Il s'agit d'une pente à remonter, d'une porte à se faire ouvrir à nouveau, d'un groupe à entamer pour y revenir et s'y reclasser. On n'est plus de la société, il faut y rentrer et s'y faire accepter : donc reconquérir l'honneur ; et la peine n'a pas d'autre but que de préparer ce reclassement et de refaire d'un désassimilé un assimilable.

La peine, en tant que peine, ne doit donc jamais avoir pour but d'aggraver ce déshonneur, tel qu'il résulte de la condamnation, et cela pour deux raisons pratiques qui sont les suivantes. La première, parce que ce serait aggraver la corruption qui existe déjà chez le criminel, et la seconde parce que ce serait entraver son reclassement social. Il y a en effet deux agents de corruption pour l'individu, l'entraînement du milieu qui donne prise à ses mauvais instincts, et la perte du sentiment de l'honneur, ou plutôt de la dignité personnelle. Or, de ces deux facteurs de corruption, le plus grave est certainement le second ; l'entraînement du milieu peut n'avoir pas déraciné entièrement l'idée de moralité, et celle qui en sera la conséquence, l'idée de remords et l'espoir de la résistance. La perte de la dignité personnelle est, au contraire, l'abandon définitif de soi-même et l'acceptation de sa déchéance. L'homme qui se sait et se sent déchu est, socialement parlant, un être fini. Il est mis hors cadre, classé dans le groupe de ceux que la société a déshonorés et rejetés ; il est avili à ses yeux et aux yeux des autres. Il n'y a plus rien à attendre de lui. La peine déshonorante est donc avant tout un agent de corruption, et le plus puissant de tous. Il est inutile d'insister pour faire comprendre qu'elle est le plus gros obstacle au reclassement social. Comment veut-on que la société accepte celui que par avance elle a flétri ? Devant lui, toutes les portes se ferment, celles de l'atelier surtout. La société le rejette ; il ne lui reste plus que la vie hors cadre, celle des gens qu'il a coudoyés en prison, le seul monde qui lui soit ouvert.

Tel est l'effet des peines déshonorantes. La peine, pour remplir son but, ne doit pas faire perdre l'honneur ; elle doit aider à le faire recouvrer. Elle doit donc, tout à l'inverse de ce qui se passe aujourd'hui, relever l'idée de la dignité personnelle, en cherchant à détruire la corruption morale qui l'a fait disparaître, et qui s'oppose à ce qu'elle reprenne sa place dans la conscience. Il faut pour cela qu'elle inspire à ceux qu'elle frappe, avec la claire vue de ce qu'ils sont devenus, une nouvelle conception de la vie, dans laquelle l'énergie et l'initiative de l'individu, le sens du travail et de l'effort, reprennent la première place. Il faut que celui qui la subit se sente redevenu digne de la vie sociale : c'est en ce sens qu'elle lui fera recouvrer l'honneur. Car il en est de ce dernier sentiment comme de son contraire, c'est par son côté interne qu'il doit faire sa réapparition ; il faut le restaurer dans l'âme avant de demander aux autres de le consacrer et de le reconnaître. La peine doit opérer comme ce renouveau de l'âme, pour que la libération redevienne une consécration de l'honneur restitué : une réhabilitation sociale qui commence, et que l'épreuve de la vie doive rendre définitive. Et par là aussi, la peine doit préparer et comme assurer le reclassement social, donc ne jamais imprimer de tache indélébile. Sur tous ces points aujourd'hui, on est assez près d'être d'accord. Il ne doit plus y avoir de peines déshonorantes[1]. Il ne faut donc pas établir ainsi une opposition marquée entre des peines qui resteraient déshonorantes et d'autres qui ne le seraient plus. C'est un point de vue à rejeter.

Quant à l'autre point de vue, celui relatif au plus ou moins de sévérité du régime, il est tout à fait insuffisant. Sans doute, dans tous les cas la peine doit être sévère; sans cela elle ne serait pas une sanction, elle ne provoquerait ni réflexion ni remords. Il faut en quelque sorte pétrir l'individu pour lui refaire une âme nouvelle. Et, d'autre part, si la peine n'était pas sévère, elle cesserait d'être intimidante. Elle constituerait plutôt une hospitalité dont s'accommoderaient, moins l'effet moral, un grand nombre d'honnêtes gens. Défions-nous de toute fausse sentimentalité. La peine doit être sévère, au besoin même très sévère; peut-être aussi doit-elle l'être plus ou moins, suivant la nature des criminels. Tout cela est vrai. Mais ce n'est pas assez. Le plus ou moins de sévérité du régime ne suffit pas à orienter la peine dans le sens de l'éducation correctionnelle et de la réforme morale du condamné. C'est l'organisation du régime lui-même, indépendamment de la question de sévérité, qui doit qualifier la peine et en constituer la véritable nature.

Or, depuis longtemps, on a reconnu qu'il devait y avoir trois groupes principaux de peines : les peines qui sont organisées en vue de l'espoir d'un reclassement social; celles visant les individus pour qui cet espoir est abandonné, les incorrigibles, et celles enfin pour qui cet espoir, au point de vue de la moralité de l'agent, est resté une certitude, en ce sens que la question de moralité ne se pose même pas : il s'agit de gens restés honnêtes, qui n'ont pas besoin qu'on leur refasse une conscience et une âme nouvelles; il devient inutile de leur préparer un milieu nouveau orienté dans ce

____

(1) On sait déjà, on l'a vu plus haut, que ceci ne se relie pas forcément avec la disparition des incapacités accessoires à la peine. Cf. *suprà*, p. 230-231.

but. Dans ce dernier cas la peine ne vise plus à la réforme morale, elle n'est plus éducationnelle. Elle n'est qu'une simple sanction, visant à l'intimidation. Restent donc, en dehors de ces deux derniers groupes, les peines qui s'adressent aux délinquants ayant besoin d'une réforme morale et encore susceptibles de se reformer : ce sont les peines de réforme. De là les trois qualifications suivantes, peines d'intimidation, peines de réforme et peines de sûreté.

En quoi le parallélisme des peines, fondé uniquement sur le caractère plus ou moins déshonorant, ou plus ou moins sévère de la peine, pourrait-il s'identifier avec cette classification tripartite des peines? C'est donc l'organisation fondamentale du régime, ou mieux ce que l'on pourrait appeler le régime pénitentiaire organique, qui doit servir de base à la classification des peines; et cette classification doit viser une classification correspondante des criminels. Voyons donc si le critérium admis pour les peines parallèles aboutit à une classification rationnelle des criminels. C'est le point de vue psychologique de la question.

La classification, dans la théorie des peines parallèles, est faite d'après le motif. Or, le motif, nous l'avons vu, n'est pas autre chose que le facteur psychologique qui a présidé au crime, qui en a été la cause décisive, soit qu'il ait inspiré le but dont le crime a été la réalisation, soit qu'il soit né lui-même sous l'impulsion du but à atteindre et qu'il ait fait ainsi germer l'idée du crime ou qu'il ait produit la force psychologique nécessaire pour traduire l'idée en acte. Seulement le motif, pris dans ce sens, n'est encore qu'un sentiment isolé et localisé. Assurément, il vient du fond du caractère et il peut en révéler la note dominante. Neuf fois sur dix, il aura à ce point de vue une véritable valeur symptômatique. Mais il n'en sera pas forcément ainsi. On a vu que des coquins pouvaient, à un certain moment, agir sous une impulsion généreuse et commettre des crimes qui pussent ressembler à des crimes d'honnêtes gens, puisqu'il y en a. — Le jury nous le prouve tous les jours; et l'avant-projet suisse, avec beaucoup de raison, n'a pas craint de le reconnaitre dans un texte légal. — A l'inverse, des criminels d'accident peuvent avoir commis leur crime sous l'impulsion de sentiments très bas qui, à ne voir qu'eux, révéleraient le professionnel endurci et perverti à fond.

Avec le motif, sans doute, nous commençons à pénétrer un peu dans le fonds et le tréfonds de la nature; mais nous restons encore beaucoup trop à la surface. C'est toujours le point de vue du crime qui subsiste, et pas assez celui du criminel qui l'emporte.

Voici, en effet, le triple degré de pénétration psychologique que l'évolution du droit pénal nous a fait découvrir. Tout d'abord, on ne voit que le fait matériel, et l'on suppose, en face d'un même fait, que la criminalité subjective reste la même. Puis, on veut aller plus au fond et on cherche à analyser la responsabilité. On veut en sonder la mesure et en marquer l'étiage en s'attachant au degré de discernement et de liberté. Mais c'est toujours là le point de vue du fait commis; car il s'agit de la somme de volonté que le fait recèle, de la responsabilité afférente au fait lui-même. Que cette responsabilité vienne du pire malfaiteur ou d'un honnête homme, il n'importe. Nous avons même vu que c'est surtout pour l'honnête homme qu'elle devrait être lourde, et pour l'endurci qu'elle dût sembler légère. Enfin, pénétrons d'un degré plus avant. Au lieu de peser et de sous-peser la somme de volonté et de liberté, quantités cependant impondérables, envisageons la qualité de cette volonté. Prenons-en la valeur qualitative au lieu de l'élément quantitatif; et cela devient le motif, c'est-à-dire le sentiment plus ou moins pervers qui a inspiré cette volonté et qui lui donne sa caractéristique. Et nous avons ainsi, non plus le degré de volonté ou de liberté, mais le degré de perversité, mis dans le fait : c'est ce que l'on peut appeler la criminalité subjective du fait, substituée à la responsabilité du fait. C'est un immense progrès. Tout d'abord, nous ne sommes plus exposés à des interversions de termes, comme celles auxquelles devrait conduire la théorie de la responsabilité : la moindre étant attribuée aux pires. La criminalité du fait reste en rapport direct avec la perversité sous laquelle il a été conçu et exécuté : les pires malfaiteurs auront peu de chance d'échapper au degré maximum dans l'échelle de la criminalité subjective, même à s'en tenir à celle afférente au fait. D'ailleurs, à s'en tenir au fait, en dehors de l'individualité de fond du criminel, c'est déjà un immense progrès que d'attribuer le maximum de pénalité au maximum de perversité; avec la théorie de la responsabilité, nous devrions aboutir juste au rapport inverse. Mais d'autre part, il y a beaucoup de chance pour que cette perversité inhérente au fait s'identifie avec la perversité de nature de l'individu. S'il s'agit d'un meurtre inspiré par pure cruauté, il y a bien des chances pour que l'agent de sa nature soit un violent et un cruel.

Cependant il est des cas, plus ou moins exceptionnels, où il peut en être autrement : et si la loi, avec la théorie des peines parallèles, fait dépendre forcément la spécialisation de la peine de la spécialisation du motif, le juge n'aura pas le choix et sera obligé d'appliquer la peine attachée par la loi elle-même au motif du crime. Ceci est inacceptable ; ce qu'il faut, c'est que, même dans ce cas, le juge n'ait pas la main forcée.

Acceptons, si l'on veut, la théorie des peines parallèles, mais à condition que le critérium de spécialisation ne soit pas forcément le motif du crime. Le motif n'est encore, au moins à l'apparence et sauf analyse plus pénétrante, que la part de l'accidentel, il est lié au fait commis. Cela regarde la sanction du fait ; et la sanction du fait se traduit dans la fixation de la durée de la peine. Le motif ne touche que par voie indirecte, et toute symptômatique, à ce qui est, non plus l'accidentel, mais le permanent, c'est-à-dire le fond de la nature et du caractère. Or, c'est par l'individualité toute entière que doivent se faire l'individualisation et la spécialisation de la peine, et non par le fragment d'individualité que le crime peut révéler. Tout au moins faudrait-il distinguer, parmi les motifs, s'il s'agit d'un motif provoqué par le but à atteindre, ou d'un instinct qui ait au contraire suscité ce but lui-même ; d'un sentiment par conséquent antérieur, non seulement au crime, mais aux événements et aux circonstances qui expliquent le crime, ou qui ne fût né que sous la pression du dehors. A nous en tenir au motif, nous serons toujours dans l'équivoque ; et les deux points de vue si différents qu'il y ait à prendre en considération resteront confondus.

Donc, élargissons encore la théorie, et parlons, non plus de peines parallèles à appliquer conformément au motif du crime, mais de peines spécialisées à appliquer conformément au tempérament moral du criminel[1]. Reste à voir comment construire le système.

.˙.

Nous avons établi des lignes d'approche qui ont déjà pénétré jusqu'au cœur de la place. Ce n'est plus maintenant qu'une synthèse définitive à mettre sur pied[2].

L'un des premiers pas faits dans la voie nouvelle où nous entrons date, on l'a déjà vu, du congrès de Stockholm, lorsqu'on plaida la thèse de la peine unique[3]. C'était, au contraire, l'une des idées les plus chères de notre droit traditionnel que les peines devaient varier de régime, et par suite de rigueur, d'après la nature du crime. Pour les crimes les plus graves, les peines les plus graves, non seulement par leur durée, mais par leur régime. De là, la grande variété des peines criminelles ; notre Code pénal de 1810 est très riche sous ce rapport. Mais nous avons déjà vu que l'appréciation des criminels ne concorde pas toujours, sur ce point, avec celle de la loi et que souvent des peines que l'on a voulu faire très redoutables et très intimidantes sont, au contraire, beaucoup plus recherchées que d'autres. Ce qui fait la dureté d'une peine, c'est moins la rigueur du régime que l'impressionnabilité et l'éducation antérieure de celui qui la subit. Il est donc tout à fait inutile de faire varier la peine d'après le crime ; ce qui doit intimider et servir de sanction au crime,

(1) Sur tous ces procédés voir les observations si justes faites par M. ALFRED GAUTIER dans son étude comparative du projet de revision français et de l'avant-projet suisse. (A. GAUTIER, *Deux projets*, dans *Revue pénale suisse*. 1894, p. 105-107.)

(2) Cf. pour ce qui va suivre L. RIVIÈRE, *De l'individualisation des peines* dans *Revue pénitentiaire 1897*, p. 1043 suiv.

(3) Voir *Le congrès pénitentiaire international de Stockholm* (Comptes rendus des séances), t. I, p. 159 suiv

c'est surtout la durée de la peine. Et, puisque, au contraire, c'est d'après la nature du criminel que la peine est sentie et appréciée, et d'après la nature du criminel qu'elle produit ses effets psychologiques, c'est à cette nature psychologique du criminel que doivent correspondre le régime même de la peine, son caractère et sa nature pénitentiaires.

Voici donc à quel résultat nous aboutissons. La peine reste une sanction. Elle est une sanction, parce que l'idée de responsabilité subsiste et qu'il faut donner satisfaction au sentiment de justice populaire et de justice sociale qui veut que la société affirme et réprouve le mal moral là où il nuit à la collectivité. Il faut que la peine soit l'affirmation de la responsabilité, parce qu'il n'y a que l'idée de responsabilité qui puisse relever et sauver. Ce n'est pas l'idée de faute qui dégrade, parce que, si elle affirme la liberté de celui qui a commis la faute, elle affirme en même temps la liberté de s'en relever. Toute autre théorie fait du criminel un être déchu, mis hors rang et classé à part, le sauvage primitif décrit par Lombroso. Seule, l'idée de faute fait de lui un être qui est au fond comme tous les autres, plus déchu peut-être ; mais ce n'est qu'une question de degré. En tout cas, un être qui, étant responsable de ses actes, peut se relever par la volonté, qui tient en lui, et de lui, son reclassement moral et social, comme il en a tenu sa déchéance. Rien n'est perdu ; c'est une âme à refaire. Voilà pourquoi nous voulons que la peine reste l'affirmation de l'idée de responsabilité. Sans elle, le criminel n'est plus qu'un être méprisable, mis hors la loi, quelque chose d'anormal et parfois même de monstrueux dans la nature. Avec elle, la dignité lui reste, ou du moins il peut la reconquérir ; parce qu'il se sent libre, et qu'ayant été libre pour le mal, il peut arriver qu'il conçoive aussi qu'il est libre pour le bien. Avec elle, il se sent encore de la même race que tous ceux qui tombent, car toute âme a son fond de corruption innée ; et il sent surtout qu'il peut devenir l'égal de ceux qui se relèvent. N'allons pas compromettre un tel levier moral.

Mais cette sanction, ainsi justifiée par l'idée de responsabilité, ne se mesure pas à la responsabilité. Elle doit se mesurer à la criminalité subjective de l'agent ; c'est-à-dire, non plus à l'élément quantitatif, mais à l'élément qualitatif, de la volonté. Or, cette criminalité subjective de l'agent, elle est de deux sortes.

Il y a la criminalité latente et passive, à l'état statique si l'on peut dire; c'est celle qui s'identifie avec le fond du caractère. Elle se manifeste par tel penchant inné, tel vice héréditaire ou acquis; elle se retrouve dans tous les actes et toutes les tendances de l'individu, même dans ceux de ses actes qui n'ont rien de criminel. C'est l'individualité vue par son côté vicieux. Ce n'est pas celle que la loi punit; car, si la loi punissait les gens pour leur caractère, il faudrait les enfermer avant tout crime réalisé.

Mais il y a un autre aspect de la criminalité. A côté de la criminalité à l'état passif, il y a la criminalité en acte, à l'état dynamique, considérée comme un facteur psychique, qui, à un moment donné, ait produit une impulsion, et de là ait fait jaillir l'acte. Cette criminalité à l'état actif n'est le plus souvent qu'une manifestation et une mise en œuvre de la première; elle la révèle. Nous avons vu cependant qu'il n'en était pas toujours forcément ainsi. Nous avons tous en nous plusieurs faces de personnalité. Il y a dans chacun de nous plusieurs hommes qui se combattent; et le terrible cri d'angoisse de saint Paul est vrai de nous tous. De ces différentes personnalités qui sont en nous, il y en a une qui, à un moment donné, devient dominante; et c'est par elle que se manifeste le fond de moralité ou de perversité de l'individu, c'est à elle que correspond ce qu'il peut y avoir de criminalité latente et passive en lui. Mais il faut compter aussi avec le retour accidentel et les manifestations occasionnelles des autres faces de notre personnalité; et il peut y avoir certaines apparitions de sentiments pervers et de criminalité qui ne soient pour nous que l'exceptionnel et l'imprévu, sans racine dans le passé et presque sans aucune chance de retour dans l'avenir. Cette criminalité active ne correspond donc pas forcément à la criminalité passive de notre être moral; elle ne s'identifie pas avec elle.

Mais cette criminalité à l'état de force agissante, c'est celle cependant qui a déterminé l'acte dont la loi nous demande compte. C'est elle qui, pour la société, représente le mal moral dont nous avons fait preuve ; ce mal moral dont la loi nous présume et dont elle nous fait responsables. La responsabilité que la loi et la raison nous imputent ne peut pas porter sur la volonté du fait ; elle ne peut porter que sur le grossissement et l'intensité de la criminalité subjective qui est en lui. La volonté, l'âme toute entière, à un moment donné, s'est identifiée avec une poussée de criminalité : c'est de cela que nous sommes responsables ; car pour la société, c'est cette criminalité, dans sa manifestation extérieure qui est le crime, qui a été facteur de troubles et créatrice d'un dommage dont il y ait lieu de rendre compte.

Donc, c'est d'après cette criminalité active, la criminalité subjective du fait, que la sanction doit se mesurer ; elle sera révélée par le motif, considéré comme le facteur psychologique d'où est sortie l'impulsion directe du crime. C'est par elle que se calculera la durée de la peine ; car c'est la durée qui répond à l'idée de sanction et de proportionnalité.

Mais, lorsqu'il s'agit de fixer le régime de la peine, ce n'est plus cette criminalité toute spécialisée et toute localisée dans un acte, qu'il faut viser. C'est le fond de l'être qui doit commander le régime. Donc c'est d'après la criminalité passive, à l'état latent et statique, que la nature de la peine doit être fixée.

Le juge doit avoir ainsi deux points de vue et deux bases très différentes. Il doit fixer la durée de la peine d'après la criminalité active, telle qu'elle a caractérisé l'acte. Ceci correspond à l'idée de sanction qui subsiste. Et il doit déterminer la nature de la peine d'après la criminalité passive de l'agent, c'est-à-dire d'après le fond même de sa nature ; et ceci correspond à l'idée de but et d'individualisation de la peine. Et ce degré de criminalité passive se déterminera assez souvent, en effet, par la révélation des motifs et de la criminalité subjective du fait. Mais il n'en sera pas forcément ainsi ; et il faut laisser au juge, sous ce rapport, toute liberté d'appréciation. Il y a un cas, par exemple, où l'opposition des deux criminalités est absolument certaine : c'est pour le récidiviste de plusieurs infractions, peut-être même de crimes, qui se révèle ainsi comme incorrigible et irréductible, et dont le dernier délit cependant peut n'impliquer qu'un degré minimum de criminalité.

Tels sont les principes qui doivent dominer l'application de la pénalité. Il resterait maintenant à tenter une classification des criminels, faite d'après leur nature psychologique, et, pour y correspondre, une classification adéquate des peines.

* *

Laissons de côté tout ce qui touche à la fixation de la durée de la peine. Il s'agit de procédés judiciaires qui ne sauraient guère différer de ce qui se passe aujourd'hui dans la pratique. Et abordons, en quelques brefs aperçus, ce qui concerne la nature de la peine et par conséquent le choix du régime pénal[1].

Ce choix devrait se faire d'après la nature de l'agent, ou plutôt d'après ce qu'il peut y avoir en lui d'instincts criminels, et d'après la direction, la variété et comme la spécialisation, de ces instincts criminels. Il s'agit donc de créer des catégories de peines, correspondant à des catégories diverses de criminels. Or, il y a sur ce point un premier écueil grave à éviter ; c'est de tomber dans la minutie des détails et des distinctions. Avant tout, il ne faut pas avoir la prétention d'établir, au point de vue juridique, une classification complète des criminels, avec tous les genres et variétés qui peuvent la caractériser. Ceci a été l'erreur de l'école anthropologique.

(1) Pour tout ce qui va suivre, voir WAHLBERG, *Das princip der Individualisirung*, principalement ch. i et ii ; et *Kleinere Schriften*, passim, surtout I, p. 136 suiv. ; II, 138 suiv. ; III, p. 18 suiv., p. 55 suiv., mais surtout son article capital et de tout premier ordre, *Das Mass und der mittlere Mensch im Strafrecht*, dans la revue de Grünhut (*Zeitschrift für das Privat und öffentliche Recht der Gegenwart*, 1878. p. 465 ; COLAJANNI, *La sociologia criminale*, passim ; FERRI. *Sociologie criminelle*, p. 80 suiv. ; GAROFALO, *Criminologie*, passim ; TARDE, *Études pénales et sociales*, p. 117 suiv., p. 115 suiv., p. 273 suiv. ; *Philosophie pénale*, p. 215 suiv. et surtout LISZT, *Die psychologischen Grundlagen der Kriminalpolitik* (Z., 1896, p. 479 suiv., p. 488 suiv.). Cf. également U. CONTI, *Il delinquente nel Diritto criminale*, dans *Archivio giuridico*, 1894, p. 266 suiv.

Ainsi Ferri, dans sa sociologie criminelle, a poussé très loin la distinction des genres. Il y a là une méprise et un défaut d'optique, ou plutôt une erreur de point de vue. On conçoit très bien que l'on multiplie les variétés, et en effet elles sont très diverses, s'il s'agit d'établir, au point de vue psychologique, les différences de tempéraments individuels, et surtout si l'on veut les classer d'après les causes qui ont pu influer sur l'origine de la criminalité individuelle, hérédité, milieu, dégénérescence et le reste. Ce serait étudier le criminel comme les botanistes étudient les plantes, en distinguant et sous-distinguant au fur et à mesure qu'une variété nouvelle se découvre, comme font également les zoologistes pour les classifications animales. C'est également à ce point de vue purement anthropologique que se place, pour la criminalité, l'école sociologique.

Ce n'est pas, et ce ne peut pas être, le point de vue juridique. Le point de vue juridique n'est pas seulement la constatation du fait et des phénomènes ; c'est avant tout la recherche du but et des résultats : la conformité aux lois sociales. A ce point de vue, les classifications doivent être dressées en vue de l'application d'un résultat juridique. Il s'agira de classer les criminels en vue de l'application des moyens que nous avons à notre disposition ; et ces moyens sont d'ordre assez restreint. Ce sont les moyens répressifs avec les variétés de régime qu'ils comportent.

Si l'on se place à ce point de vue, il y a deux observations qui s'imposent. La première est que ces variétés de moyens, pour des raisons très diverses dont la plus sensible est peut-être une raison financière, ne peuvent pas se multiplier à l'infini. Et la seconde est que, même à supposer que nous fussions en mesure d'établir des variétés de régime correspondant à chaque variété nouvelle de criminels, nous manquerions absolument de critérium scientifique pour découvrir, pour chacun des délinquants passant devant les tribunaux, la classe exacte à laquelle il appartient. Nous ne pouvons qu'établir des classifications idéales sur le papier. Nous n'avons pas de procédés de diagnostic moral qui nous garantissent, pour chaque individu qui se présente, la constatation certaine du type auquel il doive appartenir. Donc, ne rêvons pas l'impossible, nous tomberions dans le grotesque. D'autant que la plupart des classifications purement sociologiques que nous avons confondent deux points de vue qui devraient cependant rester très distincts : l'un est le point de vue de l'origine, de la source, de la criminalité, atavisme, dégénérescence, influence du milieu ; et à cet ordre d'idées appartiennent le criminel-né, ou héréditaire, le dégénéré, et beaucoup d'autres de cette espèce. L'autre point de vue est celui du type de criminalité. Il y a les violents, il y a les fourbes, il y a les corrompus, et tant d'autres types dont la synthèse a été si admirablement conduite par Garofalo[1] ; et enfin, pour chacun de ces types, il y a les amendables et les incorrigibles. Les uns sont ceux qui ont gardé l'idée de moralité, et comme un arrière-fond de moralité, donc qui sont encore capables de concevoir qu'en réalité ils font mal. C'est le sentiment de l'effort qui leur manque. On peut le leur rendre. Les autres sont ceux qui ont perdu tout sens moral et sur lesquels on ne peut à peu près rien. L'habitude est invétérée et le fond de la nature est absolument perverti. Ils se sont fait une âme nouvelle, qui ne sent plus comme nous sentons.

Cela ferait en réalité comme trois points de vue distincts, et comme trois classifications qui ne s'identifient pas et ne se couvrent pas mutuellement, celle relative à l'origine de la criminalité, celle relative au type de criminalité, celle relative à l'intensité de la criminalité.

La première n'a pas de valeur indépendante, et par elle-même, au point de vue juridique. Quelle que soit en effet la source de l'instinct criminel, le type de criminalité peut être absolument identique. Que la criminalité soit héritée ou acquise, au point de vue de sa variété psychologique, elle reste la même. Le meurtrier de naissance, à supposer qu'il y en ait de tels, et le meurtrier par habitude acquise, restent tous deux, au point de vue juridique, des meurtriers ; et ce qui importe, c'est de savoir l'intensité en eux de ce sentiment de

______

[1] Voir la *Criminologie* de Garofalo. Paris, F. Alcan.

cruauté, de violence et de brutalité. A ce dernier point de vue, il est vrai, la classification relative à l'origine de la criminalité peut fournir certaines indications précieuses, on l'a déjà vu[1] ; et, si elle n'a pas de valeur juridique propre, elle a au moins une utilité indirecte. Il est en effet certain que le criminel-né, s'il y en a véritablement au sens indiqué par Lombroso, sera autrement réfractaire que le criminel par perversion acquise et non innée. Dans ce dernier cas, il ne s'agit que d'un revêtement de surface ; on peut faire revivre la nature primitive, qui était bonne. Mais il n'en reste pas moins certain que ce sont trois points de vue distincts qu'il ne faut pas confondre, et que la plupart de nos classifications ont eu le tort cependant de faire rentrer dans le même ordre de groupement.

En ce qui concerne le côté juridique, qui doit être celui de la loi pénale, c'est en définitive le troisième point de vue qui est le principal, celui de l'intensité de la criminalité, puisque tous nos moyens répressifs doivent être orientés en vue de la faire disparaître. Les deux autres classifications, celle ayant pour objet le type de criminalité et celle concernant l'origine de la criminalité, n'ont de valeur qu'en tant qu'elles peuvent fournir des indications utiles, soit sur le degré de criminalité, soit sur les moyens d'y porter remède.

Nous en revenons ainsi à cette classification en trois branches, qui est en réalité déjà ancienne, presque traditionnelle et classique, avant même d'être officiellement appliquée, mais qui n'a pas encore été remplacée. Elle comprend donc la catégorie des délinquants sans criminalité propre, celle des délinquants avec criminalité de surface et celle, enfin, des délinquants avec criminalité de fond, donc irréductible ; ce sont les incorrigibles. C'est la division fondamentale, à laquelle devront correspondre les trois catégories de peines que nous avons déjà bien souvent énumérées, d'intimidation, de réforme et de sûreté.

Maintenant, si cette classification est la base et comme le pivot de tout le droit pénal de l'avenir, il faut convenir que

(1) Cf. *suprà*, p. 121.

pour certains délinquants, il y a lieu de tenir compte cependant du type de criminalité, ou même quelquefois de l'origine de la criminalité. C'est lorsqu'il s'agit de certaines variétés de criminalité parfaitement définies par leur nature et par leur origine, et telles qu'il y ait des moyens spéciaux fournis par l'observation ou l'expérience pour y porter remède et la combattre.

En voici quelques exemples. Pour certains types de délits, il est aujourd'hui reconnu qu'il doit y avoir des établissements spéciaux qui leur soient affectés, et dont le régime soit orienté en vue de combattre les tendances spéciales qui produisent ce genre d'infractions. Ainsi, les asiles pour buveurs et alcooliques ; de même les maisons de travail, les établissement pour vagabonds. Tout cela a été établi et fonctionne à l'étranger.

Toutefois, l'expérience vient de démontrer un point qui a son importance ; c'est que, dans ces sortes d'établissements, il ne suffit pas d'orienter le régime en vue de faire contracter des habitudes différentes de celles dont témoigne la réitération du même délit. Il faut aussi songer au rôle de l'exemplarité et de l'intimidation. C'est ce qui arrive, par exemple, pour les vagabonds. En Allemagne, pour ne citer que ce qui se fait là, on les envoie dans des établissements spéciaux, on essaie de les plier au travail et de leur donner des habitudes régulières. Or, on a constaté qu'on obtenait fort peu de résultats appréciables. C'est que le régime est relativement doux et l'internement relativement court. On ne peut songer à refaire des habitudes que par un traitement à long terme. D'autre part, il ne faut pas craindre de faire peur. Aujourd'hui donc, en France, instruit par cet exemple, et aussi par ce qui se passe chez nous, on propose de réserver la cellule surtout pour les vagabonds[1]. Ce sont des indépendants et des irréguliers, amoureux avant tout de la grand'route et du grand air, craignant moins à coup sûr la fatigue et la souf-

_____

[1] Voir le rapport de M. de CRISENOY sur *la Répression du vagabondage*, présenté à la Société générale des Prisons, séance du 15 décembre 1897 (*Revue pénitentiaire*, 1898. p. 4 suiv.); et la discussion qui suivit, à la séance du mois de mars 1898.

france que le travail assidu et l'immobilisation ; alors, il faut les prendre par leur faible. Qu'on les mette en cellule ; c'est en effet ce qu'ils redoutent le plus[1]. Tout cela est parfait, mais à une condition, qui soit que la cellule ne constitue pas le seul élément de la peine. La cellule par elle-même n'est jamais une peine complète. C'est un préservatif, au fond ce n'est pas une peine. C'est le coup brusque qui interrompt le cours d'une existence irrégulière, qui, en quelque sorte, suspend la vie sociale, qui provoque la réflexion et rend celui qui la subit plus accessible aux conceptions d'une vie nouvelle. C'est un arrêt dans l'existence. C'est parfait. Mais cette vie nouvelle, il faut la refaire. La cellule, c'est le côté négatif de la réforme pénale. Il faut ensuite aborder le côté positif ; sinon, il n'y aura rien de fait. Si l'on s'en tient à la cellule, on fait comme ces parents un peu timorés dont les enfants seraient délicats des bronches, et qui n'osent pas les faire sortir de tout l'hiver. Ils les garent peut-être des bronchites ; ils ne leur feront jamais des bronches capables de supporter le contact de l'air. Et cependant, c'est là le but. Pour ce qui est de l'homme, il faut lui faire une âme capable de supporter le contact de l'air et de la vie. Le régime cellulaire à long terme, comme en Belgique, n'est admissible que si l'on a constaté la faillite de la réforme pénitentiaire et l'impossibilité de parvenir à l'amendement moral du condamné : ce sont les théories de Lombroso. Mais ce ne sont guère cependant celles de l'école pénitentiaire qui a fait de la cellule son dogme le plus intangible. S'il faut désespérer du criminel, alors il n'y a plus qu'à chercher à faire peur, et en effet la cellule est pour cela le meilleur moyen d'intimidation. Seulement, une fois là, qu'on y laisse les condamnés le plus longtemps possible ; car on les a séparés de la vie, qu'on n'essaie pas de les y faire rentrer. Ils n'ont plus d'aptitude à la vie sociale. Et cela

(1) Cf. sur tous ces points un article du *Temps* (numéro du jeudi 20 janvier 1898), *la Police rurale et le vagabondage*. La question du vagabondage a fait l'objet de nombreuses propositions de lois, depuis 1898. La dernière en date est celle de M. Étienne Flandin, du 20 janvier 1905, relative à la *Révision des lois pénales concernant le vagabondage et la mendicité*. On en trouvera le texte avec l'indication des propositions antérieures et les références dans la *Revue pénitentiaire* de février 1904, p. 292. On pourra se reporter également à une discussion en cours à l'heure actuelle devant la Société des prisons sur la *Réorganisation de la police en province* (*Revue pénitentiaire*, 1905, n°ˢ 3 et 4).

est vrai des vagabonds comme des autres. Donc, après l'épreuve de l'isolement, qu'on ouvre la cellule et que le condamné reprenne contact avec la vie; sous la forme d'un régime de travail, par exemple, s'il s'agit de vagabonds destinés aux maisons de travail [1].

Du reste, il est difficile de toucher à cette matière du vagabondage, qui est au fond tout entière du domaine de la police, sans constater l'immense dérogation qu'elle apporte aux principes de l'école de la responsabilité. Si l'on ne doit punir que pour le crime réalisé, de quel droit punit-on le vagabond, qui ne fait qu'user de sa liberté ? On le punit par prévention, tout le monde sait cela ; et rien n'est plus juste. Mais on le punit donc pour les délits qu'il pourrait commettre, et qu'il arrivera certainement, dit-on, à commettre : peine préventive et purement préventive. Et ce sont des classiques qui demandent qu'on l'aggrave le plus possible, qu'on lui réserve la cellule et toutes les rigueurs de notre arsenal pénitentiaire ! Au fond ils ont raison ; mais alors que deviennent les principes de l'école ? Les partisans de l'école italienne en ont-ils jamais demandé autant ? La seule constatation à retirer de là c'est que le dogme classique de la séparation entre prévention et répression n'a jamais été qu'une formule abstraite, sans réalité absolue d'application, et que, par suite, lorsque nous demandons de faire de la peine répressive avant tout une mesure préventive, nous avons pour nous les faits d'abord, les lois ensuite, et, sans qu'elle s'en rende compte, l'école classique elle-même.

On a vu l'exemple de certains régimes spéciaux en vue de délits spéciaux. Ici donc on tient compte de la variété criminelle. A d'autres points de vue, il faut tenir compte de l'origine de la criminalité ; par exemple pour les névrosés, dégénérés, tous ceux pour qui l'on parle de responsabilité limitée. Leur criminalité ici n'a pas de type particulier. Elle appartient à tous les genres. Il y a parmi eux des meurtriers et des voleurs, des passionnés surtout. Mais ce qu'ils ont de commun, c'est que leur criminalité se relie à leur tempérament, donc qu'il faut les soigner médicalement. On créera pour

(1) Voir, sur tous ces points, et sur le fonctionnement du nouveau système belge, l'intéressante communication de M. BATARDY à la Séance du mois de mars 1898 de la Société générale des Prisons (*Revue pénitentiaire*, 1898).

eux des établissements mixtes, moitié hôpitaux moitié prisons. Sur ce point tout le monde est d'accord aujourd'hui. Et l'on peut rapprocher de cette catégorie les maisons d'éducation et de réforme pour les mineurs [1].

Ce ne sont là cependant que des catégories exceptionnelles. Ceci à part, nous revenons à notre classification générale tripartite, avec les trois catégories de peines qui devront y correspondre. Et ce qui fait la double valeur de cette classification, c'est d'abord qu'elle repose sur des éléments de constatation relativement simples, et c'est ensuite qu'elle implique une organisation de régime approximativement facile.

Tout d'abord, l'application en est relativement simple. Prenons les deux catégories extrêmes, les incorrigibles et les délinquants sans criminalité de nature. Pour les incorrigibles, nous avons déjà une première base d'appréciation dans notre loi de 1885 sur la relégation. Cette base, c'est la récidive. Non pas certes l'ancienne récidive du Code pénal, cause d'aggravation de la peine, parce qu'il y a aggravation de culpabilité à recommencer après une première condamnation. Ceci est encore, et uniquement, le point de vue de la responsabilité, dont il n'est pas question ici. Que cette récidive-responsabilité influe encore sur la durée de la peine, rien de mieux. Mais la loi de 1885 a créé une nouvelle sorte de récidive, la récidive-individualisation, la récidive-critérium de l'incorrigibilité. C'est cette récidive nouvelle dont nous parlons ici ; c'est la seule qui doive influer sur la nature de la peine. Elle vaut uniquement par son côté symptomatique. Mais, bien entendu, l'application qui en a été faite en 1885 serait à remanier sur beaucoup de points, et surtout sur celui-ci : plus d'application forcée des peines de sûreté sur une base fixée limitativement par la loi. Il faut réserver et faire très large l'appréciation judiciaire. Il n'y a pas de critérium légal de l'incorrigibilité. Il peut y avoir sans doute des éléments prévus par la loi pour guider l'appréciation judiciaire, et encore l'avant-projet suisse n'en prévoit aucun. En tout cas ce ne serait jamais là qu'une première limite fixée par la loi ; il ne peut être question d'application

(1) Sur un essai d'application d'un régime spécial pour les mineurs en Angleterre, le « *Borstal System* », voir l'article déjà cité de sir ALFRED WILLS, dans *The Nineteenth Century* de décembre 1907, p. 881 et suiv.

forcée. Ce n'est là, d'ailleurs, qu'un exposé de principes ; il s'agit de tracer quelques grandes lignes, en réservant les détails.

A l'autre extrémité, au premier degré de la classification, seraient les délinquants qui n'ont pas besoin de réforme, parce qu'ils ne sont pas des pervertis et qu'ils n'ont en eux aucune criminalité de nature. Ici encore, les bases d'appréciation seraient relativement simples. Elles seraient fournies d'une part, comme on l'a déjà vu[1], par le caractère de l'infraction, et, d'autre part, — ce serait l'élément principal, — par les antécédents du délinquant ; et bien entendu le premier point à prendre en considération, au moins en principe, serait l'absence de condamnation antérieure, ou plutôt l'absence de délit antérieur, — car la différence classique entre la récidive et le concours d'infractions n'a de valeur que pour la récidive au sens traditionnel, la récidive-responsabilité ; elle n'en a pas au point de vue de l'individualisation[2]. Ce n'est pas d'ailleurs qu'il y ait à se méprendre sur cette dualité de points de vue qui vient d'être indiquée, l'un tout objectif, d'après le caractère de l'infraction, et l'autre purement subjectif, quoiqu'en principe subordonné à la condition de primarité. Il ne s'agit pas là d'éléments cumulatifs, en ce sens que l'accusé d'un délit exclusif de criminalité subjective pût être examiné au point de vue de son individualité psychologique pour être condamné à une peine de nature différente de celle prononcée par la loi. Ce serait profiter d'une surprise qui l'amène devant les tribunaux pour lui appliquer une peine de réforme, sous prétexte qu'on se trouve en face d'un criminel de nature. Il y aurait là une mesure de pure prévention à la façon de celles

(1) Cf. *suprà*, p. 236-238.

(2) Voir, sous ce rapport, le Projet de Code pénal norvégien, et l'article que M. Andréas Urbye lui a consacré : *Les Sentences indéterminées dans le nouveau projet de Code pénal norvégien, dans Revue Pénale suisse*, 1898, p. 76.

qui sont dans la logique de l'école italienne ; nous avons repoussé toutes ces conséquences extrêmes du système[1]. On ne doit pouvoir appliquer une peine de droit commun qu'à celui qui est convaincu d'un délit de droit commun. Sans doute, même à l'égard de ce dernier, on peut ne prononcer qu'une peine de réforme. Mais l'inverse ne serait plus vrai. A moins d'admettre jusqu'à leur point extrême les théories de l'école italienne, on ne saurait tolérer qu'un criminel politique, sous prétexte que ce ne serait pas un honnête homme, pût être soumis au régime des malfaiteurs ordinaires. Il importait de ne pas donner prise à cette équivoque.

Cela viserait donc en principe, on vient de le voir, les délinquants primaires ; et parmi eux resteraient les distinctions à faire suivant les individus, du moins en tant qu'il s'agirait de délits de droit commun. Mais ces distinctions, les tribunaux les font bien aujourd'hui déjà, et dans des conditions peut-être autrement difficiles, pour l'application de la loi Bérenger. Pourquoi ne les feraient-ils pas tout aussi bien lorsqu'il s'agirait de choisir entre une peine de réforme et une peine de pure intimidation ? Il s'agirait d'un degré intermédiaire à introduire au point de vue de l'état de choses existant. Aujourd'hui, c'est tout ou rien, ou l'emprisonnement tel que nous le connaissons, ou la suppression totale de la peine. Nous demandons entre les deux une alternative de plus, et qu'avant d'arriver à la suppression on puisse s'arrêter à une étape intermédiaire, qui serait la conversion de la peine. On se plaint de l'abus du sursis ; c'est qu'il en est du sursis comme des acquittements devant le jury pour les crimes punis trop sévèrement. On préfère l'impunité à une peine qui choque la conscience publique. Il semblait que seuls des juges laïcs, comme on les appelle, fussent susceptibles de se laisser guider par ces raisons d'humanité ou de justice un peu simpliste. Nous voyons que les professionnels en font autant, et ne serait-ce pas à leur honneur ? Ici ce n'est pas la limite minima de la peine qui les effraie, puisque au correctionnel, avec les circonstances atténuantes, il n'y a plus de limite minima, c'est la

____

(1) Cf. *suprà*, p. 113-114, p. 127

nature de la peine comparée à ce qu'est l'individu ; et alors pour bien exprimer leur indignation au sujet du crime, ils prononcent une condamnation très forte, mais par pitié pour l'individu ils lui accordent le sursis. Cela rappelle les peines purement nominales du droit canonique. Il est des cas où, même aux magistrats, cela paraît excessif : ils demandent qu'un nouveau texte vienne leur offrir une alternative nouvelle. Ce nouveau texte ne serait pas celui qui restreindrait le domaine d'application du sursis ; ce serait infiniment regrettable. C'est celui qui leur offrirait une peine exceptionnelle, n'ayant plus les inconvénients de l'emprisonnement ordinaire et qu'ils puissent prononcer à leur choix.

Reste donc alors la catégorie intermédiaire des vrais criminels, mais amendables. Elle serait fournie par l'élimination des deux autres, et ce point ne comporte aucune explication supplémentaire.

Tout cela est pratique, simple et facile ; cela peut se faire sans porter atteinte à l'économie générale de nos lois et de notre organisation pénale. Il ne s'agit pas de révolution à introduire et encore moins de bouleversement total ; il s'agit d'une mise au point de ce qui existe déjà. La classification tripartite existe chez nous[1] ; nous demandons uniquement qu'on lui donne une organisation plus rationnelle.

Il en serait de même pour ce qui est de fixer le régime des peines.

Pour les peines de pure intimidation, il n'y a pas de nature viciée à réformer, pas d'éducation à refaire. Il s'agit d'un exemple à fournir et d'un exemple qui intimide à la fois le condamné, sous forme de prévention individuelle, comme disent les Allemands, et les autres, sous forme de prévention générale. Ce serait le rôle de l'amende et des peines pécuniaires, avec toute l'extension et tous les caractères que voudrait leur donner Garofalo ; il y a là des propositions excellentes qu'on ne peut qu'appuyer énergiquement. Ce serait le rôle aussi de la cellule, comme fortement intimidante, mais avec régime spécial, à peu près analogue à ce qu'est aujour-

(1) Cf. *suprà*, p. 190.

d'hui la détention pour les criminels politiques. Bien entendu, il n'y a pas à entrer ici dans les détails ; et il suffit de rappeler la question, si vivement discutée au congrès de Paris de 1895, de l'extension du travail même aux peines politiques, question qui se poserait à nouveau ici. La meilleure solution ne serait-elle pas dans la conciliation de ces deux termes : obligation au travail, mais libre choix du travail? De telle sorte que le travail manuel ne serait pas forcément imposé, si le condamné pouvait justifier d'occupations différentes, qui ne fussent pas un simulacre de travail. Il va de soi que c'est surtout pour la catégorie dont nous nous occupons que la cellule est faite ; ce sont des gens à qui il faut, à tout prix, épargner le contact des autres, l'atelier en commun, tout ce qui déprave et tout ce qui avilit. Quant aux peines pécuniaires, en les proportionnant, bien entendu, aux ressources du condamné, elles présentent tous les avantages énumérés par Garofalo. Ce sont elles qui déshonorent le moins ; et surtout elles ont l'immense supériorité de ne pas interrompre le travail de celui qui les subit et de ne pas nuire à sa profession.

Les peines de sûreté visant surtout à l'élimination, sans qu'il y ait grand espoir à attendre de ceux à qui elles s'appliquent, devraient consister dans un régime assez voisin de celui de nos maisons centrales, en réservant pour les meilleurs et comme prime à la bonne conduite, — car même pour les incorrigibles il faut ne pas perdre tout espoir, — l'envoi aux colonies. Il faut prendre les peines coloniales telles que les envisagent ceux qui les subissent : ils y voient une peine adoucie : qu'on y envoie donc uniquement des demi-libérés. La colonisation doit être réservés aux meilleurs, et non aux pires. Il faut que l'espoir de la liberté se présente à l'esprit du condamné sous la forme d'une conception toute différente de la vie, d'une conception régénérée, en dehors de la promiscuité pénitentiaire, et avec le sentiment pour lui qu'il puisse encore, aux derniers confins de la civilisation, servir la société dont il s'était fait l'ennemi, et qu'il lui faut ainsi payer en monnaie double.

Restent les peines de réforme et qui seraient, sans doute, les plus difficiles à organiser. On peut espérer cependant qu'avec une bonne adaptation du système progressif irlandais et une variété de régimes successifs, au besoin même dans des établissements différents, cellule au début, puis travail à l'atelier, passage dans une colonie industrielle ou agricole et libération conditionnelle sous une très large liberté d'application laissée à l'administration, il serait possible d'obtenir de très sérieux résultats. Ce serait à peu près l'exclusion de la transportation ; pas tout à fait cependant. Car, pour les grands crimes, ceux qui emporteraient une peine de longue durée, il faudrait réserver, après le temps de cellule et un certain délai d'épreuve, la possibilité d'une conversion de peine, admise, là aussi, comme encouragement à la bonne conduite, avec envoi aux colonies et régime de concession : la colonisation pour les meilleurs, et alors la colonisation à long terme, sinon forcément définitive. Ce serait un choix à offrir, comme on l'avait essayé déjà en 1852, avant la loi de 1854. Peut-être arriverait-on ainsi à faire produire à la transportation tous les avantages qu'on était, et que l'on est encore, en droit d'en attendre, sans les inconvénients qui l'ont discréditée. C'est d'ailleurs dans cette direction que paraît s'être orientée la commission de revision du Code pénal. Le projet admet, ou à peu près, l'unité de peine, avec étapes successives ; malheureusement, il recule beaucoup trop l'époque d'admissibilité à la libération conditionnelle[1] et il restreint l'envoi aux colonies aux incorrigibles, sous forme de relégation. Nous aurions plus de confiance, pour le succès des peines coloniales, dans les primaires, auteurs de grands crimes, à condition de leur offrir la vie aux colonies comme un moyen de reclassement, mais avec expatriation définitive. Il est probable que ceux qui opteraient ainsi pour l'expatriation seraient les énergiques, ceux qui sentiraient le poids de leur faute et qui voudraient se refaire une vie nouvelle. Mais ce sont là des détails sur lesquels on peut arriver à s'entendre facilement.

Telles sont les grandes lignes du système. Reste, il est vrai, en ce qui touche les amendables et les peines qui leur seraient réservées, l'obstacle résultant de la durée préfixe, et par suite

(1) Cf. Le Poittevin, *loc. cit.* (*Revue pénitentiaire*, 1893, p. 160-161).

la difficulté de concilier la régénération morale avec la certitude d'une libération à jour fixe. C'est ainsi que nous arrivons à la dernière partie de cette série d'études, celle relative à l'individualisation administrative, sous forme de sentences indéterminées [1].

(1) Pour ce qui est du procédé dont il est question à la page 212 *suprà*, on peut faire remarquer ici, en fin de chapitre, que, si cette combinaison doit paraître un peu compliquée, on pourrait songer, au moins comme étape intermédiaire, à associer le Jury au prononcé de la peine, comme le demande le récent Projet du Garde des sceaux. C'est une réforme qui paraît s'imposer aujourd'hui. La distinction, si logique en elle-même et si profondément juridique, en tant que formule abstraite, entre le rôle du Jury et celui de la Cour, se trouve avoir fait ses preuves, et au plus mauvais sens du mot. Elle ne s'adapte pas à la pratique et à la réalité. En France. tout au moins, l'expérience la condamne aujourd'hui (Cf. *Projet de loi ayant pour objet de conférer au Jury criminel, le pouvoir de délibérer sur l'application de la peine* : *Officiel 1908*, Documents parlementaires, Chambre des députés, n° 1605).

Et, pour revenir maintenant à la question qui fait l'objet principal de ce chapitre, nous pouvons constater que depuis 1898, le mouvement des idées s'est accentué en faveur de l'influence qu'il conviendrait de reconnaître au Motif, non pas seulement sur la *durée* de la peine, son atténuation ou son aggravation, comme dans l'Avant-projet suisse ; mais encore sur sa *nature* comme dans le Code pénal italien de 1889. Voir ANDRÉADÈS, *Les peines alternatives ou parallèles* (thèse, Paris, 1899).

Au point de vue législatif, il faut surtout relever l'*article 24 du Code pénal norvégien* ainsi conçu : « Lorsque la réclusion est la seule peine privative de liberté prévue par la loi, elle peut être remplacée par une peine d'emprisonnement d'égale durée, si les circonstances permettent d'admettre que l'acte n'est pas résulté d'une intention mauvaise. »

Sur la nature respective du régime de la réclusion et de l'emprisonnement d'après le Code pénal norvégien, voir, dans la traduction de ce Code, la note sous l'article 24 ; et pour l'appréciation critique de la solution du texte, consulter la préface de M. GARÇON p. XIII et suiv.)

Sur le terrain même de notre jurisprudence française, on peut relever une tendance à prendre en considération le motif. Voir VIDAL. *Cours de droit criminel et de science pénitentiaire* (édition de 1906). p. 133, note 1. Sur l'influence du motif, on pourra consulter également le *Bulletin de l'Union intern. du droit pénal*, 1908, p. 287.

Peut-être semblera-t-il, en fin de compte et après réflexion, que le système si nuancé dont il est question dans le présent chapitre serait d'une application bien difficile surtout de la part des juges et pourrait exposer à de fréquentes et graves erreurs. Car il repose sur cette idée que le juge pourra toujours, d'après les antécédents et les éléments de la cause, distinguer quelle est la nature du délinquant et qu'il aura par suite des éléments de décision suffisants pour le classer dans tel ou tel groupe et lui appliquer telle ou telle nature de peine. Mais qui ne voit que, bien souvent, pareille décision sera impossible au juge ou qu'il ne pourra la prendre qu'au risque d'erreurs lamentables ? Comment serait-il en possession d'éléments de preuve suffisants, d'après le dossier uniquement de l'instruction et les impressions de l'audience, pour distinguer sûrement quelle est la nature morale et psychologique de l'agent et surtout comment savoir par avance de quelle façon telle ou telle peine de telle ou telle nature agira sur lui? Il n'y a qu'à l'épreuve que l'on peut s'en rendre compte. Et alors n'est-on pas presque forcément ramené, comme pour ce qui est de la durée même de la peine, à en laisser le choix à l'administration sous forme de sentence indéterminée, de sorte qu'en cours de peine on puisse passer d'une peine à une autre si la première paraît devoir agir en pleine contradiction avec ce que l'on en attendait? Mais, cette fois, on se trouve en présence d'une décision moins vague et moins arbitraire que lorsqu'il s'agit de laisser à l'administration la fixation de la durée elle-même et beaucoup des objections faites à ce dernier système se trouveraient disparaître ici, surtout si on acceptait un système essayé en Angleterre, et actuellement proposé au moins pour les mineurs, celui des sentences alternatives, *Alternative sentences*. Il en est question dans le projet actuellement en cours de discussion devant le Parlement, le *Prevention of Crime Bill* (voir le *Times* du 13 juin 1908, p. 15, et cf. *Daily Express* du 13 juin 1908). Il consisterait, par exemple pour les mineurs auxquels on aurait appliqué un régime de faveur, le *Borstal System*, à permettre à l'administration, si elle juge à l'expérience que ce régime n'était pas fait pour l'individu en cause, de l'adresser au juge qui a rendu la sentence, de façon à faire substituer par lui le régime de la prison de droit commun pour le reste du temps à courir. Il s'en suit que pour les mineurs, et en ce qui touche non pas la durée, mais la nature de la peine, toute sentence qui prononce un régime spécial, ne serait qu'une sentence provisoire, susceptible d'être remplacée en cours de peine par une sentence différente : le juge aurait à sa disposition l'une ou l'autre, mais la seconde ne devant se substituer à la première qu'après expérience faite, et non au moment du jugement, comme on le propose pour nos peines parallèles. De là le nom de *Alternative Sentences*. Il va de soi que pareil système pourrait tout aussi bien s'appliquer aux adultes, dans un système pénitentiaire qui admettrait plusieurs régimes parallèles de peines même pour les adultes.

Enfin, pour compléter toute cette évolution, il faudrait signaler toutes les lois et projets relatifs aux enfants et mineurs en général. En ce qui les concerne, tout le monde est d'accord, même les classiques les plus intransigeants, que c'est le principe de l'individualisation qui, seul, doit être pris en considération. Et, sous l'expression technique de « discernement », entendue jadis uniquement de la responsabilité, c'est l'ensemble de la personnalité que l'on a seul en vue. Il y aurait lieu de parler ici des tribunaux pour enfants, tels qu'ils sont organisés aux Etats-Unis, et du mouvement si précieux, et déjà si fécond, entrepris chez nous par M. ED. JULHIET en vue d'acclimater en France les mêmes améliorations; il faudrait exposer les vues émises d'un peu partout au sujet des *écoles de réforme*, et même en faveur de l'application des *sentences indéterminées* lorsqu'il s'agit des mineurs. Du reste, pour se rendre compte de tout ce mouvement si important relatif aux mesures concernant les mineurs, il suffira de se reporter aux comptes rendus du *Congrès national de droit pénal de Toulouse de* 1907, dont on trouvera un résumé dans le *Bulletin de l'Union internationale de droit pénal*, 1908, p. 3 et suiv. (Et voir aussi dans le même Bulletin, même numéro, en appendice, le *Projet d'une loi autrichienne sur le traitement pénal des criminels mineurs et sur la protection des mineurs*, 1907).

CHAPITRE VIII

L'INDIVIDUALISATION ADMINISTRATIVE

Plus que partout ailleurs, en matière juridique la logique reprend ses droits. On s'est donc aperçu dès le début, du moment que l'on voulait faire de l'individualisation pénale, que l'individualisation judiciaire serait toujours purement approximative, et par suite insuffisante. Elle l'est forcément à deux points de vue : à celui tout d'abord de la durée, et c'est le seul généralement dont on parle aujourd'hui. Mais, il y en a un autre, celui du régime, et c'est même par là que le mouvement a commencé.

Nous aurons beau avoir de larges classifications de délinquants et des peines qui leur soient adaptées, il est impossible que, pour chacun de ces groupes, il n'y ait pas lieu de faire des variétés presque infinies de différences pour mettre la peine en harmonie avec le tempérament moral de chacun le ceux qui la subissent. L'individualisation judiciaire ne constitue encore qu'un diagnostic. C'est un classement individuel, classement fait sur la réalité, c'est-à-dire sur le sujet réel, au lieu de l'être sur l'individualité abstraite, comme c'est le cas de l'individualisation légale. Mais en matière de traitement moral, comme lorsqu'il s'agit de thérapeutique médicale, le diagnostic ne suffit pas ; il faut appliquer le remède, et cela varie pour chacun de ceux à qui on l'applique. Or ceci, en matière de pénologie, n'est plus l'affaire de celui qui prononce la peine, mais de celui qui l'applique. Et celui qui l'applique, c'est l'administration pénitentiaire. Il faut donc que la loi lui laisse assez d'initiative et d'élasticité dans l'adaptation du régime pour qu'à son tour elle individualise l'application de la peine aux exigences éducationnelles et morales de chacun. C'est l'individualisation administrative.

Puis il y a le point de vue de la durée : l'individualisation administrative comprend les deux questions, celle relative au régime et celle relative à sa durée ; mais nous verrons qu'en pratique elles n'en font qu'une. Il est tout à fait certain, en effet, qu'on ne peut pas concilier la régénération morale avec la certitude d'une libération à jour fixe. Si la peine devient, avant tout, une mesure de réforme, un traitement moral, il est impossible d'en fixer la durée à l'avance. On ne peut prévoir à l'avance le temps qu'exigera une éducation à refaire ; et il est tout aussi absurde d'en limiter la durée à tant de mois ou tant d'années, qu'il serait absurde, pour le médecin, au jour où éclate une maladie grave, d'en prévoir la guérison à jour fixe. Remarquons d'ailleurs qu'il ne s'agit même pas d'une maladie proprement dite ; car une maladie est une crise aigüe qui a forcément sa limite maxima. Il s'agit d'un état qui est presque toujours chronique, un état constitutif de la psychologie interne de l'individu. Ce n'est pas, à proprement parler, une maladie à guérir, c'est un tempérament à refaire. Le médecin peut prévoir le temps que durera une crise aigüe ; mais comment saurait-il ce qu'il faudra de temps pour changer le tempérament d'un névrosé, ou pour vaincre la menace d'une phtisie congénitale ? Il en est de même du criminel auquel on applique une peine de réforme. Le juge peut bien apprécier, d'après ce qu'il connaît de lui, quel genre de peine saurait lui convenir, il peut distinguer si c'est un vrai ou un faux criminel, il peut savoir, peut-être, si c'est un amendable ou un incorrigible ; et, suivant ces distinctions, il peut choisir le régime et lui appliquer la peine appropriée. Mais comment pourrait-il, en même temps, en fixer la durée et prévoir par conséquent le temps qui pourrait être nécessaire pour faire de ce criminel un honnête homme ? C'est comme si le médecin aliéniste qui signe le bulletin d'entrée à l'asile, indiquait, en même temps, qu'elle devra être la date de la sortie, et de même pour le médecin ordinaire qui fait entrer un malade à l'hôpital. La sortie pour le malade doit correspondre à la guérison, c'est-à-dire au recouvrement de la santé physique. Il doit en être de même du criminel. On ne doit le rendre à la liberté, et à la vie en société, que lorsqu'il a cessé d'être un danger pour la société, donc lorsqu'il a recouvré la santé morale.

Or, cette constatation n'est pas l'affaire du juge. Elle ne peut se faire qu'au cours de l'exécution de la peine, sur l'appréciation de ceux qui suivent de près les progrès du condamné, qui le voient à l'œuvre et qui peuvent se rendre compte de la régénération qui s'est produite en lui. Ce n'est donc pas le juge qui peut déterminer par avance la sortie de la maison de réforme, c'est l'administration pénitentiaire. Le juge signe le bulletin d'entrée et il fait choix de la peine : il désigne l'établissement où l'individu doit être placé ; mais ce n'est pas lui qui signe la sortie. Ceci est l'affaire de l'administration à laquelle le condamné va être confié. De sorte que le juge n'aurait plus à déterminer la durée de la peine, mais uniquement la nature et le choix de la peine. On a vu, à propos de l'individualisation judiciaire, que le juge devrait fixer la durée de la peine d'après la criminalité subjective du fait, et en fixer la nature d'après la criminalité générale de l'agent. Désormais, de ces deux formules, il faudrait supprimer la première. Le juge n'a plus qu'à fixer la nature de la peine ; donc il n'a plus à s'occuper que de la criminalité générale de l'agent. La criminalité du fait lui reste indifférente. Et cependant cette fixation de la durée de la peine d'après la criminalité du fait reste la conséquence dernière, mais forcée, de l'idée de sanction qui, quoi qu'on fasse, doit rester subsistante. Y aurait-il donc, si l'on arrive à cette limite, une opposition irréductible entre les idées de sanction et d'individualisation ? Jusqu'alors, nous n'avons trouvé aucune difficulté de principe à les faire aller de pair, l'une étant la justification et la légitimation de l'autre. Va-t-il arriver, si nous poussons les choses à leur logique extrême, que la conciliation redevienne impossible et que nous ne puissions plus la conduire jusqu'au bout ?

Si nous supprimons, en effet, cette fixation judiciaire de la durée de la peine, ce sont les dernières traces de l'idée de sanction et de responsabilité qui disparaissent ; la notion de justice n'a plus à intervenir. Il ne s'agit plus que de cure morale et d'hospitalisation. Dans ce système, la condamnation ne portant plus aucune date d'échéance pour la peine, on dit que le juge ne détermine plus, par avance, dans sa sentence, la durée préfixe de la peine ; et cela s'appelle le système des sentences indéterminées. De cette façon, l'individualisation se dédouble et se partage entre deux autorités. Une part appartient au juge, qui a encore à faire choix de la peine : c'est l'individualisation judiciaire ; et l'autre part appartient à l'administration qui est seule à fixer la durée de la peine, c'est-à-dire à la faire cesser lorsqu'elle juge qu'elle est devenue inutile : c'est l'individualisation administrative.

Dès maintenant, il est facile de voir que les deux points de de vue dont il avait été question se confondent, ou à peu près. Car il ne peut y avoir indétermination quant à la durée que s'il y a adaptation appropriée et individualisée quant au régime ; on ne peut prétendre à maintenir les gens en prison, ou dans un établissement analogue, pour une durée indéterminée, que si on s'engage à faire du régime auquel on les soumet un instrument de réforme morale appropriée à leur nature.

Aussi dans l'application pratique du système, car le système s'applique et fonctionne, les deux choses ont été réunies et les deux points de vue réalisés en quelque sorte cumulativement.

Il ne faudrait pas croire, en effet, que tout cela ne fût qu'un rêve et comme une invention de théoriciens de cabinet. Le rêve s'est réalisé, et les théoriciens de cabinet n'en ont pas eu l'honneur. Les sentences indéterminées ne sont pas une invention de doctrinaires et d'idéalistes : c'est une expérience réalisée. C'est une idée qui a germé dans une tête, ou plutôt dans un cœur, d'apôtre. Mais cet apôtre était américain ; et les Américains n'ont pas l'habitude de garder leurs idées dans leur tête, ils cherchent à les faire passer dans les faits[1].

(1) Pour tout ce qui va suivre voir l'excellente thèse de M. Frédéric Lévy, *Des Sentences indéterminées* (Paris, 1896) ; toute la bibliographie du sujet s'y trouve.

Vers 1876, un directeur d'établissement pénitentiaire, M. Brockway, découragé par l'insuffisance des résultats obtenus avec la méthode traditionnelle, conçut l'idée, puisque tout le monde paraissait d'accord pour faire de la peine un instrument de réforme morale, de faire de cette réforme morale le but unique et constant, non seulement de l'administration, mais du condamné lui-même. On ne cesse de prêcher le retour au bien aux condamnés ; mais après tout que leur importe ? Ils savent qu'à tel jour fixe ils seront libérés : que la peine ait opéré ou non, leur libération est assurée. Il faudrait donc, pour assurer, non plus la libération forcée, mais l'amendement moral, présenter cet amendement moral comme la condition même de la libération; et, par conséquent, donner un intérêt matériel aux tentatives et aux efforts de réforme morale que le condamné pourrait essayer sur lui-même.

La grosse difficulté dans un pareil système est d'avoir un moyen de constatation sûre ; car rien ne sera plus facile au condamné que de simuler sa conversion. Ce devait être facile surtout en Amérique, dans un milieu qui est resté empreint de l'esprit religieux au plus haut degré, et où il suffira peut-être de quelques démonstrations dans ce sens pour faire croire que tout est sauvé: ne sera-ce pas une prime à l'hypocrisie [1] ?

M. Brockway avait trop l'expérience des habitués des pénitenciers américains pour n'avoir pas prévu le danger. Aussi comprit-il que c'était le régime lui-même qui, par son organisation, devait servir d'épreuve et de constatation, en ce qui touche la moralité de ceux qui le subissent. Il faut qu'il puisse marquer comme l'étiage de la moralité des gens. Le système des sentences indéterminées n'était pas compatible avec le régime des pénitenciers d'Etat. Il n'était possible qu'avec un régime qui lui fût spécialement approprié : régime qui s'éloignât aussi peu que possible de la vie en société et en liberté, avec les initiatives qu'elle comporte, et au besoin un peu des tentations qu'elle entraîne. Par là seulement devait se révéler l'attitude du condamné en face de la vie régulière; et en même temps par là aussi devait se refaire l'apprentissage de la vie régulière, la réadaptation à la vie sociale.

(1) Cf. à ce point de vue ce que disait, pour l'Angleterre, M. Montgomery, dans l'article déjà cité (*Nineteenth Century* de janvier 1908, p. 82-83).

C'était double profit. M. Brockway fonda sur ces données et sur ces bases une colonie privée à Elmira, dans l'État de New-York. Ce n'était plus un pénitencier proprement dit, mais une maison de réforme, un *Reformatory*.

C'était un établissement privé; mais M. Brockway obtint de l'État de New-York que les tribunaux fussent autorisés à lui confier ceux des condamnés, en général des primaires et des jeunes, qui lui paraîtraient spécialement intéressants. L'État s'y prêta, et les tribunaux aussi. De cette façon, le juge se trouve avoir à sa disposition deux sortes de peines, ou la peine ordinaire dans le pénitencier avec sa durée préfixe, ou la peine spéciale à Elmira sans durée fixe, et par conséquent avec sentence indéterminée. L'initiative privée se trouve, par là même, associée à la puissance publique, pour l'organisation de la répression et l'application des peines. Cela révolte beaucoup de nos idées, à nous qui sommes des étatistes. La peine est affaire d'État et de puissance publique, exclusivement, disons-nous. Cet axiome, comme beaucoup d'autres, pourrait bien devenir, si on en fait une règle exclusive, une véritable erreur. Ce qui est affaire d'État, c'est le prononcé de la peine, donc le jugement. Mais l'exécution de la peine appartient à ceux à qui l'État veut bien la confier, et ce peuvent être tout aussi bien des établissements particuliers dus à l'initiative privée. Il y aurait même à cela un très gros avantage, ce serait de faire des particuliers les patrons, en quelque sorte, du reclassement social et comme du rapatriement des libérés. Aujourd'hui le groupe des honnêtes gens garde plus que de la défiance, une sorte de répulsion, pour les libérés. C'est qu'ils sortent de nos maisons d'État, et nous savons ce que cela vaut. Mais si ces mêmes honnêtes gens, ou quelques-uns d'entre eux, prenaient à tâche de faire eux-mêmes cette besogne d'État, comme fait M. Brockway, qu'ils fussent en contact avec les condamnés et s'en fissent moralement leurs tuteurs, ce qui arrive un peu par exemple en Amérique, au Massachusetts; loin d'entraver leur reclassement social, ils le faciliteraient de toutes façons, et bien des préjugés tomberaient.

Quoi qu'il en soit Elmira a été fondé sur ces données et.

d'après ces idées ; les résultats d'ailleurs ont pu paraître excellents. On pourra, pour les chiffres et pour les détails du régime, se reporter à la thèse de M. Lévy. Qu'il suffise d'indiquer ici la combinaison forcée des deux points de vue dont il a été question au sujet de l'individualisation administrative, l'élasticité et la souplesse du régime se conciliant avec l'indétermination de la durée. Il était forcé, pour que le régime pût lui-même donner sa mesure et pour que la constatation des résultats ressortît en quelque sorte de l'organisme pénitentiaire, que le directeur se réservât la plus grande liberté d'adaptation quant à l'emploi de l'activité de chacun, et par suite quant au mode de travail et aux rigueurs mêmes du régime. Et par ce fait même, l'individualisation du régime se faisait en cours de peine, non plus par groupes et par catégories plus ou moins larges comme de la part du tribunal, mais pour chacun en particulier, d'après l'expérience personnelle résultant de la première application de la peine.

A l'individualisation judiciaire, qui opère par grandes masses, se superposait l'individualisation administrative qui opère réellement par individus. La première ne détermine que le genre de peine, et l'autre, pour une même catégorie de peines, détermine le régime. C'est la perfection idéale du système.

Déjà au Congrès de Stockholm on avait demandé, en devançant en quelque sorte le système des sentences indéterminées, que la peine ne fût fixée que dans ses grandes lignes, mais que, pour les détails, l'administration eût une très grande liberté et une large initiative pour en fixer l'adaptation individuelle. C'était le vœu le plus complet qu'on eût jamais formulé en faveur de l'individualisation administrative[1]. L'indétermination de la sentence n'est plus qu'un système d'une hardiesse secondaire auprès de l'arbitrage, disons le mot, — car c'est l'arbitraire au sens admis en ancien droit, — laissé à l'administration pénitentiaire.

La maison de réforme d'Elmira a réalisé et au delà le vœu

____

(1) Voir *le Congrès pénitentiaire international de Stockholm* (comptes rendus des séances), t. I, p. 110 suiv., pour les solutions proposées, p. 137-138.

émis au Congrès de Stockholm. Bien entendu, le système a de toutes parts attiré l'attention et provoqué la réflexion. Il a soulevé des attaques passionnées. Mais il a eu et il a ses partisans enthousiastes. Ceux-ci, qui ne se contentent pas de cette expérience partielle pour quelques condamnés intéressants, voudraient voir le système se généraliser et s'appliquer à tous les amendables. Ce serait comme le type idéal de la peine de réforme. Et voici généralement sous quelle forme on en présente l'organisation. La sentence judiciaire se dédoublerait en quelque sorte. Il devrait y avoir double jugement relatif à la peine. Un premier jugement ayant pour objet la preuve du fait et le choix de la peine ; puis, en cours de peine, et sur l'initiative de l'administration pénitentiaire, un second jugement relatif à la durée et par suite à la cessation de la peine. Le premier ne viserait que le crime et la criminalité du criminel à l'époque du crime. Le second n'aurait plus à s'occuper du crime et ne viserait que la moralité présumée du condamné au moment où ce jugement serait rendu[1]. De cette façon, on ferait encore intervenir l'autorité judiciaire dans la fixation de la durée de la peine ; seulement elle interviendrait en deux fois : une première fois pour ordonner l'entrée et une seconde fois pour permettre la sortie. Et l'on répond ainsi aux objections que l'on avait formulées contre le danger de l'arbitraire administratif, si tout était laissé à la discrétion de l'administration.

Il faut dire enfin, pour compléter le système, que l'on a pu imaginer plusieurs degrés d'indétermination. Il y aurait indétermination absolue si la première sentence, celle de condamnation, ne fixait aucune limite de durée, ni minima ni maxima. Ceci a paru quelque peu effrayant, parce que, théoriquement, c'est la possibilité de garder les gens à vie. Mais on peut concevoir une indétermination relative, et alors sous deux formes possibles : d'abord avec une seule limite, un maximum, pour éviter le danger des détentions arbitrairement prolongées. Et dans ce cas la sentence indéterminée

---

(1) Sur tous ces points voir STERNAU, *Die Abschaffung der Strafmasse,* Zeit. f. d. Ges. Str. R. W., XIII, p. 29-30.

se distingue toujours de nos sentences préfixes, en ce que, dans les limites de ce maximum on pourra toujours, et à toute époque, ordonner la mise en liberté dès qu'on jugera l'amendement acquis ; et en ce que d'autre part ce maximum étant censé devoir dépasser la durée légale de la peine sera toujours bien supérieur à ce que serait la durée de la peine dans une sentence préfixe. Mais on peut concevoir, en outre, qu'au lieu de la limite maxima on ne fixe qu'une limite minima, afin de donner satisfaction à l'idée de sanction et de garantir au moins une durée minima de la peine, durée évidemment proportionnelle à ce qu'eût été la durée complète dans une sentence préfixe. On a proposé aussi de combiner la double limite, minimum et maximum ; et le renvoi *ad libitum* ne serait donc plus permis que dans l'intervalle compris entre ces deux limites. D'ailleurs, au lieu d'un maximum individuel fixé pour chacun en particulier, on pourrait comprendre, et ce serait beaucoup plus dans la logique du système, un maximum général, afférent à la peine elle-même, comme le maximum légal de nos peines criminelles, par exemple. Dans cette dernière hypothèse, la sentence indéterminée se rapproche terriblement de nos condamnations actuelles à durée préfixe, mais avec libération conditionnelle. Il resterait toujours cette différence que le maximum dépasserait forcément la durée normale de la peine et que la mise en liberté produirait une libération définitive, tandis que, dans notre libération conditionnelle, c'est la peine qui continue sous un régime de liberté de fait.

Il semblerait donc bien que, si nous devions faire l'essai des sentences indéterminées, ce fût sous cette forme mitigée qu'il devrait se produire. Sans doute, il reste cet inconvénient que le condamné est toujours sûr d'être libéré à un moment donné. Mais il faut remarquer que ce jour est très éloigné et que, par suite, il garde un intérêt manifeste à faire effort pour se réformer. D'autre part, il va de soi que, si sa conduite permettait de le classer parmi les incorrigibles, il faudrait alors que, par un jugement nouveau, on pût le faire passer dans la catégorie des irréductibles, avec application des peines de sûreté.

En tout cas, ce qui reste absolument indispensable, tant que l'on gardera l'idée de sanction, c'est d'imposer au moins une limite minima d'internement. Cette limite minima étant proportionnelle à ce que serait la durée judiciaire complète de la peine dans une sentence préfixe, il en résulte que le juge continue à proportionner la peine à la criminalité du fait ; et les principes tirés de l'idée de sanction et de responsabilité restent absolument saufs. Ils le sont tout autant que dans le système actuel avec possibilité de libération conditionnelle. Seulement le procédé des sentences indéterminées est de beaucoup supérieur à celui de la libération conditionnelle, tant à cause du régime qu'il implique qu'à raison de la situation faite au condamné après sa libération, mais surtout enfin par cette menace de prolongement jusqu'au maximum fixé au cas d'incorrigibilité manifeste.

C'est donc sous cette forme seulement d'une limite minima à insérer dans la condamnation judiciaire, peut-être même avec double limite, que l'essai des sentences indéterminées pourrait être accepté chez nous par ceux qui ne veulent pas abandonner l'idée de sanction et de responsabilité ; et véritablement sous cette forme on ne voit plus quelles objections de principe le système pourrait soulever. Qu'il en fasse naître de très sérieuses sur le terrain de l'organisation pratique et de son application généralisée, cela n'est pas douteux, mais c'est une tout autre question, celle qu'il faut aborder pour finir, et très brièvement.

Tout d'abord on pourrait, sous la forme qui a été précisée, faire au système de l'indétermination une place déjà fort large en s'en tenant aux points qui s'imposent et où la solution ne peut guère être douteuse ; dans tous les cas par exemple de placement dans de véritables établissements d'éducation ou de traitement : ainsi maisons d'éducation ou colonies pour mineurs, asiles de traitement pour névrosés, maisons de travail, asiles de buveurs. Dans toutes ces hypothèses, tout le monde est bien près d'être d'accord.

Pour le cas de peines de sûreté, il semble bien aussi que le système dût être admis comme correctif possible d'une erreur de diagnostic. Il s'agit d'incorrigibles que l'on élimine définitivement, tel doit être le principe. C'est une peine à vie, il ne faut pas, surtout s'il devait être question de peines coloniales, que le relégué pût se considérer comme pouvant avoir droit de revenir dans la mère patrie ; sinon, comme l'a fort bien dit M. Léveillé, il ne s'installerait jamais à poste fixe, il coloniserait mal ou plutôt il ne coloniserait pas du tout. Cela doit être plus vrai encore dans un système qui ferait du régime d'expatriation une prime pour les meilleurs et les plus dignes ; ce doit être à condition d'avoir en eux de véritables colons qui fassent souche de colons. On leur rend la liberté, on leur donne une concession, on leur ouvre l'accès d'un milieu nouveau, plus indépendant et plus facile à accepter des gens qui aient une tare dans leur passé, mais c'est à condition que ce soit pour la vie et à titre définitif. Tout cela est parfait. Mais si cependant on s'était trompé, si avant même d'en arriver à la période de l'envoi aux colonies on est convaincu d'avoir affaire à un amendable, ne faudrait-il pas permettre à l'administration de prendre l'initiative, ne disons pas d'une revision de la sentence mais d'une conversion de régime ? Il faut que ce soit exceptionnel, comme la grâce pour nos relégués. Mais encore faut-il que ce recours exceptionnel ne soit pas exclu par la loi ; et l'on voit toute la supériorité du système sur celui d'une grâce purement administrative, dont les conditions ne soient pas posées par avance [1].

Pour les peines de pure intimidation, il va de soi que le système ne serait pas applicable. Il ne pourrait même pas se

---

[1] Il faut lire sur ce point la très intéressante et très suggestive étude de M. ANDRÉAS URBYE, sur les *Sentences indéterminées dans le nouveau projet de Code pénal norvégien* dans *Revue pénale suisse*, 1898, p. 71 et suiv. On y verra la première tentative d'une organisation systématique et généralisée du système d'indétermination. On l'a considéré comme devant être la conséquence forcée d'un système de classification subjective des peines, tout au moins en ce qui touche les peines réservées aux criminels dangereux, ce qui correspond, dans le projet norvégien, avec cependant quelques nuances importantes, à ce que sont nos incorrigibles. Ce que je viens de dire au sujet de l'indétermination appliquée aux peines de sûreté était déjà écrit lorsque j'ai eu communication par M. A. URBYE de son étude de la *Revue suisse* : cela confirme absolument les idées que j'ai émises.

comprendre, puisqu'elles s'appliquent à des gens qui n'ont pas besoin de réforme.

Restent donc les peines de réforme pour lesquelles la question est très délicate.

En théorie, la chose est excellente. Mais étendre ce procédé d'appréciation administrative, car en réalité même en admettant l'intervention judiciaire pour la mise en liberté, c'est toujours l'administration qui dictera le jugement ou à peu près, et admettre cela pour toutes les peines subies dans nos établissements d'État, ce serait très grave, pour ne pas dire irréalisable dans l'état actuel des choses.

On a déjà vu quelle délicate complexité de régime, quelle souplesse d'application individuelle, le système doit comporter. Cela suppose des établissements ou des colonies à personnel peu nombreux, constitués, comme Elmira, sur le modèle du patronage avec internat forcé, au besoin même avec des essais partiels de travail libre pendant le jour, travail au dehors chez un patron, et toute une variété d'essais de ce genre. A qui fera-t-on croire que tout cela soit possible pour la masse des délinquants à qui on a affaire dans nos prisons d'État ? Puis, il faut compter avec le personnel même destiné à diriger des établissements de ce genre ; sans doute le haut personnel de l'administration pénitentiaire est digne de tous les éloges, et nous ne croyons pas que l'on doive prendre à la lettre les descriptions présentées dans le *Coupable* de M. Coppée. Mais ce n'en est pas moins un personnel administratif, lié par son éducation réglementaire et administrative, n'ayant pas l'habitude de l'initiative et n'ayant pas le droit d'avoir des idées propres et de faire des essais ou des expériences. Les innovations ne peuvent se faire que par voie de règlements généraux. Ce n'est pas le régime d'Elmira ; on ne peut que difficilement admettre un pareil régime pour la généralité des pénitenciers d'Etat. Même en Amérique on ne l'a pas admis.

Mais si, au contraire, il était possible chez nous de tenter, parallèlement à l'exécution administrative des peines, un essai d'établissements de réforme analogues à ce qui se fait en Amérique, établissements confiés à un personnel d'élite, ayant à leur tête des hommes d'initiative à idées personnelles comme est M. Brokway, tout le monde devrait y souscrire et applaudir des deux mains. Et si jamais cet essai venait à réussir, rien ne serait plus facile que de donner le choix aux tribunaux, comme cela existe dans l'État de New-York, entre l'exécution ordinaire dans les établissements de droit commun, et l'exécution spéciale dans la maison de réforme avec sentence indéterminée. Ce serait une option de plus à leur confier, et comme un nouveau choix intermédiaire entre le sursis à l'exécution, et l'exécution de droit commun dans les pénitenciers ordinaires. Si la tentative s'accommodait à nos mœurs, elle finirait par se généraliser, les maisons de réforme se multiplieraient; et ce serait, cette fois, l'individualisation de la peine poussée jusqu'à son plus entier perfectionnement [1].

Il est vrai qu'il y a un élément dont il faut tenir compte, l'élément religieux. L'Amérique est un pays où l'esprit religieux est resté très vivace; et c'est un esprit très personnel, et comme un facteur d'inspirations individuelles et d'initiatives fécondes. Il semble que telle ait été, en effet, la mission de l'esprit protestant, d'avoir suscité comme des apostolats individuels pour toutes les œuvres de régénération sociale, en leur laissant un caractère très humain, et tout en leur donnant pour base un sentiment de foi très intense. Cet esprit particulier, qui était nécessaire pour faire surgir une œuvre comme celle d'Elmira, ne l'est pas moins pour en assurer le succès, et pour servir, à l'égard de chacun de ceux pour qui l'institution avait été faite, de stimulant d'énergie et de régénération intérieure, susceptible pour les malheureux que le crime a souillés, de leur faire entrevoir la vie sous un nouveau jour. Car toute réforme de ce genre est œuvre d'initiative personnelle et d'individualisme psychologique; or l'initiative en matière de réforme morale ne peut être qu'œuvre de vie religieuse, au sens très large du mot. D'ailleurs, cet esprit

(1) On pourra ajouter à la bibliographie citée par M. Lévy, dans sa thèse sur *les Sentences indéterminées*, les deux références suivantes ; Vargha. *Loc. cit.*, II, p. 506 suiv., et Schmidt, *Die Aufgaben der Strafrechtspflege* (1895), p. 290 suiv

de vie individuelle dans le domaine de la conscience religieuse paraît aujourd'hui devoir gagner de proche en proche toutes les confessions chrétiennes; et c'est d'Amérique aussi qu'un mouvement a surgi de toutes parts pour en pénétrer en quelque sorte le catholicisme lui-même, et, tout en lui laissant la forte assise de ses dogmes et comme le sentiment de lumineuse sécurité qui s'en dégage dans le domaine des vérités indémontrables, lui insuffler, en ce qui touche l'essor de la vie intérieure et les conceptions individuelles que chacun peut s'en faire, comme un renouveau de cet esprit de hautes envolées et de libre initiative qui fit la caractéristique des grands croyants du moyen âge[1]. Peut-être assisterons-nous, chez nous aussi, à quelques unes de ces libres initiatives en matière religieuse; et, ce qui serait plus nécessaire encore, à la renaissance d'une vie religieuse très personnelle et très individualisée, qui, pour chacun de ceux dont on poursuit la régénération morale, pût devenir de leur part comme leur œuvre propre et par suite comme l'œuvre solide et indestructible de leur conscience, au lieu d'être, comme cela n'arrive que trop souvent, la répétition factice, et bien vite oubliée, d'une leçon trop servilement apprise. Le jour où un esprit de ce genre pénétrerait certains de nos établissements pénitentiaires, ceux que l'on pourrait appeler les maisons d'élite, la reproduction de ce qui se fait à Elmira se trouverait chez nous singulièrement facilitée. C'est là un facteur, dont chacun peut penser ce qu'il veut, en tant qu'il s'agit d'en apprécier la valeur comme réalité objective, mais dont aucun criminaliste n'a le droit de négliger la valeur pénitentiaire ; car il ne saurait y avoir de levier plus puissant pour la réforme des conscience et la remise au point des idées morales. Or, la peine de l'avenir, la *Zweckstrafe,* n'a précisément pas d'autre but.

Cet appel à l'initiative individuelle, et l'individualisation, qu'il s'agisse de régime pénal ou d'autres remèdes sociaux,

(1) Voir surtout dans ce sens la traduction de la *Vie du P. Hecker* parue chez Lecoffre, 1897 et la *Vie du cardinal Manning,* par M. DE PRESSENSÉ. Cf. également, à ce point de vue, mon compte-rendu du roman de Fogazzaro « *Il Santo* ». dans *La Quinzaine,* nᵒˢ des 1ᵉʳ et 15 février 1906.

n'est pas autre chose, commence enfin à devenir chez nous
le mot d'ordre de tous les penseurs et de tous ceux qui
sentent le besoin d'une réforme de l'esprit public. Assurément, il serait malséant d'insister sur certains rapprochements ; et cependant il n'est pas douteux qu'entre les obliga-
tions sociales qu'impose la misère physique et celles que
nécessite la misère morale il y a, à ne prendre que les résultats, une similitude qui n'échappe à personne. Ce sont les
déchets de l'humanité en général et de notre civilisation en
particulier. Il serait odieux de dire que la misère fût un
vice chez celui qui la subit, elle n'en est pas moins un
vice de la société. Cela est vrai de l'indigence, et peut-
être est-ce bien près d'être vrai de la criminalité : misère
morale et misère matérielle, si souvent associées, si souvent issues l'une de l'autre[1]. Or, aujourd'hui enfin, on
propose de traiter la misère matérielle par de véritables
procédés d'individualisation et d'initiative individuelle,
substitués à la charité administrative ou même confes-
sionnelle, qui n'est toujours qu'une charité administrativement réglementée, par laquelle on vous consacre pauvre,
au lieu de faire de vous un passager de la misère en quête
de relèvement, et qu'il faille relever et non entretenir par
voie d'assistance. Il se fonde aujourd'hui des sociétés nouvelles inspirées de cet esprit d'individualisation, et qui n'ont
aucune forme réglementaire de faire la charité, mais qui
laissent à chacun de leurs membres, sous forme de tutelle
individuelle, le soin d'aider, par tous les moyens et procédés
que la centralisation des œuvres puisse mettre à leur disposition, les malheureux sans emploi et sans ressources, qui
sont encore capables de retrouver une situation sociale[2].

Ce que l'on propose pour la misère matérielle, il faut le
faire pour la misère morale. Et, au lieu de la peine administra-

(1) Cf. la belle conférence de M. l'abbé MAURICE DE BAETS, *les Influences de la misère sur la criminalité* (Gand, 1895).

(2) Voir le beau discours de M. JULES LEMAITRE à l'assemblée générale du dimanche 30 janvier 1898 de la Société charitable des visiteurs
pour le relèvement des familles malheureuses (reproduit dans le
Figaro du 31 janvier 1898; reproduit également, ainsi que le rapport
de M. BAZIN, dans le *Bulletin de l'union pour l'action morale*, n° du
1er mars 1898, p. 411 suiv.)

tivement, et uniformément, réglementée, la même pour tous, ce que nous demandons, c'est un régime de tutelle pénitentiaire individuelle, suscitant chez chacun les initiatives morales, et appliquant à chacun pour l'y aider les moyens d'adaptation qui lui conviennent. Beaucoup de délinquants, de même que beaucoup de miséreux, ne sont que des passagers de la criminalité, qui la traversent sans lui appartenir déjà corps et âme ; ils subissent une crise, il faut les aider à en sortir. La peine peut être pour cela un des moyens les plus efficaces. Il s'agit de savoir s'en servir ; et pour s'en servir il ne faut pas voiler l'idée de remords et d'expiation, c'est la seule qui puisse opérer un revirement dans la conscience. L'idée de sécurité, s'il n'y a qu'elle, traite les condamnés en bêtes fauves et non en hommes ; ce n'est pas de là que viendra pour eux la régénération.

Il semble donc que, de toutes les théories proposées comme fondement à la pénalité, la combinaison à laquelle ce livre a servi d'exposé soit la seule qui puisse, sans demander à personne aucun sacrifice de conscience, rallier toutes les bonnes volontés.

La théorie purement classique ne peut convenir qu'à ceux qui croient au libre arbitre sous sa forme traditionnelle, et ils sont de plus en plus rares. La théorie extrême de l'école italienne ne ralliera jamais que les déterministes purement matérialistes ; et c'est la division se perpétuant entre deux groupes irréductibles. En posant la question sur le terrain des résultats, tout en réservant le principe supérieur de responsabilité, il semble que tout le monde puisse se rencontrer. La responsabilité subsiste, mais elle n'impose aucun résultat qui soit inconciliable avec les idées de l'école positiviste ; et parmi ceux que cette école puisse proposer, il n'en est aucun qui ne puisse se concevoir comme contraire à l'idée de responsabilité. La divergence reste purement théorique et se maintient sur le terrain des appréciations individuelles et des conceptions qui émanent de la conscience de chacun. La peine, dans son application pratique et par son régime, aura même organisation et sera exactement la même ; seulement les uns y verront une sanction orientée en vue de la défense sociale, et les autres en feront uniquement un moyen de sécurité sociale. Cela ne changera rien au résultat et au mode d'action, points sur lesquels tous les hommes de science et tous les hommes de bonne volonté s'entendront.

C'est à peu près tout le point de vue et tout le mot d'ordre de l'Union internationale du droit pénal : ce livre n'a pas eu d'autre but que d'en fournir la démonstration[1].

(1) Depuis 1898, le système des sentences indéterminées a continué à susciter de très nombreuses discussions et publications (sans parler de tous les ouvrages généraux de criminologie et de science pénale qui s'en occupent nécessairement ; notamment PRINS, *Science pénale et droit positif*, p. 453-460).

Signalons tout d'abord, spécialement sur l'application du système en Amérique, TEUTSCH, *Méthodes pénales et pénitentiaires des États-Unis* (*Revue pénitentiaire*, 1905). Et sur le système des sentences indéterminées envisagé en lui-même, dans l'ordre chronologique: TARDE, *Revue pénitentiaire*, 1899, p 1087) ; MALPEL, *Essai sur la mise en pratique de la sentence indéterminée* (thèse, Toulouse, 1900); SALOMON RAPOPORT, *Les sentences indéterminées* (extrait de la *Revue internationale de Sociologie*, Giard et Brière, 1904) ; GRAS, *Des sentences indéterminées* (thèse, Paris, 1905) ROUX, *Les sentences indéterminées et l'idée de justice* (*Revue pénitentiaire*, 1905. p. 3.660).

On peut dire que la tendance générale est aujourd'hui de repousser *l'indétermination absolue* de la sentence, à raison des dangers présentés pour la liberté individuelle par l'omnipotence de l'administration. On se contente d'une *indétermination relative*, c'est-à-dire de la fixation par la loi et les juges d'un minimum et d'un maximum infranchissables. C'est ce système d'indétermination relative qui a été consacré législativement par le Code pénal norvégien.

Aux termes de l'article 65 de ce Code, lorsqu'un individu s'est rendu coupable de plusieurs crimes que la loi spécifie, « le tribunal peut poser aux jurés la question de savoir si l'auteur de ces actes, en raison de la nature des crimes, des mobiles qui l'y ont déterminé, des instincts qu'il révèle, doit être considéré comme tout spécialement nuisible pour la société, ou pour la vie, la santé et les biens des particuliers ». En cas d'affirmative, l'arrêt pourra spécifier à l'expiration de la peine une détention supplémentaire qui ne pourra dépasser le triple de la durée de la peine, ou en aucun cas être supérieure à 15 ans. (Pour l'appréciation critique de l'article 65, voir la préface de M. GARÇON, p. XVIII).

Pour le rapprochement à établir entre les sentences indéterminées et les sentences alternatives, telles qu'elles tendent à se généraliser en Angleterre, voir la note finale du chapitre précédent, p. 205, note 1.

Et alors, pour en revenir au régime applicable aux individus soumis à une peine de réforme et gardés dans les établissements qui correspondraient à une peine de ce genre, ne pourrait-on pas comprendre que, dans les établissements de ce genre, on fît l'essai, au moins provisoire, pour certaines catégories de délinquants, de ce que l'on pourrait appeler « l'externat pénitentiaire », destiné à servir d'intermédiaire entre la détention proprement dite et la liberté surveillée ? Car l'un des plus gros inconvénients de la détention, même à court terme, est d'enlever celui qui la subit à son travail, et par conséquent à son gagne-pain. Et c'est ce qui en fait, à un autre point de vue aussi, une peine très inégale, puisque, pour les gens qui ont un métier manuel ou qui exercent une profession industrielle et commerciale, elle équivaut souvent à la ruine, alors qu'elle est sans effet, à cet égard, pour ceux qui ont une fortune suffisante pour n'avoir pas besoin d'exercer de profession lucrative. Ne pourrait-on pas alors laisser ces demi-détenus vaquer à leur profession, sans autres marques distinctives, sauf à exiger leur réintégration à l'établissement à l'appel du soir ? Sans compter qu'il y aurait, à cette expérience, un autre profit plus général encore, qui serait d'habituer les patrons et tout aussi bien les compagnons d'atelier, les uns à employer, et les autres à tolérer, auprès d'eux, des gens qui eussent subi une condamnation pour une infraction accidentelle.

TABLE ANALYTIQUE

1, = signifie : voyez.

TABLE DES MATIÈRES

CHAPITRE PREMIER

CHAPITRE II

CHAPITRE III

CHAPITRE IV

CHAPITRE V

CHAPITRE VI

CHAPITRE VII

CHAPITRE VIII

ÉVREUX, IMPRIMERIE DE CHARLES HÉRISSEY

9 782329 044019